天下一统

中国传统政治文化的再诠释

The Everlasting Empire

The Political Culture
of Ancient China
and Its Imperial Legacy

Yuri Pines
[以] 尤 锐 著

陈家宁
王 宇 译
谈颖娴

贵州出版集团
贵州人民出版社

致谢

撰写本书是为了向两位著名学者致敬。首先是我的导师，南开大学的刘泽华（1935—2018年）教授，他将对具体文献、不同时代的人物及现象的细致研究与对从古至今中国政治文化共性的大胆概括相结合的研究方法，以及极具独创性的分析，源源不断地启发了我的研究灵感。第二位是耶路撒冷希伯来大学的艾森施塔特（Shmuel Noah Eisenstadt，1923—2010年）教授，我有幸在本世纪初参加了他的学术工作坊，他鼓励我将中国历史和中国政治文化置于更广泛的全球格局中予以观察，并从比较历史学的角度进行研究。上述两位伟大的老师，对我的学术生涯产生巨大影响，也是本书的创作灵感来源。

在本书的准备过程中，我从友人和同行学者的建议中获益良多，包括Zvi Ben-Dor、彭晓燕（Michal Biran）、裴宜理（Elizabeth Perry）和希霍尔（Yitzhak Shichor）等。金鹏程（Paul Goldin）和普林斯顿大学出版社的另一位评阅人对文稿的修改做出了巨大贡献。我非常感谢这些学者及其他许多同事，我曾在一些具体问题上请教他们或征引他们的研究成果。当然，我仍然要为存在于本书中的任何可能的谬误与曲解负责。我非常感谢哈克（Yitzchak Jaffe）为本书英文版准备了地图。

我还要感谢普林斯顿大学出版社的Rob Tempio持续的鼓励，感谢普林斯顿高等研究院，那里令人兴奋的学术氛围使我在2006年下定决心从事这项研究。近年来我忙于撰写和修改，疏于社会责任，感谢我的妻子王宇和家人及朋友们的包容。

本研究得到以色列科学基金会（基金号1217/07）和Michael William Lipson Chair in Chinese Studies的资助，特此感谢。

中文翻译本序

1994年，在获得耶路撒冷希伯来大学硕士学位之后，我前往南开大学留学并准备博士论文的写作。我第一次从刘泽华先生（我在南开的导师）那里听说"中国传统政治思想"（traditional Chinese political thought）和"中国传统政治文化"（traditional Chinese political culture）这两个研究领域，并很快发现这一视角对于理解中国古今历史的重要现象及其成因是至关重要的。当时，由于各种学术和政治原因，"中国传统政治思想"和"中国传统政治文化"等观念在欧美学术界是极为罕见的。鉴于此，我的许多早期文章都致力于探索中国传统政治思想的各个方面，并展示其在理解中国历史特征方面的重要性。相关著作中的集大成之作是名为《展望永恒帝国：战国时代的中国政治思想》（*Envisioning Eternal Empire: Chinese Political Thought of the Warring States Era*；英文版2009年、中文版2013年出版）的专著。

在《展望永恒帝国》出版之后，一些同事对我的研究提出质疑，认为我过于关注中华帝国的意识形态基础，却没有探讨这一主导思想原则是如何在帝国两千多年的历史中被实施的。为了回应这一批评，我撰写了《天下一统：中国传统政治文化的再诠释》（*The Everlasting Empire*：*The Political Culture of Ancient China and Its Imperial Legacy*）一书。其写作目的是勾勒出中华帝国的主导思想、理想和价值观，即我在这里所称的"中国传统政治文化"，以及这种政治文化在治理帝国中起到的作用。本书试图展示，尽管在帝国历史进程中，许多基本思想原则不断地被重新解释或重新评估，但从未被完全抛弃。一旦忽略这些思想的持续影响，我们就无法正确地理解帝国的运作方式，也就无法理解中华帝国如何能获得世所罕见的这种长寿。

该书本来是面向西方学者和学生的，尤其是那些不太了解中国历史背景知识的人。因此我的讨论主要集中在概括中国政治文化的要素，并展示其对中华帝国政治轨迹的多方面影响。然而，对于中国读者而言，可能还有一个更感兴趣的潜在话题，即我们该如何评价中国传统政治文化的长期影响，对于帝国子民的生活而言，这到底是一个积极因素还是消极因素？

这个话题在近现代中国引起了长久的争议。众所周知，十九世纪时，中华帝国无法面对各种外忧内患，造成"百年国耻"。自二十世纪初以来，许多知识分子坚定地认为中国的传统文化已经没有实用价值，如陈独秀所称，中国"固有之伦理、法律、学术、礼俗，无一非封建制度之遗，持较晳种之所为，以并世之人，而思想差迟，几及千载。"[1] 尽管这种对过去的全盘否定的论调在中国知识界已不再流行，但许多学者仍然认为中国传统文化是现代化的障碍。而同时，随着中国崛起，另外一些学者又对早期的"文化虚无主义"采取了"矫枉过正"的态度，将中华帝国的经验过度美化，并抹去其消极的方面。

我认为上述两种观点都未免偏颇和简单化了。在分析中国传统政治文化的利弊得失时，我们首先要避免使用当今的价值观或政治观来评判。相反，我们必须采取实事求是的态度，根据中华帝国本身的标准来衡量其优缺点。也就是说，要从其建构者和守护者所设定的目标出发，来判定其成败。毫无疑问，有许多目标从未被实现，而周期性发生的灾难性冲突、普遍的腐败、许多君主及官员的无能——这些帝国的弱点，不仅被现代学者所诟病，也得到了传统学者的关注。然而从积极方面看，世界上几乎没有其他前现代国家能够像中华帝国那样为如此多的人口提供相当程度上的稳定、和平和繁荣。即使面临着严峻的生态挑战，中华帝国在大多数时期都是世界上人口最多的国家，而这一点本身就证明了其成功之处。

现代中国在社会、经济、政治结构以及核心价值观等方面与帝制中国截然不同。然而，中华帝国的许多经验仍然具有高度相关性。帝国曾经面临的一些问题，例如，如何实现富国强兵并保持社会稳定，如何将包容性和文化多元结合在一起，如

---

[1] 陈独秀，《敬告青年》，引自《独秀文存》，合肥：安徽人民出版社，1988年，5—6页。

何保持行政集权和国家深入社会基层的程度之间的平衡等，对于当今及可以预见的未来中国都是有借鉴意义的。我希望能够从比较视角对中国王朝时期的成败进行探讨，给中国读者提供一点启发。

翻译本书的挑战与调整

在翻译的时候，我发现翻译者要面对许多挑战。例如，本书原文写作虽然是基于中文资料的，但为了方便英文读者，我刻意减少了许多术语以及人名、地名、官职称谓等，而在翻译时却必须恢复原文。此外，将中国历史相关事件及人物介绍给不同的读者群体（如西方读者和中国读者）的时候，内容也不得不进行调整，因为二者的相关知识背景截然不同。对翻译者而言，这些都是极具挑战性的。因此，本书前后经过了三轮翻译。陈家宁博士出色地完成了第一轮，甚至找到了很多我基于西方学者翻译作品引用的中国古籍文献的原文，对此我极为感动，感谢陈博士的辛勤工作和付出。然而，为了让中文版更符合中国读者的知识背景和阅读习惯，我不得不进行了彻底的调整。在这一过程中，王宇教授做出了极大的贡献。此后，谈颖娴女士还协助对文稿进行了第三轮的润色，让文辞更符合中国学术作品。我对上述三位翻译者深表感谢和敬意。

本书原文写作于十数年之前，而在此期间我继续对书中所讨论的许多问题进行了研究，基于本人及其他学者近年来的研究成果，本应对该书的一些细节进行调整，但为了保持原文的结构和内在逻辑，我并未对本书内容进行大规模修订，只加入了少数新的脚注，并对"引言"中的"本书的目标"等部分进行了比较彻底的内容调整。此外，我还删除了一章有关中国近现代史的讨论，即英文版原文的第六章，因为这一章的写作对象原本就是西方读者，对于中国读者意义不大（详见"本书的目标"中的讨论）。

此外，还有一点要提醒中国读者的是，当初由于出版社的要求，在英文版我尽量缩减了参考文献，仅列出了那些对我的研究产生重大影响的研究或方便解释我所呈现的历史例证的作品。由于本书的潜在读者既包括成熟学者，也有很多非专业读者，因此我尽可能避免大量引用非英语资料，这也是本书中较少引用中国和日本学者著作的原因，在此先行向同行们致歉。

目录

引　言 ·· 01

第一章　"大一统"的理想 ················· 001
　　分裂：列国林立的中国 ················ 002
　　"定于一" ···································· 010
　　如何"定天下" ··························· 015
　　合久必分，分久必合 ···················· 024
　　"天下"及其界限 ······················· 035
　　游牧民族治下的大一统 ················ 044
　　小结：再论分裂 ··························· 052

第二章　君权 ······································ 055
　　王权主义思想的出现 ···················· 058
　　圣君、庸君与无为之君 ················ 064
　　秦始皇帝：圣君执政 ···················· 070
　　皇帝的制度性权力 ······················· 073

"制衡"与虚君 ……………………… 085
从可汗到皇帝：征服者的王朝 ……… 094
小结：无为而治的代价 ……………… 099

第三章　士大夫 ……………………… 104
士的兴起 ………………………………… 107
"人才市场"里的士人 ………………… 113
在皇权垄断下的人才市场中的士人 …… 117
思想与权力 ……………………………… 124
在君与道之间 …………………………… 131
小结：士大夫与帝国长久 ……………… 141

第四章　地方精英 …………………… 145
从贵族国家到官僚国家 ………………… 147
帝国贵族的兴衰 ………………………… 151
宋朝：从王安石"新法"到精英的
　"自发精神" ………………………… 159
张力中共存：帝国后期的地方精英
　与国家 ……………………………… 169
三纲——国家与地方精英相融合的
　思想 ………………………………… 180
小结：稳定与停滞 ……………………… 185

第五章 庶民 ………………………………… 192
　"民本"思想与起义权 ………………… 195
　平等问题 ………………………………… 203
　乱的始作俑者 …………………………… 210
　造反有理 ………………………………… 216
　"矫枉"与"过正" ……………………… 222
　"由乱到治"：重建秩序 ………………… 228
　小结：造反与帝国的长久性…………… 233

参考文献 …………………………………… 237

引言

定于一。

——《孟子·梁惠王上》

西方评论者似乎一直对中国政治体制的持久性充满兴趣。几个世纪以来，随着欧洲政治思潮的变迁，西方学界对中国政治体制的评价也几经转折——从耶稣会士赞叹中国制度之稳定，到黑格尔（Hegel）贬损中国之停滞；从伏尔泰（Voltaire）推崇中国为启蒙君主制之典范，到魏特夫（Karl Wittfogel，1896—1988年）厌斥所谓的"东方专制主义"。但无论如何，学者们对中华帝国得以空前长寿的"秘诀"始终兴趣盎然。[1] 这种好奇促使西方学者深入研究中国政治思想、价值观和社会政治行为模式——如今被通称为"政治文化"。二十世纪以来，尽管

---

[1] 关于西方对中国模式态度变化的简要概述，参见Blue（布鲁），"China"。

其他学者对中华帝国模式和中国政治文化的兴趣有所减弱,但对于研究中国的学者(汉学家)而言,仍然一以贯之地在帝国历史中寻找能够解释中国近现代动荡现状的线索。特别是在毛泽东执政期间(1949—1976年)及之后的一段时期中,学界反复探讨中国历史兴衰沉浮的文化根源,研究中华帝国时代的专制、异议、屈服与造反等现象及其规律,并探究帝国模式及遗产对中国现状的影响。[1]

近几十年来,西方的中国研究者对中国政治文化的研究热情渐趋冷却。造成这一现象的因素有很多:一是学术界对于笼统的概括产生不安,因为此类概括往往暗含或明示某些政治诉求。二是史学中的"去中心化"(decentering)转向,将学者的注意力从中心转向边缘,从统治者转向被统治者。此外,当代中国政治看似沉闷和可预测的状态,或许让当代(以及前现代)中国政治研究领域不及曲折变迁的毛泽东时代那样有吸引力。[2] 然而

---

[1] 直接探讨中国古代与当下关系的主要英文研究著作包括Ho Ping-ti(何炳棣)和Tsou Tang(邹谠)编,*China's Heritage*,尤其是其中何炳棣的"Salient Aspects";Solomon(所罗门),*Mao's Revolution*;Metzger(墨子刻),*Escape from Predicament*;Pye(白鲁恂),*The Spirit of Chinese Politics*。此外,许多关于中国古代史的研究明显受到了现代视角的影响,如de Bary(狄百瑞)在其 *Waiting for the Dawn* 中就尝试在黄宗羲思想中找到中国早期自由主义的萌芽。

[2] Elizabeth Perry(裴宜理)在其"Introduction"中揭示了政治学家对中国历史特殊性的兴趣的增加如何与激进动荡时期相关,如共产党胜利、"文化大革命"(1966—1976年)等,而在中国政治进程相对可预测和"正常"时期则减少。

耐人寻味的是，就在中国政治变得不再"刺激"、西方学者对中国政治文化兴趣渐淡的时候，这一主题却在中国本土学术界获得了空前的关注。在重新评估毛泽东（而且不仅毛泽东）时代诸多弊端的传统根源这一需求的推动下，再加上学术环境的相对宽松，中国学者就中国传统政治思想、价值观、政治实践及其现代影响等各种主题出版了数十部专著和上千篇文章。鲜有论题能如此鲜明地展现中西方学人之间的兴趣差异。

我对中国政治文化的兴趣始于我第一次与该领域的著名学者刘泽华的接触。二十世纪九十年代，我在天津南开大学留学时有幸得到刘先生的指导。正是在那里，我开始思考重新研究中华帝国政治文化的必要性，想要解读这个世界上最大的政治实体之一之所以能历经两千多年的风风雨雨而屹立不倒的奥秘。与我的中国老师和同事有所不同，我被中国政治文化所吸引，并非基于它对中国当前政治历程的影响，而是因为它是解释帝国无与伦比持久性的关键。我认为，将中华帝国作为理想典范或批判对象的西方意识形态之争早已结束，而重新审视历史，探究其缔造者和治理者如何建立人类历史上最为持久的政体，时机已然成熟。

中华帝国初建于公元前221年，当时秦国结束了数世纪的战乱，统一了东亚大陆大部分区域（后成为"中华本部"，"China proper"）。这个新生的帝国大致与印度的孔雀王朝（Maurya）以及地中海地区的希腊（Hellenistic）、罗马帝国同时代。中华帝国在公元1912年随着中华民国建立而宣告终结，而在西方的三个主要帝国也大约在同一时期崩溃：奥斯曼帝国、哈布斯堡王朝（奥匈帝国）和罗曼诺夫王朝（沙俄帝国）。在长达2132年间，中华帝国经历了人口、地形、统治精英的民族构成、社会经济结构、宗教、艺术表达方式等方面的演变；也如其他大帝国一般遭遇内战、外侵、毁灭性的叛乱等。一些内外危机严重程度惊人，甚至威胁到整个中华文明的存续。然而，尽管经历了巨大的动荡和变革，帝国在制度、社会、政治和文化领域仍呈现惊人的连续性。君主政体、强大的官僚机构、明显的等级制度与社会流动并存、宗法制、统一的文字和持续的教育内容（儒家经典）——凡此种种，无论在统一朝代还是在分裂时代的地方政权下，无论是在本土还是在外族统治期间都得到有效延续。更进一步说，这些共同特征的背后是塑造帝国政体的基本思想和价值观。皇帝应该是全能的，其统治应该是普世的；官僚机构应该是由被公认有才能和有品行的人组成，平民应该得到极大的关注，但不应参与政策的制定。这些思想从帝国伊始至终结，从秦朝（公元前221—前207年）到清朝（1644—1912年），始终指导着中国的政治参与者。

本书旨在探究中华帝国制度是如何获得其无与伦比的持久性的。在本研究中，我明确否定曾经流行过的"环境决定论"（environmental determinism），如魏特夫所倡导的，或认为帝国的成功反映了中国人的某种恒久"民族性格"

(national character)之类的观点。[1]我也并不想提供一个全面的答案，因为这必须考虑到地理、经济、军事、宗教和文化等各种因素，而对这些因素的详细分析将超出本研究的范围（详见下文）。相反，我将聚焦于一个单一的变量，正是这一变量使中华帝国的经验有别于其他类似政体，这就是中华帝国所具有的非凡的思想实力。正如我希望展示的那样，中华帝国具有一个非常强大的思想结构，它对各位政治参与者的影响让帝国即使在军事、经济和政治失能时期仍得以存续下来。换言之，中华帝国独特的历史轨迹并非基于其坚不可摧（它曾经历了多

---

[1] Montesquieu（孟德斯鸠，1689—1755年）是最早将"东方专制主义"（包括中国的）与气候条件联系起来的学者之一（Blue, "China", 88页）；而这种"环境决定论"在魏特夫具有深远影响的 *Oriental Despotism*（《东方专制主义》）一书中发展到顶峰。然而这种方法的谬误是显而易见的——中国是地球上气候差异最大的陆地帝国（见McNeill, China's Environmental History），其历史轨迹根本无法仅仅归结为环境因素。此外，魏特夫的"水利"理论忽视了一个事实：大规模水利工程在中国开始于其早期历史的相对较晚阶段（春秋末叶以后）。尤其值得注意的是，在中国形成时期的大部分时间——尤其是在春秋时期（公元前770—前453年），其政治结构与欧洲的"多中心"系统颇为相似，而根据魏特夫的理论，这种系统不可能出现在黄土高原的干旱地区，因而这一实例实际上反驳了魏特夫的理论（详见第四章）。另一种观点是，中国的"专制主义"反映了其国民性格的弱点，这一观点在二十世纪初的中国自由主义思想家中很流行，最显著的是在新文化运动时期（1915年起）；奇怪的是，这一观点与一些西方学者对中国政治文化的行为方式的态度有共鸣，如Solomon（所罗门），*Mao's Revolution*；Pye（白鲁恂），*The Spirit of Chinese Politics*。笔者并不认可任何民族或文明具有一成不变的"民族性格"；这个观点与史实不符。

次严重崩溃），而是基于它能够在相似疆域上以近似于动荡前的功能结构多次"复兴"。这种复兴并非偶然，它反映了主要参与者有意识地努力恢复他们认为是正常及规范的社会政治体系，即帝国秩序。

中国历史发展轨迹的独特性始于先秦时期。与其他帝国政体相比，中华帝国的形成经过了漫长的思想准备和预先规划。在帝国统一之前的几个世纪，战乱不息，因此被称为战国时期（公元前453—前221年），但这几个世纪也是中国思想史上最活跃的时期。战国时期的思想家对日益恶化的乱局深感困惑，他们寻求恢复和平与稳定的方法。尽管他们提出的实际建议各不相同，但在这令人眼花缭乱的多样性中也存在一些共识。其中最重要的就是，见地迥异的思想家们都认同整个已知文明世界——"天下"——的政治统一是结束长期战乱的唯一可行之道；他们还一致认为，整个"天下"应该由一位万能的君主来统治。[1]这种大一统和君主制（王权主义）的前提，成为未来帝国的思想基础，并在此后两千余年中始终未受根本质疑。此外，战国时期思想的繁荣，也为帝国的建设者提供了丰富的思想资源，从中可以得出解决各种问题和应对各种挑战的方案。因此，在帝国统一之前，一个思想框架就已然形成，而帝国的政治生活一直在这个框架内运行。

在帝国形成之前，关于它的构想就已经存在了，它不仅是

---

[1] 有关帝国思想基础的详细分析，参见Pines（尤锐），*Envisioning Eternal Empire*。

一个政治和军事实体，也是一种思维模式。最近有人将其定义为"葛兰西（Gramsci）所称霸权的最佳例证"[1]，确实如此，帝国观念享有政治文化方面的霸权地位。帝国的基本思想前提，得到各个在政治上具有重要地位的社会群体，以及近邻政权的认可；没有其他任何政治结构被认为是合法或可取的；甚至那些出于民族或社会背景导致他们对中华帝国政体持批评态度的统治者，也注定会接受它、适应它，从而丰富并改善帝国的运作机制，而不是废除它。直到十九世纪末，帝国是在中华世界（Chinese world）范围内唯一可以想象的政体。即使在动荡和分裂时期，那些主要的政治角色——从皇帝、官员到地方精英，甚至造反的平民——都竞相恢复和改善帝国秩序，而非消灭它或取代它。

帝国思想的力量是不可否认的，但如果将帝国持久性的研究简化为对其思想指导方针的分析则失之偏颇。相反，帝国政治文化是在思想框架与实际要求之间的复杂互动中形成并得以发展的。帝国的持久不仅源于其思想基础的稳固，也源自统治者调适其施政方略以应对不断变化的环境的能力。这种实践方面的灵活性，正如思想上的恒常性一样，从一开始就植根于帝国的遗传密码中。先秦思想家留给帝国建设者的不是一个现成的模式，而是一套基本原则和多种相互冲突的政策建议。由此

---

[1] Eisenstadt（艾森施塔特），"Frederic Wakeman's Oeuvre"，15—16页。关于葛兰西"霸权"的概念，参见Femia（费米亚），*Gramsci's Political Thought*；Adamson（亚当森），*Hegemony and Revolution*。

形成的思想框架，具有充分的弹性，允许对各种政策进行不断的调整。当新的挑战出现时，比如游牧民族成为帝国的强大对手，或地方精英强势崛起（见第一章和第四章），帝国的统治者都能够在不妨碍帝国统治体系的情况下做出必要的调整。这种存在于基本思想和制度框架之内的灵活性成为帝国活力的真正源泉。

基于这种理解，本研究将结合思想史和政治史的发展历程。此前笔者的研究主要集中在帝国思想的形成方面，[1]但在这里我将尝试阐明帝国思想指导方针及其实际运用之间的动态互动。在本书中，我将以简要的思想背景分析开启每一章的讨论，阐释维持帝国的特定原则是如何形成的，如大一统思想、王权主义、知识分子参政的行为规范，以及国家与地方精英和平民的交往规则等。在导论部分之后，我将探讨在不同时期这些诞生于先秦或早期帝国时期的思想原则是如何被具体化，并得到实施和修改的。本书的讨论大致将按时间顺序进行，但笔者无意呈现一个系统性的帝国历史（这超出了本书的范围），而是试图勾勒出在长达两千多年中关于帝国的思想及其实践的复杂转型与演变的历史图景。我有意选取来自不同历史时期的图景，通过这些片段简要介绍各个主要朝代（及一些次要朝代），而不仅仅局限于讨论那些著名的朝代和人物。通过这种方式，我希望能够在一定程度上呈现出中国历史的复杂面貌，并力图避免在许多概述性研究中常常出现的过于笼统的弊病。

---

[1] 参见 Pines（尤锐）, *Envisioning Eternal Empire*。

本书的一个关键前提是，不能将中国政治文化作为简单、单一的术语来进行理解。[1]相反，它充满了悖论和张力，反映出刘泽华所称的"阴阳结构"。[2]对王权的崇拜与对君主个人的极端批判并存，知识分子被视为君主的仆人及其道德向导，等级观念与强烈的平等倾向并存，平民被认为是政体的"本"，却被坚决地排除在政治参与之外。甚至像天下一统的理想这样不可动摇的原则，有时在实践中也会因重新划定"内""外"领域的界限而受损（见本书第一章）。然而，正如我所尝试揭示的，这种杜维明所称的"创造性张力"，持续不断地促进了帝国的灵活性，及其对国内外各种挑战的适应能力，最终成就了惊人的持久性。[3]

通过对中国政治文化的动态性和复杂性的强调和分析，我希望能避免读者们对宏大概括极易产生的不信任感。确实，历史学家对于对中国历史进行简单化概括持有怀疑是有道理的，因为这种概括往往难以避免简单化、还原主义（reductionism）、本质主义（essentialism）或非历史性的（a-historical）态度。本

---

[1] 遗憾的是，对中国政治文化的分析仍然常常被简化为几个所谓原始的中国文明特征，如"王权神授"的概念，或父系宗族的重要性等。参见Baum（包瑞嘉），"Ritual and Rationality"；金太军、王庆武，《中国传统政治文化》等。
[2] 参见葛荃《权力宰制理性》中刘泽华所作"序言"，1—3页。
[3] Tu（杜维明），"The Creative Tension between Jen and Li"。在略有不同的背景下，Huang（黄宗智）敏锐地发现中国法律体系中的矛盾和张力是其灵活性和长久性的原因（见其 *Civil Justice*，15—18页）；这一观察对帝国政治体系的一般情况均有效。

书无意将中国历史归纳为一套不变的原则和规则，或总结一些简单的"演变"（如"日趋专制"规律等，见第二章）。相反地，我将强调历史的不连续性甚至断裂等现象，并重点关注中国历史上一些特别的阶段，当时中华帝国常规的运作模式面对了极大挑战。笔者认为，并尝试在下文展现的是，中国传统政治文化所有主导原则并非自上古以来就一成不变的本土特征，而是帝国发展不同阶段的政治家和思想家审慎选择的产物。而这些选择在面对各种挑战时被反复地重新解释、重新协商、重新调整。而我也相信，随着时间的变化，我们可以识别出某些共同的基本原则，而正是这些原则构成了中华帝国模式的基础。我希望能在这本书中凸显这些原则。

除了过于笼统概括的隐患，本研究还面临另一个潜在问题——过度依赖中国传统史书，以之作为了解帝国历史的主要来源。众所周知，这类史书的核心——尤其是所谓的"正史"，不仅受到政治偏见的影响，而且也受到惯性思维的制约，这有时会导致对历史的歪曲。许多历史著作都倾向于在事实上分裂的时代延续统一的幻想，以及在王朝衰弱时代延续中国凌驾于外族之上的幻想，它们大多聚焦于中心而忽略边缘。在总结过往的道德教训时，许多历史学家会混淆描述性叙述和规定性叙述之间的界限。更多的偏见不仅充斥于官方史学中，也遍布于文人的整个思想和历史撰写中。因此，帝国的绝大多数臣民——庶民、妇女、少数民族等，都处于历史的焦点之外；而对于政治文化的研究者而言，更糟糕的是，甚至一些与文人集团有竞争关系的其他精英和次精英群体，如军人、外族征服者、宦官、宫女、商人、僧侣等，都会在文人作品中被忽视或被扭曲。这种文人作品中的固有偏见，使我们在探究并分析基本政治价值观的持久性时不得不格外谨慎。是否那些不符合文人世界观的思想和政治现象只是被简单地掩盖了呢？这样的问题对本项研究的有效性提出了潜在的挑战。

为了面对这一挑战，我提出两点意见。首先，中国历史著作相当丰富，而且历史作品中所包含的大量原始文献，让一个敏锐的历史学家能够重构出一幅比人们通常认为的更为细致入微的图景。因此，除官方历史外，我们还拥有——尤其是对帝国晚期而言——各种地方志、个人笔记、野史等，这些都是在朝廷之外产生的，阐明了许多官修史书范围以外的问题。此外，还有无数的文学作品、铭文和碑文资料、外国客旅的游记、其他民族的作品（比如满文档案），甚至实物遗存——所有这些都可以进一步丰富我们对中国历史复杂性的理解，让我们能突破官方历史［即白乐日（Etienne Balazs）讥讽地称为"由官员为官员而写的"史书］的局限[1]。因此，尽管我们对中国历史的描述在某些细节上可能不完整和不准确，但总的来说，笔者认为我们有可能重建起对中国政治和思想发展轨迹的合理认知。

其次，也是对本研究最重要的一点，文人的偏见对理解中

---

[1] Balazs, "L'Histoire"。这些补充材料对于晚期帝国的研究尤为重要；但即使是在先秦及帝国早期（秦汉）的相关研究中，我们对官方史学的依赖也有所降低，尤其是考古材料及新出土文献，在一定程度上可以补充传世文献的不足。

国政治文化远没有造成在其他研究领域那么严重的危害。由于中国的政治文化从一开始就是由知识精英设计的，而且由于这些精英在整个中华帝国时代都保持着文化上和思想上的（尽管不总是政治上的）霸权，因此，他们的观点可以成为本项研究的主要来源。由于这些观点能够从现存的资料中被相当精确地重建，因此可以说本研究中呈现的整体图景在很大程度上是较为可靠的。

本书的目标

我对中华帝国优劣得失的探索原本旨在达成三个不同的目标。第一个，或许也是最雄心勃勃的目标，是尝试概括中国政治文化的要素。我意识到，这将不可避免地面临诸如"这一代历史学家一直把目光投向中国历史上越来越小的时间和地理区域……努力超越'东方/西方'模式的概括"[1]之类的质疑。尽管如此，我仍然希望表明，历史研究的审慎并不意味着要完全摒弃概括，而对中国历史在时间和空间上的巨大可变性的认知也不应阻止我们识别长期存在的、中国特有的模式和运作方式。我希望本项研究能够通过对帝国运作的基本原则的概括，为中国历史学家提供一个可能的框架，帮助他们探讨中华帝国历史的具体问题，同时也有益于那些研究其他文明，且有兴趣通过比较研究去了解中国历史模式的同行和学生。

---

[1] 这些是本书在文稿阶段所接受的同行评审者的话。

这就引出了第二个目标——把中国的例子置于新兴但发展迅速的"比较帝国学"领域中，也就是将帝国作为历史和社会政治现象的研究。新型的"比较帝国学"主要是二十一世纪的产物，它的复兴基于学者走出了二十世纪中叶以后对"帝国"这个概念的偏见，并把历来欧亚大陆帝国与近现代"海洋帝国"区别对待。[1]原来，许多"比较帝国学"的作品仍然出于西方视角，即把罗马作为典范的帝国，把其他帝国按照罗马的标准来评价。而在本书的英文版本出版以后，笔者与同事建立了"比较帝国学"的研究专组。我们系统地研究欧亚大陆五个"宏观区域"（macro-regions，近东、欧洲、南亚、东亚和草原地带）中的主要帝国及其运作模式，试图找出它们历史发展轨迹中的异同。在这一比较性研究中，每个主要的帝国文明都被平等对待。值得注意的是，这个比较框架让我们发现中华帝国的一些独特之处，尤其是意识形态在其形成和运作中的特殊作用。这一比较学术研究直接与我目前的著作相关；它不仅验证了我的一些观察，还促使我重新考虑或调整我的某些观点。[2]

当然，本书只是对"比较帝国学"的初步尝试。建立一个严格的比较框架需要对一些在本研究中仅粗略涉及的问题进行

---

[1] 有关"比较帝国学"学术史，见 Pines（尤锐），Biran（彭晓燕）和 Rüpke，"Introduction"，2—5页。有关欧亚大陆帝国的特征及其与近现代海洋帝国的异同，见同上，5—15页。

[2] 详见 Pines（尤锐），Biran（彭晓燕）和 Rüpke 合编 *The Limits of Universal Rule* 以及 Rüpke、Biran、Pines 合编，*Empires and Gods*。我们的专组第三卷论文集［《帝国与其精英》（*Empires and their Elites*）］将于2026年出版。

更系统的讨论，如地理、经济、宗教、民族和军事因素对帝国发展轨迹的影响等。中国在多大程度上受益于与其他具有类似的经济和思想能力的文明——如欧亚大陆西部和南部的文明——的相对地理隔离？中国在多大程度上受益于其相对的经济自给自足能力（这使得中国统治者能够比其他地方更有效地调整与外部世界的接触）？中华帝国是如何化解宗教对其结构和运作模式造成的重大挑战的？帝国将军队置于文官控制之下的明显倾向造成了什么代价，又带来了什么益处？中国及其周边世界的民族认同是否比其他地方更具可塑性，其对政治的影响力是否小于其他文明？上述问题和其他许多问题都需要进一步研究。

本书的英文版写作本来还有第三个目标，即重新评估中华帝国的经验对中国现当代史的影响。当时（大约2010—2011年），仍有不少学者认为，传统的中国政治文化与现当代中国基本上无关。他们认为中国在辛亥革命时（或稍后）就走上了现代化道路，而这一路径是借鉴自西方的，而非基于本土传统。正是在这样的背景下，普林斯顿大学出版社鼓励我在本书中特别添加一个章节，探讨中国传统政治文化对现当代中国的发展轨迹有怎样直接和间接的影响。然而，在本书出版后不久，国外学术界就发生了极大的变化，如贝淡宁（Daniel A. Bell）出版了《中国模式》[1]等书，揭示了中国传统文化具有极大的当代价值。基于此，笔者认为原书最后一章已经不太需要。而

---

[1] Bell, *The China Model*.

且，那一章主要是为西方读者而写，因为他们对二十世纪的中国不太了解。但对于中国读者而言，这一讨论并不重要，因此在本书的中文版中我删除了这一部分。

回到本书英文版的引言：随着当今世界经济重心向亚洲回归，西方对历史发展的叙事受到越来越多的质疑，对欧洲社会政治和思想模式的盲目信任也逐渐让位于更为冷静的反思。尽管我们（西方人）仍深陷于自己的霸权话语中（如"民主""平等""人权"等），但权衡不同政治形态和霸权思想的利弊，可能会带来新的思考。而中华帝国就是其中最值得关注的例证之一。我们可以不加修饰、不加贬低地去反思其优缺点。这不仅让我们能更好地理解全球的政治思想和政治结构的历史，也让我们能更好地应对这个时代不断变化的政治挑战。

第一章 "大一统"的理想

话说天下大势，分久必合，合久必分。

这一题记引自中国古典小说《三国演义》的序言，可谓中国历史的绝佳概括。纵观中国历史，"天下"经历了多次统一、分裂，而后重新统一的循环，这是中华历史的一个显著特征。"合久必分"在其他帝国的历史上并不罕见，但中华帝国能够"分久必合"，就是在一个相对稳定的领土范围内，以与之前统一王朝相似的模式反复重兴，这种现象在世界帝国史上却是独一无二的。中国人似乎找到了一剂灵丹妙药，用于解决其他大帝国都难以克服的致命问题。那他们的秘诀到底是什么呢？

要回答这个问题，我们首先要摒弃一种曾经流行的决定论观点，这种观点认为中华帝国的持久生命力源于中国的地形或人口构成异常有利于帝国的形成。实际上，中国的地形与世界上其他区域一样，遍布山脉（在南部尤为突出，但在北部也有）和巨大的河流，同样有利于小型独立政权的产生：例如，山西、四川、福建的部分地区，都相当易守难攻，有利于割据政权的建立。而中国的人口也同样多元：不仅有诸多少数民族持续占据所谓中国本土的重要区域，甚至作为人口核心成分的所谓"汉族",在语言(方言)、风俗习惯、生活方式,甚至宗教信仰和地域性神祇崇拜等方面也具有高度的多样性。因此,对中华帝国来说,要维持统一,与欧亚大陆其他帝国一样,都是一项极具挑战性的任务。[1]

那么,统一中华帝国的延续性,尤其是在分裂后重新"必合"的能力,又有什么特别的原因呢?我认为,这一答案主要应该在思想领域去求索。"天下一统"的思想早在公元前221年秦统一"天下"之前就已经出现了,并直接促成了统一。正如我在下文所要展示的,无论是在统一还是分裂时代,这一思想都是传统中国政治文化的真正基石,并决定性地塑造了中华帝国的政治动态。在帝国的历史进程中,对统一的追求尽管会受到国内外政治现实的制约,但追求统一的基本理念从未被放弃。事实上,在一定程度上可以说,这种观念至今仍是传统政治文化留给当代中国的最重要的意识形态遗产。

分裂:列国林立的中国

近几十年来的考古发现彻底改变了我们对中国古代史的理解。曾经广为流传并被普遍接受的中国政治神话,即自文明起源以来,中国领土中一直存在着唯一的合法权力中心,已被多

---

[1] 关于地理环境的多样性,参见 McNeill(麦克尼尔),"China's Environmental History"。关于"汉族"构成的多样性,参见 Honig(韩起澜),*Creating Chinese Ethnicity*;Leong(梁肇庭),*Migration and Ethnicity*。

中心的视角所取代。在新石器时期和青铜时期几千年中，在黄河流域、长江流域及其他地区同时存在着许多文化中心，这些文化中心各有特色，彼此之间并无明显优劣之分。即便是第一个有史料证实的王朝——商朝（约公元前1600—前1046年），可能也只是在文化、军事和政治方面对其邻国具有相对的优势，但绝不意味着其统治权力延伸到了黄河中游其势力范围之外的地区。[1]

周朝（约公元前1046—前256年）推翻商朝成为一个重要的转折点。周朝统治者乘胜扩张，迅速扩大了直接和间接统治的范围：从原有渭河流域扩展至黄河中下游地区，甚至更向南延伸到淮河和汉水流域。值得注意的是，虽然克商及平定之后的"三监之乱"都伴随着相当激烈的暴力活动，但随后周朝统治的扩张——包括分封诸侯、迁殷遗民，以及册命姬姓贵族去统治东方诸地的土著居民等，似乎完成得相对顺利。尽管由于可靠史料的缺乏及后世叙述中的明显偏见使得周朝早期历史的许多细节已无法考证，但似乎可以肯定的是，周朝统治者成功地确立了中国北部地区唯一合法权力中心。[2]

从一开始，周朝统治的成功就不仅要归功于其强大的行政和军事实力，也要归功于其独特的合法化手段。周王成功地将自己定位为至高无上的神——"天"与万民之间唯一的中介，

---

[1] 关于早期中国的许多文化中心共存，见Shelach-Lavi（吉迪），*The Archeology*. 关于商代史，参见Keightley（吉德炜），"The Shang"。
[2] 详见Li Feng（李峰），*Landscape and Power*。

即"天子",而这种特殊地位确保了其相对于其他诸侯的优势。更有趣的是,无论是传世文献还是出土文献都证明,甚至那些篡夺王号的诸侯,也不敢自称"天子",这意味着周王表面上的至高无上地位仍然得到承认。[1] 由于周王在宗教和礼仪上一直拥有至高无上的地位,这使得周朝在各种危机中存续了几百年,成为中国历史上存续最久的王朝。对我们的讨论而言,更重要的是,周王室这种持久的象征性优势,可能是促使后代思想家寄望"天下一统"可行性的因素之一。[2]

尽管如此,我们还是应该谨慎对待中国学术著作中最常见的一种观点——认为从周初开始就有一种渐趋强烈的统一追求。实际上恰好相反,周王朝于公元前771年被内外敌人打败,在迁都到王畿东部领地(洛邑)之后便失去了实际的王权,从此开启了一段漫长的政治分裂期。在这一时期,政治分裂、多国林立的现象被当时的政治家们视为既成事实。尤其是在春秋时期(公元前770—前453年)*,统治者致力于建立一个可行的多国秩序,而不是追求重新统一。在此期间,周王只保留了象征意义上的优势,而其名义上的下属诸侯,则成为独立的政治

---

[1] 例如,在乖伯簋铭文中,制器者(某诸侯国君,乖伯)称其父为"王",但称周王为"天子"。甚至几百年后,到了战国时代(公元前453年—前221年),各强国君主纷纷称"王",也没有人敢自称"天子"。
[2] 详见Pines(尤锐),*Envisioning Eternal Empire*,17—20页;及其"The Question of Interpretation",4—23页。
* 很多中国史书中春秋战国分期不同于此,多为春秋(公元前770年—前476年)、战国(公元前475—前221年)。——编辑注

主体。各国之间相互征伐、会盟、吞并弱小的邻国，天子则逐渐沦为诸侯之间斗争的无奈旁观者而已。[1]

回顾起来，公元前七世纪到公元前六世纪是中国历史上的一个非常特殊的时期。在这个时期，政治分裂被认为是可以接受的状态，而政治家努力在多国体系的框架内实现稳定；但正是这些努力的失败，最终导致了对多国林立秩序的彻底否定。对稳定多国制度的首次尝试是所谓的"霸主"制度。早期的霸者，即齐桓公（公元前686—前643年在位）和晋文公（公元前636—前628年在位），结合了王室代理人的合法性以及本国军队的强大力量，来统治诸侯。然而，这种基于某个诸侯国的单一军事优势的制度，从长远看不具有可持续性。到公元前七世纪末，单独霸主制度被两个对立联盟的双极体系取代，即北方以晋国为核心和南方以楚国为核心的联盟。双方盟主均试图稳定他们的联盟，在列国之间和国内冲突中充当仲裁者，将自己定位为社会和政治秩序的保护者。当时的会盟制度应该是中国历史上最接近国际条约体系的制度了，而周礼制可被视作国际法的替代形式。总体而言，公元前六世纪可视为中国历来极为重要的一次尝试，试图稳定多国林立体系，甚至尝试建立一种"基于规则的国际秩序"。[2]

然而，会盟制度的时代相对短暂。其主要的弱点是盟主在

---

[1] 此处及下文的讨论大多基于Pines（尤锐），"The One that Pervades All"。
[2] 关于春秋时期各国关系动态，参见Pines（尤锐），*Foundations*，105—135页，以及Pines，*China in the Aristocratic Age*，第六章。

追求自我利益时，常常牺牲对盟友的承诺（即彼时所谓"食言"），而盟友却无法惩罚它，因此"基于规则的国际秩序"很快就失效了。此外，夹在两个盟主之间的中间国家（尤其是郑国）屡次受到楚或晋的入侵，迫使其只得"唯强是从"，一再背弃盟誓。[1]如郑国这样频繁的"食言"，进一步削弱了盟誓的有效性。而要不断证明自己是"强者"的楚国与晋国，则要不断地侵略郑国及其他中间国家，这让中间国家的生活变得无法忍受。正如郑国使者描述的其国面临的困境：

> 蔑焉倾覆，无所控告。民死亡者，非其父兄，即其子弟，夫人愁痛，不知所庇。[2]

小国的困境引发了相当奇特的尝试，即制度化两极多国体系，具体指的是在公元前546年和公元前541年的两次"弭兵会盟"。主盟者提议建立一个由晋和楚同时领导的超级联盟，从而使两极世界合法化。[3]然而，由于大国之间缺乏互信，以及楚晋两国各自的内部危机，加之新兴"边缘"势力的崛起（主要是吴国，稍后则是越国），进一步损害了本就脆弱的多国秩序。到公元前六世纪末，春秋时期的列国林立体系濒临崩溃。在其废

---

[1]《左传·襄公九年》第五条。
[2]《左传·襄公八年》第七条。
[3] 关于"弭兵会盟"的细节，参见Kōno（河野收），《中國古代の或る非武裝平和運動》。

墟上，诸侯混战。而从公元前453年三家分晋之后到公元前221年帝国统一之前的这段时期则被冠以不祥的名称：战国时代。

正如其名，战国时期是一个外交使臣们黯然失色而将军们闪亮登场的时代。联盟都是短暂的，盟约屡遭违背（有时刚刚缔结就立即被撕毁），日益增长的犬儒主义进一步削弱了通过外交手段解决冲突的吸引力。当时著名的纵横家苏秦（死于公元前284年）这样总结当时外交失效的情况：

> 明言章理，兵甲愈起；辩言伟服，战攻不息；繁称文辞，天下不治；舌弊耳聋，不见成功。[1]

这段悲观的总结解释了列国林立秩序为何不再被认为是可持续的。随着战争变得无处不在，维护敌对政权之间和平的尝试被终止。同时，一系列军事创新——尤其是由征召农民组成的大量步兵部队取代了之前的贵族战车部队，改变了战争的性质。战争变得更长久、更残酷；军队的规模和伤亡人数不断扩大；据战国晚期的文献记载，一次战役中伤亡者往往可以达到数万，有时甚至达数十万人。大规模掠夺、杀戮战俘和平民，故意摧毁敌方民用基础设施，强制迁移敌对人口等，都加剧了绝望感，最终激发了对统一的渴求。[2]

---

[1]《战国策·秦策一第三》第二章。
[2] 关于战国时代的军事发展，见Lewis（陆威仪），"Warring States"，625—629页；及其 *Sanctioned Violence*，53—96页。

尽管从长远来看，毁灭性的战争促进了对统一的追求，但在短期内，它却增强了离心力——而非向心力。与前代的贵族政权相比，每一个变法改制之后的列强内部都更具凝聚力，但这种内部巩固与邻国间的日益疏远是同步发生的。这种分离体现在空间上（例如，几个敌对国家在与邻国的边界上修建了长城，从而划定了"我们"的领域和"他们"的领域）；体现在行政上（各国法律严格区分本国与外国臣民）；[1] 体现在物质文明上（例如在秦国，商鞅变法以后整个墓葬制度以及随葬品都发生了极大的变化，明显地改变了秦国的文化面貌）；[2] 甚至体现在文字方面上（尽管文字多元化相对并不显著）。[3] 此外，春秋战国之际礼崩乐坏的现象也削弱了之前的精英在文化方面的共同体。而卿大夫家族下台以后，在新兴的精英阶层中，部分成员来自较低的社会阶层，他们在文化上比其前辈更加多样化。这种文化上的多样化是有限的，因为战国时期的文人（士人）仍然坚持共同的周文化，甚至发展出一种独特的"天下观"，同时放弃了狭隘的"本土主义"；但尽管如此，国与国之间的文化疏远现象仍时有发生。如秦国和楚国与其他国家之间

---

[1] 例如，睡虎地M11所出土《法律答问》则明显地区分"秦人"与其"臣邦"（战国末期秦称呼韩、魏为自己的"臣邦"）；见睡虎地秦墓竹简整理小组，《睡虎地秦墓竹简》，135页，175—177简；详见Pines, "The Question of Interpretation", 23—27页。
[2] 详见Shelach（吉迪）和Pines（尤锐）合著, "Secondary State Formation"。
[3] 有关战国时期文字的多元化，见Qiu Xigui（裘锡圭）, *Chinese Writing*, 78—89页。

的疏远就可以通过秦和楚的文化发展轨迹来展现。

基于战国时期的部分文献及《史记》中的一些篇章，学者常常把秦人和楚人视为"异族"，但这种看法是非常值得商榷的。无论是从物质文明角度还是从文字资料可以证明，春秋时期的秦与楚无疑都归属于周文化的框架。当时的文献（主要是《左传》）从未称呼秦和楚是"戎狄"或"蛮夷"（尽管楚国并未完全被承认为"夏"）。而到战国时代，这两国的文化面貌发生了极大的变化，如《公羊传·僖公第四年》中称"楚有王者则后服，无王者则先叛。夷狄也，而亟病中国"，将楚国作为周文化的"他者"（the Other）。而对秦国而言，《战国策·魏三第二十四》第八章则引用魏国的游客之言："秦与戎、翟同俗，有虎狼之心。"等等，类似例子举不胜举。这都是周世界内部新兴的文化疏远的"铁证"。[1]政治分裂所导致的文化上的分化，明显地威胁了周天下的共同体。

上文描述的大型领土国家的内部巩固过程，及其与邻国在政治和文化上的分离，难免让人联想到近代早期欧洲的类似发展轨迹。众所周知，欧洲那些发展最终导致了民族国家的形成。然而中国的发展轨迹却截然不同。战国"七雄"转变为完全独立实体的可能性从未实现。相反，在公元前221年秦国统一"天下"以后，被秦所吞并的诸国都从政治舞台完

---

[1] 关于秦国，参见Pines（尤锐）等，"General Introduction"；关于楚国，参见Cook（柯鹤立）和Major（马绛），*Defining Chu*中的文章以及Pines，"Chu Identity"。

全消失了。下面我将探讨这一进程是如何发生以及为何发生的，并将特别关注战国时期诸子百家作为"天下一统"推动者所起到的非凡作用。

"定于一"

战国时期是中国传统思想文化的重要形成期，也是中国政治思想活跃的盛世。彼时的思想家享受着中国历史上——乃至世界史上——空前的思想自由，不受任何政治、宗教或意识形态上所谓正统观念的束缚。在这种"百家争鸣"的大环境之下，诸子对社会、政治、经济、军事等方面的问题提出了不同的解决方案。他们的想法在许多方面截然不同，有的像韩非（卒于公元前233年）一样，主张激进的王权主义，也有像《庄子》的作者一样，站在个人主义乃至无政府主义的立场；有好战者，也有"非攻"者；有的主张无为而治，有的则认为政权要支配一切，等等。然而，诸子在思想方面尽管呈现多元化，仍然有一些共同的核心信念，而其中"天下主义"是最重要的信念之一。诸子的共同目标是解决整个"天下"而不是单个国家的问题。"天下主义"也成为诸子思想中最突出的共同特征之一。[1]

这种显著的"天下主义"与战国各国都要加强内部凝聚力的诉求，在表面上看是互相矛盾的。然而，值得注意的是，战国时代的士人（又可以称为"知识分子"，详见第三章）的谋

---

[1] 下面的讨论主要基于Pines（尤锐）"The One That Pervades All"。

生方式与平民有明显不同。对士人来说，天下是一个巨大的人才市场，有才能的人可以在彼此竞争的诸国都找到工作。对士人和作为他们精神领袖的诸子来说，"朝秦暮楚"是很平常的事；因而，他们的视野是更开阔的，超越了单个国家的局限。这种视野广度变成战国时代高级精英的特征，而"本土主义"相反，被视为落后现象，甚至"俗"（即民俗）常常被当作贬词使用。[1] 那么，由于缺乏知识分子的认可，战国时期的本土群体认同从未像在近代欧洲那样发展成具有政治意义的因素。这是中国与西方历史发展道路上的一个重要差异。[2]

战国时期的"天下主义"具有深刻的政治含义，即诸子共同追求天下和平。在战争不断升级、流血冲突无休无止、动荡不安的时代，在敌对国家常常试图破坏对方国内秩序的背景下，诸子都了解，"天下大乱，无有安国"。[3] 而由于外交手段不足以安定天下（见上一节），政治统一就成为摆脱混乱的唯一可行途径。追求"大一统"也就变成诸子百家的"一贯"。因而，与其他帝国不同，中华帝国在尚未形成之际就已经得到了普遍的认可。这种认可为其长远存在提供了合法性。

战国时期主张大一统的话语是逐渐发展起来的，初现时这一呼声还显得有些犹豫。例如，孔子（公元前551—前479年）主张"天下有道，则礼乐征伐自天子出；天下无道，则礼乐征

---

[1] 见Lewis（陆威仪），*The Construction of Space*，192—212页。
[2] 详见Pines（尤锐），"Serving All-under-Heaven"。
[3]《吕氏春秋·有始第十三》，"谕大第七"。

伐自诸侯出"等等，[1]将自己对政治分裂现状的不满隐藏在恢复原来的周朝制度的追求中。稍晚些的墨子（约公元前460—前390年）则将其统一观追溯到上古"民始生"的时代。他认为，由于没有政治和思想上的统一，原始社会是彼此相害、如禽兽一样的社会；直到"选天下之贤可者，立以为天子"，才有了完美的、集权的、一统天下的国家。[2]而对原始社会的混乱局面，墨子"以古事今"，暗指的是当时社会的状态。在他看来，恢复独一无二的天子权力并非单纯的历史神话，而是走出社会内乱的唯一途径。

孔子和墨子将他们对统一的追求追溯到历史中（周初或更早的远古时代），但后期思想家则为天下的统一提出了其他理由，如《老子》就为政治统一提供了形而上的论证。正如宇宙是由"道"这个统一且无所不在的力量所支配，社会也应当在一个全能的君主（圣王）之下实现统一。《老子·第二十五章》主张"道大，天大，地大，王亦大"，意思是说王者像道、天、地一样，是独一无二的，是至高无上的。这些思想在《老子》中只是初露端倪，但在后来的文本（如所谓"黄老"文献）中得到了充分发展，被用作主张统一的必要性，同时也明确了未来王者应具有至高无上的地位（详见第二章）。[3]然而，值得注意的是，无论是追溯历史还是进行形而上的哲学论证，将"大

---

[1]《论语·季氏第十六》第二章。
[2]《墨子·尚同上第十一》，109—110页。
[3] 参见Pines, *Envisioning Eternal Empire*，36—44页。

一统"合法化的思想在这一阶段仍未获得主导地位。在战国中后期，随着列国间战争愈加惨烈，越来越清楚地显示，统一天下是避免进一步流血的唯一途径。这种理解被孟子（约卒于公元前304年）表述得尤为生动：

> （梁襄王）卒然问曰："天下恶乎定？"
> 吾对曰："定于一。"
> "孰能一之？"
> 对曰："不嗜杀人者能一之。"
> "孰能与之？"
> 对曰："天下莫不与也。……如有不嗜杀人者，则天下之民皆引领而望之矣。诚如是也，民归之，由水之就下，沛然谁能御之？"[1]

孟子的"定于一"可以被视为战国时期诸子争鸣的共同座右铭，但其所表达的道德理想主义，即相信只有仁爱的、"不嗜杀人者"的统治者，才能实现最终统一——在现实政治中则显得过于天真。这观点被及时地否定了，如与孟子在思想观点上相对立的商鞅（卒于公元前338年）就主张，只有通过武装行动才能统一天下。商鞅因鼓吹事兴"敌所羞为"[2]而得恶名。然而，无论是"好战者"的商鞅，还是认为"争地以战""争城

---

[1]《孟子·梁惠王上第一》第六章。
[2]《商君书·去强第四》第一章。

以战"都"罪不容于死"的孟子,[1]两者均深信"定于一"。实际上,商鞅明确指出,战争的目标是"以战去战"。[2]这两位认知截然相反的思想家,却有着共同的政治目标,这是发人深省的。对战国中晚期思想家而言,唯一真正的问题是如何统一天下,而并非是否要统一天下。

除了明确要求统一,战国时期的政治话语还以各种方式为未来的帝国统一铺平了道路。例如,彼时的政治神话将统一的观念追溯到远古,从而暗示政治分裂是一种反常现象,而不是一种可接受的状态。[3]礼仪典籍也是如此,宣称存在着一个以天子为塔尖的礼制、政治和社会的金字塔,从礼制角度加强天子至高无上的地位及其遍及普天之下的权力。就政治话语而言,"全"优于"偏"也是有利于"天下主义"的思想。[4]然而,在统一话语中最重要的特点是将君主的合法性与其能否达成天下统一牢固地联系在一起。在下一章中,我将分析战国时期的"王者"概念;在此只简单说明,对于这个准救世主式的人物,最显著的共识是他能"一天下",如果"天下不一,诸侯俗反,则天王非其人也"。[5]

---

[1]《孟子·离娄上第七》第十四章。
[2]《商君书·画策第十八》第一章。
[3] 新近在楚地出土的战国时代竹书《容成氏》最生动地体现了这一观念。参见 Pines(尤锐),"Political Mythology"中对该文献的翻译和分析;另见其"Imagining the Empire?"
[4] 参见 Lewis(陆威仪),*The Construction of Space*。
[5]《荀子·王制第九》,171页。

最后，为了全面理解战国士人对大一统的贡献，我们不仅要关注他们所言，更要注意其所未言。令人惊讶的是，没有一个思想家或政治家支持诸侯国的独立。由于缺乏思想上的合法性，割据政权就无法长期维持下去。作为分裂产物的诸侯国，一直与动荡、流血和天下大乱联系在一起，因而，在军事上被摧毁之前，这些割据政权在思想上已注定必然走向失败。回顾历史，长达几个世纪的战争似乎不可能以其他方式结束。因为大家都在期盼统一，它变成了一种自我实现的预言。在规模浩大的流血战争后，战国的零和博弈在公元前221年结束，当时最强大的国家——秦国，通过一系列出色的军事行动消灭了敌人。骄傲的秦王自称始皇帝（公元前221—前210年在位），开启了中国历史的新纪元。

如何"定天下"

天下可以"居马上得之，宁可以马上治之乎？"[1]确实，海内统一基于军事行动，但如何维持这种统一呢？对于帝国的统一者将面临的挑战，以及如何应对这些挑战，早期的统一朝代，即秦（公元前221—前207年）和汉（公元前206—公元220年）的经验，有着极为重要的启发性。由于秦汉的思想、行政和社会模式对后世中华帝国产生了持久的影响，接下来我将重点讨论秦汉的经验，然后再分析整个帝国两千年间的广泛

---

[1]《史记》卷九十七，第2699页引用陆贾的话。

趋势。

帝国最强大的底气，似乎恰恰来自臣民们对其体制的齐心归顺。虽然帝国的统一总是通过武力实现的，但建立帝国并非纯粹的军事事业。以秦为例，秦灭"山东六国"的战争持续了十年（公元前230—前221年），在此期间，数十万大军从辽东半岛的严寒之地到江南的潮湿地带这片广大区域内同时作战。如果新征服地区的民众发动大规模抵抗，必然会拖延秦军的进军速度，统一大业也就难以实现。然而尽管六国的人普遍憎恨秦国，称其为"虎狼之国"，但"山东"诸侯国被吞并后，其臣民却没有做出任何重大的反抗尝试来恢复独立。[1] 为什么会这样呢？秦国是如何让被征服区域的民众真正服从其统治的呢？秦朝灭亡以后不久，汉代的杰出思想家贾谊（公元前200—前168年）是这样解释的：

> 秦并海内，兼诸侯，南面称帝，以养四海。天下之士斐然向风。若是者，何也？曰：近古之无王者久矣。周室卑微，五霸既没，令不行于天下。是以诸侯力政，强侵弱，众暴寡，兵革不休，士民罢弊。今秦南面而王天下，是上有天子也。既元元之民冀得安其性命，莫不虚心而仰上。

---

[1] 关于对秦国的态度，参见 Pines, "Biases"。《史记》只提到赵国和楚国两处试图复国，以及在韩国发生的造反，但是后者规模似乎不大。新出土文献资料表明，楚国领土上仍有小规模的抵抗，但其未能发展成对秦朝统治的严重威胁。

当此之时，专威定功，安危之本，在于此矣。[1]

作为一位敏锐的思想家，贾谊意识到，与单纯的武力相比，人们对期盼已久的统一的广泛支持，才是秦朝得以成功的重要因素。经过长期的动荡和战争以后，人民获得了和平与安全，因此他们默许了秦国的统治。秦始皇巧妙地利用了这种情绪来巩固其统治的合法性。巡游新征服的领土时，秦始皇在名山竖起石碑，在碑文中自豪地歌颂自己的成就。在这些碑文中，秦始皇反复强调他如何给天下带来和平与稳定。他提醒臣民："兵不复起"，皇帝"既平天下"，"黔首安宁，不用兵革"。通过"阐并天下，灾害绝息，永偃戎兵"，皇帝迎来了"太平"。甚至在新颁布的度量衡器上秦国官员铭刻了相似的铭文，开篇曰："廿六年，皇帝尽并兼天下诸侯，黔首大安。"这样一来，甚至在市场上买东西的每个顾客都要被提醒：秦始皇确实实现了战国思想家的共同愿望——"定于一"。[2]

除了纯粹的宣传，秦朝还通过多种实际和象征手段向其臣民传达稳定和有序统治的感觉。例如，秦统一了度量衡、铸币、文字、法律、行政措施等，从而为后世的朝代建立了标准的统一范式。同样重要的是，被征服国家的精英成员也被纳入帝国

---

[1]《史记》卷六，283页。
[2] 秦的碑文引用自 Kern（柯马丁），*The Stele Inscriptions*，14、21、32、39、49页。关于秦量诏版，参见王辉、程学华，《秦文字集证》，63—69页；以及 Sanft（陈力强），*Communication and Cooperation*。

统治机构。虽然秦国统治者自然而然地无法信任敌国的王族成员（据《史记·秦始皇本纪》，他"徙天下豪富于咸阳十二万户"），[1]但同时也广泛地任用六国精英成员。甚至在统一之前，秦国就像其他诸侯国一样，经常在高级职位上任用客卿，尽管这种做法有时会遭到来自宗族成员的反抗。统一前后来自"六国"的官员为秦的成功做出了极大的贡献。例如丞相李斯（卒于公元前208年）是楚人，著名的将军蒙恬（卒于公元前210年）"其先齐人也"，武信侯冯毋择和将军冯劫则是韩国大臣冯亭的后裔，朝廷中的许多博士来自齐国和鲁国，等等。秦始皇将这些人提拔到行政和军事机构的关键职位，生动地向东方诸国的居民表明，他们不是二等臣民，而是帝国建设的合法参与者。

除了让一个新建立的大帝国得到认可，秦朝还面临着更具有挑战性的问题：如何保持这个庞大帝国领土的完整性？在行政上需要采取什么措施？对这些问题没有明确的答案。一种现成的模式是西周王朝的"封建"模式，即把远方的土地分封给具有高度自治权的诸侯；另一种则是中央集权统治模式，诞生于战国时期，最明显的就是在统一以前的秦国本身所采取的，即"郡县"制度。郡县模式具有较高的有效性，然而，它是否适用于统一后的帝国？因为秦帝国的领土大大超越了之前任何诸侯国（甚至比西周领土还大两三倍），在这种情况下，位于边缘地区的郡县是否能够被有效地控制？在统一完成后，立即展开了关于应实行的行政模式的辩论。秦朝的几位大臣（包括

---

[1]《史记》卷六，239页。

丞相）建议在东部地区重建诸侯国，效仿周的模式。然而，在李斯的支持下，秦始皇拒绝了这一提议：

> 天下共苦战斗不休，以有侯王。赖宗庙，天下初定，又复立国，是树兵也，而求其宁息，岂不难哉！[1]

秦始皇的观点占了上风："分天下以为三十六郡，郡置守、尉、监。"[2] 这种郡内的权力制衡体系要防止权力过度集中在单一执行官手中。在郡守与县令（县长）之下，设有一大批官、吏，他们在上级的严密控制下执行任务，直达最小的村庄。新出土的秦朝法律文献和行政文书都揭示了秦对地方官员的控制机制有多么强大，以及下层行政机关又是如何深入到甚至新占领的领土上的。例如，在湖南省龙山县里耶出土的秦迁陵县的档案中，有如下记载：

> 卅二年正月戊寅朔甲午，启陵乡夫敢言之："成里典、启陵邮人缺。除士伍成里匀、成，成为典，匀为邮人，谒令、尉以从事。敢言之。"正月戊寅朔丁酉，迁陵丞昌郄之启陵："廿七户，已有一典，今又除成为典，何律令？应尉已除成、匀为启陵邮人，其以律令。"[3]

---

[1]《史记·秦始皇本纪第六》，239页。
[2] 同上。
[3] 陈伟，《里耶秦简牍校释（第一卷）》，94页。

上文讲述了启陵乡（迁陵县之下的行政单位）的官员（乡夫）向县丞申请"任命里典、邮人"。四天后，他收到了答复，其申请被拒绝了，因为这个村庄（成里）太小了（只有27户人家）。[1]在一个边缘的县里，一个基层单位的事务处理得如此迅速而有效，这是令人难以想象的，但正如我们将要看到的，这种惊人的效率是有代价的。

有几个因素阻碍了秦模式的长期适用性。首先，帝国幅员辽阔，各地方之间距离遥远，条件也极为不同，这使得一元集权统治的实现变得非常困难。尽管秦朝尝试改善国内交通，如建立一系列基于"车同轨"原则从都城咸阳到边境的放射状"直道""驰道"等，并充分地使用水路交通，但其有效性仍然有限。此外，更为重要的是，中央集权的代价相当高。大量文书需要被来回传递，这给当地居民带来了过重的负担，他们不得不提供邮驿服务，并要供养地方官员，而官僚机关越积极，相关费用就越高。尽管我们目前还无法准确估计这一行政负担到底有多重，但毫无疑问，这个负担是沉重的，甚至它间接导致了致使秦朝速亡的民众起义的发生。[2]

秦朝的解体及其所带来的社会政治秩序的崩溃，使中央集

---

[1] 译者按：陈松长编《岳麓书院藏秦简（肆）》（上海辞书出版社，2016年，115页）"尉卒律"称："里自卅户以上置典、老各一人。不盈卅户以下，便利，令与其旁里共典、老；其不便者，予之典而勿予老。"

[2] 关于秦朝的交通系统，参见 Sanft（陈力强），*Communication and Cooperation*；关于秦朝过于严密的行政体系所带来的负面影响，参见 Shelach（吉迪），"Collapse or Transformation?"。

权倾向得到逆转并局部回归"周制"的方向。首先，叛军领袖项羽（卒于公元前202年）试图恢复一个新型的多国体系。项羽本来想在傀儡皇帝（义帝）统治下执政，但稍后又把义帝杀了，并建立起更为分散的政治模式，即以"霸王"的地位号令天下，让新兴诸侯国享有大规模的自治。然而，合法权力的缺失立即导致混乱，其混乱状态比战国时代更严重。随后，一个更为集权的模式重新出现。项羽的对手——汉朝的建立者刘邦（卒于公元前195年），巧妙地扮演了能够恢复统一、终结战争与动荡的唯一候选者，这一点吸引了许多杰出的谋士和将军加入他的阵营。然而，最终刘邦不得不妥协其中央集权的目标，同意重新分封高度自治的诸侯国，分封给自己的部分盟友们。但在之后，汉朝初建，刘邦及其继任者就努力减少诸侯国的自治权，重新走向更有效的中央集权。[1]

在中华帝国存续的两千多年中，其行政结构一直在上述两种模式之间摇摆。一方面，官僚逻辑和政治理论通常都倾向于朝廷对地方权力进行更严格的控制，以防止潜在的割据性政治活动及权力滥用。朝廷制定了许多针对地方官员的控制手段，从类似秦的"制衡"制度，到阻止官员在其家乡任职的"回避规则"，再到频繁的官员轮岗，等等。中央政府逐步加大对州县基层官员任命的干预，并建立起精密的监察机构来监督地方行政官员。这些措施和其他多种手段本应巩固统一的统治。

---

[1] 关于项羽，参见《史记·项羽本纪第七》。关于西汉早期重建中央集权的过程，参见Loewe（鲁惟一），*"The Former Han Dynasty"*，110—152页。

与这一倾向相反，也存在着一种反复出现的政治多元化模式，即建立在名义上臣服于皇帝的半独立地方政权。这些地方政权像周代诸侯国一样，由终身或世袭的地方统治者（local potentates）管理，这些统治者控制着当地的经济、人力和军事资源，皇帝几乎完全无法干预当地内务。这些自治地方政权的反复复兴有几方面的原因。例如，如果皇帝对官僚体系不信任，或要奖励其宗室成员、军功功臣或者盟友，他可以分封他们为"藩王"等地方统治者。在游牧民族的统治下，这种制度较为常见，因为其政治运作模式一般比中原地区的统治方式要更为分散。此外，将权力下放给地方统治者可以减少朝廷的开支，并减轻中央机构的负担。而且，地方自治可以在管理偏远地区或少数民族聚居地时，提供更大的灵活性。最后，在政权面临特殊经济或军事问题时，地方政权具有的灵活性远比过度的集权更为有效。

尽管如此，中华帝国的长期趋势，特别是宋代以后，是朝着权力日益集中的方向发展的，即使是以牺牲军事和经济灵活性为代价。我们将在后面的章节中反复遇到这种现象——中国历代的许多统治者宁愿牺牲有效性而选择稳定。历史的长期经验让他们认识到：中央一旦失去对地方政权的管理，迟早会导致割据政权的出现，进而引起分裂、内战、内乱等负面现象。而最危险的事情莫过于将军权下放给地方统治者。类似的现象在中国历史上屡见不鲜。例如在汉代，为了平定内乱（公元184年以后的黄巾起义等），部分州牧被赋予了军权；唐朝在面临内忧外患时也把军权赋予节度使；而在西晋、南朝，乃至朱元璋时代的明朝，则是为了加强宗室而分封皇帝的同宗子弟为亲王、藩王，且让他们掌握了相当大的军权。而这些做法的结果也总是一样的——地方军阀出现，之后凭借自己的军事力量扩张领土或维持自己的政权，甚至企图建立新的王朝。无论如何，结果是长期的内乱。难怪中华帝国下半时期，统治者都认为：宁可弱化边疆地区的军事力量也不允许新兴的割据政权出现。秦始皇上述的名言，"又复立国，是树兵也"，成为中国历史上影响深远的训诫，尽管未能获得一致接受。

在追求稳定的同时，部分皇帝仍然在严格集权的框架内尝试提升区域治理的效率。其中最有趣的突破之一出现在清朝。它采用了巡抚制度，作为中央政府和下级地方行政机构之间的中间人。早期朝代的君主一般不愿意建立郡（州）级以上的常设行政单位，而每当这样的单位被设立时，通常意味着朝廷的削弱（见下文唐朝的例子）。然而，从元朝开始的一系列尝试，持续了几个世纪，以行省政区作为统治规模极大的区域的一级治理单位。而清代皇帝，像元代一样，习惯性地倾向于将权力下放给下属。他们的尝试证明，在皇帝控制下的分权是可行的。最终，清朝的巡抚制度在这个王朝前半段统治的整体成功中发挥关键作用。在经历了两千年后，帝国的建设者们似乎终于找到了行政效率和稳定集权统治之间的适当的平衡。[1]

---

[1] 关于行省制度的发展演变，参见Guy（盖博坚），*Qing Governors*，尤其是21—46页。

合久必分，分久必合

中华帝国的设计者不仅为其精心准备了意识形态上的合法性，还制定了一系列维持统一的精细行政手段，但这些手段仍然无法防止反复发生的分裂。有两类政治力量可能威胁帝国的统一：地区精英和地方统治者。前者在政治上没有那么危险，因为其目标通常是通过加强他们在帝国行政机构中的代表以保护地方利益，而非脱离帝国。然而，在周期性危机中，当地方精英们感到中央不理会他们的声音，税吏不顾他们的既得利益时，他们可能会转而支持当地的叛乱领袖，从而挑战朝廷。没有这些精英的支持，很少有地方统治者能在其颠覆活动中获得成功。

而那些地方统治者——无论是武官（如唐代节度使）还是文臣（如汉末的州牧），无论是皇帝的同宗子弟（如西晋八王）还是其同族（如元末一些割据领袖），甚至曾经是反叛者因归顺朝廷而被授予地方政权（如唐末一些人物，后来变成"十国"的建立者）等——都在危机时期成为朝廷最强大的对手。在通常情况下，地方长官不能由本地人担任，也不能在同一地区久任。然而，在管理松懈的时候，一位长官可能会在其职位上任职足够长的时间以至于能通过委任地方精英进入其行政团队或减少上缴中央的税收，来迎合地方精英。在天下大乱的时代，这种长官可能会自然而然地成为本省（州、郡等）的领袖，而这一身份可以成为建立新王朝的跳板。因此，直到二十世纪，国家遭遇重大危机时，各省中的割据势力常常得到加强。然而，正如在下文将要说明的那样,"离心力"的生命力是有限的;在分裂达到顶峰后,重归中央的趋势总会随之而来。

以下,我将重点以唐朝为例来展示中国历史上分裂与统一的循环,在唐朝漫长的衰落过程中帝国的许多基本运作原则都得到体现。在唐之前,隋朝(581—618年)在长时间的分裂后重新统一了中国,而唐则继承了隋的集权倾向。唐初的大臣强烈反对重新出现的地方分权化,甚至成功地阻挠了唐太宗(626—649年在位)恢复分封的计划。[1] 在其统治的第一个世纪,唐朝可能比自秦以来的任何王朝都更加集权。

唐朝的地方分权是其早期军事和外交成功的附带产物,这种成功带来了前所未有的领土扩张。为了对偏远的北部和西部边境的敌人作出迅速的军事反应,藩镇节度使制度被建立起来。这些节度使控制了相当大的区域,包括几个边境州县;朝廷允许其调动所属各县的人力和经济资源,他们也就拥有了地方军政、民政和财政大权;这些节度使的任期比普通官员更长,有权任命下属,并享有高度的行政自主权。在追求军事效能的过程中,唐朝在很大程度上牺牲了帝国对地方自治大员的传统警惕性。[2]

朝廷很快为这种宽松付出了高昂的代价。当一位强大的节度使安禄山(卒于757年)与宰相发生冲突时,于755年起兵

---

[1] 详见 Wechsler(魏侯玮)"T'ai-tsung",210—212页。
[2] 详见 Twitchett(崔瑞德),"Hsüan-tsung"及 Graff(葛德威),*Medieval Chinese Warfare*,205—226页。

叛乱,给王朝造成了沉重打击,一度占领洛阳和长安(今西安)两京。为了生存,朝廷不得不建立一支忠诚的军事指挥官联盟,而这最终导致节度使制度扩展到内陆各省。在接下来的一个半世纪里,唐朝的皇帝面临着一种新的局面——强大的军事将领的崛起。这些将领逐渐发展成为新形成的"道"(超州级地方行政单位)的全面统治者。这些统治者对朝廷的忠诚程度不尽相同,有两类政治力量可能威胁帝国的统一。具体包括,他们试图垄断辖区内文武官员的任命、减少向中央朝廷的税赋和贡纳,并为自己谋求终身甚至世袭的任期。尽管不是所有人都同样坚定地追求这一方向,帝国很快发展成一个由或多或少自治的领土单位组成的联合体,地方统治者们拥有各自的军队,以及在一定程度上独立的行政和财务管理体系。无能为力的朝廷只能操纵各个节度使并利用他们相互制衡,却再也无法完全废除"道"的自治制度。[1]

身处困境的王朝以非凡的才智应对危机:改革了财政体系,并有效地利用外族——尤其是回鹘人——来增强其衰弱的军事力量。[2] 然而,唐朝之所以能在与藩镇的长期对抗中延续下来,主要是因为它仍保持着至高无上的仲裁者地位,尽管已不再是实际的"天下"统治者。只要始终坚持唯一合法的"普

---

[1] 本段及下段,参见 Peterson(毕德森),"Court and Province"。
[2] 关于财政改革,参见 Twitchett(崔瑞德),*Financial Administration*;关于回鹘在挽救唐朝过程中的角色,参见 Mackerras(马克林),*The Uighur Empire*。

天之下"君主这个原则，自治的藩镇就无法以现代意义上的"分裂"实现脱离。除非藩镇首领们愿意且有能力将自己定位为一个新王朝的开国之君（这是个罕见之举），他们即使会违抗皇帝的命令，但仍继续承认唐帝的至高无上。他们仍然沿用唐朝的历法、礼仪和行政制度，同时寻求得到朝廷对其地位的承认。即便是河北的叛乱藩镇——安禄山起义的发源地——也继续与唐廷保持着关系，寻求一个类似于藩属的地位，即他们同意给皇帝礼仪性的臣服，但同时希望朝廷认可其辖区内事务的完全自主（详见下文）。

部分学者将自治藩镇对皇帝的礼仪性臣服理解为全面独立的表面现象，但这并不准确。礼仪上的从属关系明显降低了藩镇长期自治的可能性。明智的皇帝在承认藩镇节度使的合法性时，可以要求该节度使提供军事支持、增加税收上缴，或接受朝廷委派的人选进入其藩镇内出任一些职位。唐朝就这样巧妙地将其象征权力转化为部分恢复的中央控制；到九世纪中叶，在除少数几个道以外，中央成功地恢复了对其他地区有效的直接统治。[1]然而，从九世纪七十年代开始，一系列的军事叛乱和民众起义再次粉碎了唐朝的社会政治结构，作为叛军的新兴军阀主导的藩镇割据局面重新出现。尽管忠诚的藩镇联盟再次镇压了叛军，但这一次，唐廷已无法重掌主动权并恢复其地位。[2]

唐朝最终灭亡的主要原因来自内部：朝廷深陷宦官与官员

---

[1] Peterson（毕德森），"Court and Province"。
[2] 参见Somers（萨默斯），"The End of the T'ang"。

之间的争斗之中，无法再利用其礼仪优势控制诸藩镇。唐朝统治的最后几十年是一个悲惨的故事，无能的皇帝沦为对手手中不幸的无助棋子。分裂局面愈演愈烈，几十个敌对的军阀政权陷入无休止的战争与结盟的游戏中，相比之下，连战国时期的动荡也显得井然有序。我们在阅读当时史料时，很容易得出结论：重新统一这个完全四分五裂的帝国已然是不可能的了。[1]

公元907年，唐朝的分裂成了既定事实。这一年，强大的藩镇节度使及前造反者朱温（852—912年）对唐朝施以致命一击，建立了后梁王朝（907—923年）。然而，朱温的政变是发生在几次军事挫折之后，时机并不好。朱温试图通过一系列精妙的措施来合法化并巩固自己的帝位，但无论是其举行登基仪式，还是对征兆和预兆的操纵，甚至对儒学迟来的——且多少有些出人意料的——尊重，都无法弥补其兵力的虚弱。朱温的对手拒绝承认其统治，建立了几个独立的地方政权，各自称王称帝，帝国由此名存实亡。[2]

公元923年，沙陀领袖李存勖（885—926年），自称为唐朝

---

[1] 参见 Wang Gungwu（王赓武），*Divided China*，7—82 页；王赓武称，在唐朝灭亡的时代，即使是个别的州，乃至县也能保持高度的自治，这表明唐朝的解体程度比战国时期还要高得多。

[2] 关于朱温的生平，参见 Wang，*Divided China*，46—116 页；关于他追求合法性的努力，参见 Fang Cheng-hua（方震华），"The Price of Orthodoxy"。关于正统，参见 Wechsler（魏侯玮），*Offerings*；Chan（陈学霖），*Legitimation*；另参见饶宗颐《中国史学上之正统》。区分这些研究中所讨论的所谓"文化正统"和"实际正统"是很重要的，在分裂的时代，"实际正统"主要是由那些具有明显统一天下能力的人获得的；详见下文。

复兴者，出乎意料地击败后梁，短暂遏制了持续的分裂，统一了中国北方的大部分地区，甚至对南方一些新兴的"十国"建立起相对的控制权。然而，李存勖的后唐王朝（923—936年）由于内部斗争很快又分崩离析，统一的势头随之消失。此后，甚至在表面上统一的华北地区，皇权也是非常脆弱的，经过多次兵变以及短暂的契丹族统治等，内乱不止；直到960年宋朝崛起，内乱才得以平息。而更有趣的是南方的政局，在长江流域及其以南地区崛起了七个相对稳定的国家。尽管这些国家大部分是由前朝叛臣建立的，但它们逐渐获得了相对的稳定，即使并不持久。南方的经济和文化繁荣，人口增长，总体状况比饱受战争折磨的北方更值得称道。就面积、地形、经济和军事资源等方面而言，这些国家都可以成为独立且治理良好的政权。然而，这种转变并未发生，最终所有这些国家都被宋朝轻而易举地摧毁。究竟是什么因素阻碍了这些国家的独立，并让宋朝能迅速取胜呢？[1]

我认为，缺乏生命力不仅是某些区域政权的特点，也是多国秩序本身的特点。这种秩序之所以好景不长，不仅因为它缺乏思想上的合法性，更重要的是，它一次又一次地被证明是不可持续的。问题不仅在于无法确保敌对政权之间能够长期和平共处（见上下文中讨论），也在于这些政权内部不可能保持稳定。正如史怀梅（Naomi Standen）等人指出的，多个政权并存，

---

[1] 关于十世纪华南政权的历史，参见Clark（柯胡），"The Southern Kingdoms"；另见Worthy（沃西），"Diplomacy for Survival"。

让任何心怀不满的官员、地方长官、将军等，都可能倒戈并转而效力于昔日主人的宿敌。区域国家内部的任何国内危机——如继承权之争——都可能导致官员、地方长官、将军等大规模叛逃，随即引起敌对政权之间力量平衡的剧烈变化。在分裂时代，"变节是很容易的，而且很少受到批评"，[1]对于大多数统治者来说，将自己的意志强加给下属是极其困难的。在这种情况下，政治家们不得不温习孟子的名言："定于一。"

鉴于普遍认为统一是分裂时代唯一的"大势所趋"，区域政权的统治者有两种可能的行动模式。第一种是自称公、侯或国王，同时承认另一个自称皇帝的名义宗主权。一个地方的"国王"（这是可能达到的最高自治程度）甚至可以建立起一套独立的礼制和行政系统，使用自己的年号，从而表明他可能有意称帝。或者，他可以在自己的领地内或在与较弱的邻国交往中采用这些主权象征，同时又在与名义上被承认的某位皇帝接触时俯首称臣。无论他选择了哪一条道路，只要这位"国王"在面对"皇帝"时接受其劣势地位，其地方政权就注定要灭亡。每一个政治参与者都很清楚，自治王国的存在只是一种暂时的偏安，只有在"王者"（即能统一天下的国君）尚未出现时，才是可以接受的。迟早会有一位真正强大的皇帝出现，而其职责就是铲除偏离的王国，将其重新变为州县。因此，承认

---

[1] Standen（史怀梅），*Unbounded Loyalty*，42页。史怀梅的研究主要集中在中国北方政权与契丹国（辽朝）之间的边境地区，但她的观察结果也很容易适用于其他领域，也适用于其他分裂时期。

其他政权在礼制上拥有更高的地位，就意味着承认自己王朝统治的临时性质。

除臣服之外的另一种选择——也是唯一真正意味着"独立"的行为——就是自行称帝，即当一位不屈从于任何人的新的"天子"。然而，这也意味着该位君主的目标是在自己统领下统一天下，意味着他不能与其他自封的"皇帝"共存，也不能容忍自治王国（区域政权）的存在，至少从长远来看是这样的。如上所述，从战国时期开始，人们普遍认为只有能够统一天下的人才能成为"天子"。因此，一个志在天下的皇帝必须对其他地区的君主采取激进的立场，或者至少要通过各种象征性的手段来彰显其一统天下的决心。[1] 两位"皇帝"之间的结盟与联合，或其他旨在实现"偏安"的政策，都只是一种"权宜之计"。大家都心知肚明，这场竞争是个零和游戏，正如孔子的名言，"天无二日，民（土）无二王"。[2] 需要经历生死搏斗，最终只有一个合法的赢家胜出。

因此具有讽刺意味的是，皇权的唯一性作为和平的保证，

---

[1] 皇帝渴望一统天下的象征性表现之一是封其宗室、大臣为某王某公，但其所被分封的领土实际上位于敌国腹地中。例如，南北朝时代，南朝或封宗室为齐、秦、晋等王，或任命大臣为齐、秦、晋等刺史等，而齐、秦、晋都是被北朝统治。现代学者极为关注类似的"象征性的侵略"，但这相当于当今俄罗斯联邦任命阿拉斯加或芬兰的州长。这些相当普遍的行为自然排除了敌对政权之间长期和平共处的可能性。

[2] 这句话屡次被引用，例如见《孟子·万章上》第四章；《礼记·曾子问》第522页；《礼记·坊记》第1283页；《礼记·丧服四制》第1470页；《大戴礼记·本命》第253页。

这个普遍的想法却排除了两个或更多"皇帝"和平共处的可能性，使混乱的天下注定会陷入一场你死我活的斗争，这种残酷斗争不允许真正的妥协、不允许领土调整、不允许可持续的和平协议。能够预测的是，争夺皇位的斗争演变成一场血腥残酷的噩梦，这反过来又增强了对恢复统一的期望，成为彼此灭绝的唯一可行出路。正是这样，"定于一"这一概念成了一种自我实现的预言。

这种在成功统一之前不可避免要进行战争的特殊情况对于最强大和最坚定的竞争者非常有利。当一个有抱负的皇帝成功地对其对手施以重大打击时，往往会引发一连串的成功，因为相对弱小的地方诸王会纷纷投靠其阵营，以王位换取在新兴统一帝国体系中的稳固位置。[1] 即使地方国王不愿臣服，其许多下属，包括将军和高级官员，也会倒戈以确保自身在该区域国家不可避免的灭亡后能得到保障。而对地方精英而言，他们通常也不会捍卫地方政权，除非大一统的候选人过于不慎，因异常残忍或贪婪的行为而让他们疏远。在这种情况下，经过长时间的分裂，"天下大势分久必合"。

五代十国时期，南方"九国"的历史就很好地展现出这一轨迹。在南方的统治者中，较弱者倾向于对北方皇帝称臣，被封为地方王，这样可以保持其地方政权的相对稳定。而较强的

---

[1] 参见 Graff（葛德威），"Dou Jiande's Dilemma"所举的例子。923年，后唐（923—936年）李存勖也取得了类似的"统一势头"，但正如上文提到的，他未能利用好他最初的成功，他的王朝后来解体了。

统治者则有两个选择：或称帝并对其邻国采取不可避免的攻击性姿态，或暂时承认北方皇帝的宗主权。在南方政权中，只有南唐的皇帝李璟（943—961年在位）全面参与了一统天下的争夺，成功地吞并了两个邻国，而且计划向北扩张。然而在后周（951—960年）统一北方后，李璟的命运发生了逆转。后周世宗（954—959年在位）不仅成功地大幅吞并了南唐领土，还迫使李璟取消了帝号。当宋继承后周后，立即重新开启南方统一战役。这些战役出奇地顺利：除了抵抗宋军十五个月之久的南唐外，其他诸国在短短几个月内就被吞并，尽管它们地形艰险、军队强大。到978年，南方最后一位国王自愿放弃君位，宋朝兵不血刃地完成了对吴越（907—978年）的兼并。长达一个世纪的分裂结束了。[1]

宋朝的成功，就像之前和之后的大多数统一政权一样，若没有被征服国家的大多数精英和老百姓对新统治者的接受，是不可能实现的。当他们奋起反抗时，军事行动会发生剧烈变化。例如，宋军只用了两个月就征服了后蜀国（934—965年），但随后宋军的广泛掠夺和杀戮引发了大规模反抗，而平息这些反抗则历时近两年。宋朝的开国之君赵匡胤（927—976年）吸取了这一教训，对军队实施严格的纪律，让叛乱不再重演。显然，南方各国的居民意识到这一点，迅速投降比进行一场消耗地方

---

[1] 参见Standen（史怀梅），"The Five Dynasties"，112—132页；Lau（柳立言）和Huang（黄宽重），"Founding and Consolidation"，206—247页。关于南唐政权，参见Kurz（库尔兹），"The Yangzi"；任爽，《南唐史》。

资源、将日常生活变成噩梦的持久抵抗战争要明智得多。只要征服者行事谨慎，允许被占领国家的精英加入朝廷官员的行列，且避免不合理的税收负担，那么得到地方政权臣民的认可几乎是理所当然的。

另一个使重新统一不可避免的主要因素，是北方君主决心将割据地区全面融入新的统一帝国行政框架内。这一决定本身是基于其认知，即保持地方割据自治将不利于未来的稳定，也不利于新建立的帝国政权的整体合法性。因此当南唐的使节徐铉（917—992年）来拜见赵匡胤，请求他允许其主做宋的忠臣，像儿子侍奉父亲一样为宋朝服务时，赵匡胤尖锐地反问："尔谓父子者为两家可乎？"这个问题其实是个陷阱（在中国传统社会，父子分家的现象比较常见，虽然明显不受欢迎），而南唐特使明白了赵匡胤言下之意，因而他"无以对而退"[1]。

上述这种分久必合的模式，在中国历史上经常出现，也许略有不同，但整体趋势是一样的。内在的逻辑是，政治分裂必然会被逆转，在几个自称为帝的竞争者内，只有唯一的一个可以存在下去。这一认识无疑激化了潜在统一者之间的激烈竞争。当主要竞争者筋疲力尽之际，次要选手却在谨慎地观望，准备支持获胜者。马瑞志（Richard Mather）总结了四世纪末和五世纪初胡人族群在中国西北建立的小区域政权的动态：

> 各种非汉族群体急切地效忠于（继起的地方统治

---

[1] 欧阳修《新五代史·南唐世家第六十二》，504页。

者），总是怀着这样的希望，即终于出现了一位能带来统一与一定程度上稳定的领导者，这种急切中甚至带有某种可悲。[1]

在这种氛围下，重新统一成为分裂时期的必然结果。由于多国秩序被认为既不可持续也不合法，因此分裂割据的策略注定要失败，实际上也从未被真正践行。历史的参与者都很清楚，"天下大势，分久必合"。

"天下"及其界限

到目前为止，我主要使用的是中国的传统术语，谈及的是"天下"的统一，而非"中国"（英文中的"China"，当然这是一个现代术语）。现在我们要明确哪些地方属于这个"天下"的范围。统一的对象只包括中国本土（即大致上由秦朝控制的领土，有时称为"九州"[2]），或是包括在汉朝和唐朝（盛唐时期）

---

[1] Mather（马瑞志），*Biography of Lü Kuang*，25页。Holcombe（何天爵），"The Last Lord of the South"，对同一时期华南国家的精英也做了类似的观察：即使在南朝独立了两个半世纪（420—589年）之后，在589年隋朝征服之后，"令人惊讶的是，几乎没有证据表现出……长期的南方分离主义情绪"；南方人以"令人惊讶的热情"默许了北方的胜利（101页）。

[2] 关于"九州"一词的早期历史及其地理范围，见Dorofeeva-Lichtman（魏德理），"Ritual Practices"；在整个帝国时代，这个词偶尔被用来区分中国本土和北方的游牧政权。

统治下形成的大中华区域，还是指整个中国人已知的世界呢？从政治角度来说，这个问题可以这样理解：在已知的世界范围内，中华皇帝对哪些地区的自治或独立会持宽容态度，又在哪些地区绝不允许出现危及皇权正统的独立势力？对这些问题的不同答案在很大程度上决定了中华帝国的对外政策。

在讨论战国时期的政治话语时，我会强调其中的"天下主义"，而这一观点可能激怒了一些读者。毕竟，有些学者认为中国人是"文化自大者"，甚至是彻头彻尾的民族主义者；中国人蔑称外族为"蛮夷"，意味着他们的世界观是排他的，而非包容的。[1] 然而，这些假设，即使适用于帝国时代的某些思想家和思潮，但在中国政治传统的形成时代，即战国时期，在很大程度上却是无根据的。虽然当时的大多数文献都认为外族在道德和文化上有所欠缺，但都一致表达了对外族能够改变的乐观态度。只要——并且当——四夷被纳入圣主统治的领域时，其落后的习俗将会被改变，他们也将加入华夏文明世界。这种包容性成为圣王统治的最根本特征之一；因此上古传说中的圣王，要么被称赞为"四海之外宾，四海之内贞；禽兽朝，鱼鳖献"，[2] 要么因无法做到这一点而受到批评，如"汤武不善禁令"因为"楚越不受制"。[3] 无论如何，圣王的统治扩展到全人类被

---

[1] 关于中国所谓"种族主义"的极端观点，见 Dikötter（冯客），*The Discourse of Race*，1—30页；要了解更公允的观点，请参见 Townsend（汤森），"Chinese Nationalism"。
[2] 上海博物馆所藏竹书《容成氏》第五简。
[3]《荀子·正论第十八》，328—329页。

认为是一种典范状态。[1]

战国知识分子对最终实现天下一统持乐观态度，这不仅源于他们的理想主义，也得益于他们对历史的深入了解和地理知识的局限。关于第一点，思想家们可能意识到春秋时期生活在周世界的边缘或境内的外族群体相对容易被同化。到了战国时期，曾与列国相对抗的一些群体，如戎和狄，基本上从历史记载中消失了，这表明它们总体上融入了周的文化圈。所以，战国思想家们认为其他邻近族群迟早也会被融化，这一想法似乎不无道理。

此外，中国思想家具有的"天下主义"世界观，也可能源于他们有限的地理视野。在早期欧洲、近东或南亚的居民，都比较清楚地知道在其他区域存在着强大的文明。而与他们形成对比的是，战国时期的思想家和政治家似乎缺乏对周文化以外的其他文明中心的了解。即便是那些曾在两千年中深刻地影响中华帝国的政治、军事和文化生活的游牧民族，在帝国统一之前也只是边缘角色，与列国的交往明显有限。[2] 这就解释了为什么思想家们认为在其认知中的整个已知"天下"建立一统是一个可以被实现的目标。这一信念在秦始皇所立的碑文得到了充分反映，他在碑文自夸：

---

[1] 参见 Pines（尤锐），"Beasts or Humans"及"Imagining the Empire?"，Goldin（金鹏程），"Steppe Nomads"。
[2] 关于游牧民族，参见 Di Cosmo（狄宇宙），*Ancient China*。

> 六合之内，皇帝之土。西涉流沙，南尽北户，东有东海，北过大夏。人迹所至，无不臣者。[1]

上文展示了秦始皇的统治包括所有已知的人类居住地——从东海到西部沙漠，从北方草原到北回归线以南地区，据说那里的人民"开门向北而居"，即所谓"北户"。[2]然而，深入到字里行间，我们则可以在这种宣示的背后分辨出某种紧张：尽管帝国的地理为其在三个主要方向的扩张已经到达自然的边界（如果秦的确不打算向北回归线以南推进的话），但其领土的北部被模糊地描述为"过大夏"，指的可能是黄河以北的鄂尔多斯高原等地区。而北边的草原正好对始皇"无不臣者"的信念构成了极大的挑战。

众所周知，在统一以周文明为核心的"天下"以后，秦始皇决定向当时几乎未知的地区扩展疆域，于是派军南征北伐。在北方，秦击退了游牧的匈奴部落。在此之前，匈奴在中国政治中意义不大。到战国末叶，北方的列国（燕、赵、秦）都开始向北扩张自己的领土，因而把部分游牧民族逐渐推向更干旱的地区。而秦朝在公元前215年"北伐"的胜利则迫使匈奴进一步向北撤退。于此，皇帝决定这是扩张的极限了，并下令修建长城以保护这些新领土。这座新修的长城，是在拆除战国时期列国的内部城墙之后不久建立起来的。这一举动具有象征意

---

[1]《史记·秦始皇本纪第六》，245页。
[2] Kern（柯马丁），*The Stele Inscriptions*，33页，注76。

义：秦始皇以最明确的方式区分了中国与草原。"天下"的界限就这样被设定好了。[1]

与游牧民族的接触成为中国政治、文化和民族历史上最重要的事件。没有任何其他与中国相邻的民族族群能够像游牧民族那样对中华帝国产生如此大的影响，或能够像他们一样挑战中国的政治文化。这个挑战体现在三个方面。首先，干旱的草原地带基本上很难被定居文化政权征服和治理；而习惯了游牧和半游牧生活方式的居民也难以被定居的中国人同化。其次，游牧民族迅速建立了独立的部落联盟（也可以称为草原帝国），而其存在本身就削弱了中国皇帝统治的唯一性和其"天下主义"。不仅如此，游牧民族逐渐参与中国的内政中，最终征服了中国的北方，在之后更是征服了全部中国。正如我们将在下一节中看到的，在统治中国的过程中，游牧君主实际上也是中国对政治统一原则的普遍坚持的受益者。[2]

中国面临的来自游牧民族的威胁，在秦朝灭亡之后就开始了。匈奴部落联盟的形成很可能是对秦朝打击匈奴的直接回应，而其出现也扭转了游牧民族的命运。匈奴趁着秦被灭亡以后中国内部动荡之际，重新占领了他们曾失去的大部分领土，

---

[1] 关于长城，参见Di Cosmo（狄宇宙），*Ancient China*，138—158页。我的论述在很大程度上依赖于狄宇宙对匈奴与秦汉帝国互动的分析。

[2] 关于游牧民族及其与中国的长期交往，参见上引狄宇宙著作，及Barfield（巴菲尔德），*The Perilous Frontier*，Jagchid（札奇斯钦）and Symons（西蒙斯），*Peace, War, and Trade*。关于更广泛视角的论述，参见Khazanov（哈扎诺夫），*Nomads and the Outside World*。

并给汉朝的军队造成了沉重的打击。落难的汉高祖不得已而承认匈奴的"敌国"地位，即承认其能与大汉相匹；而且与匈奴单于建立了"和亲"关系，并给予丰厚的礼物，以防止进一步冲突的发生。不幸的是，这种"和亲"关系是不可持续的——桀骜不驯的一些部落屡次袭扰中国边境，导致军事局势再度紧张、条约需要重新谈判并缔结、汉朝给匈奴的"厚奉"也不断提高。这种关系模式对汉朝而言是一种耻辱，表明了皇族的软弱。毫不奇怪，汉初著名思想家贾谊曾抱怨称，安抚匈奴意味着"本末舛逆，首尾衡决"。[1] 贾谊和许多其他汉朝大臣要求果断改变与外夷的关系，以展示天子的优越性。[2]

汉武帝（公元前141—前87年在位），是汉朝最具活力的君主，再次逆转了当时的局势。他的军队对匈奴进行了一系列打击，极大地扩张了汉朝疆土，甚至使秦帝国都相形见绌。武帝异常激进的扩张，似乎受到了他特有的思想驱动。在武帝时期，之前影响不大的《春秋公羊传》突然被提升到近乎神圣的地位。该文所主张的"王者无外""王者欲一乎天下"等思想，为武帝的扩张努力提供了极好的理由。[3] 只有极少数中国皇帝能像汉武帝那样热衷于到帝国最偏远的角落去进行征伐：从朝鲜到云南，从费尔干纳河谷（大宛）到海南岛。不仅击退了匈

---

[1]《汉书·贾谊传第四十八》，2240页。

[2] 详见 Di Cosmo, *Ancient China*, 190—206页。

[3] 见《春秋公羊传·隐公第1年》第6条以及《成公第15年》第13条。关于《公羊传》，见 Gentz（耿幽静），*Das Gongyang zhuan*；关于其中的"大一统"观，见 Pines（尤锐），"Imagining the Empire?"，79—81页。

奴，还吞并或征服了南越以及许多小国。

无论武帝多么愿意扩张汉的领土，他及其左右以及继承者们最终意识到，征服所有偏远地区在经济上是行不通的，在军事上也是不可持续的。他们的解决方案是关注中国皇帝在礼仪上的优越性。所谓的朝贡制度，本来是为了维持与外族政权的外交和贸易关系，但转变成为维护中国在外部国家面前至高无上的形象（有时这一形象完全是虚构的）的重要手段，在接受外族（外国）朝贡的同时也允许外族保持其在国内的自主权，甚至全部独立。通过经济诱惑、军事威慑及巧妙的外交手段，汉朝及其大多数继承者成功地保持了天子在"普天之下"礼仪金字塔顶端的无可比拟地位的愿景，且没有激起外国统治者的太多敌意。甚至极有自豪感的匈奴，曾与大汉持续冲突超过八十年，最终在公元前53年屈服于汉朝的要求，承认了其至高性。又一次，人们可以称中国皇帝为"普天之下"的君主了。实际上，不仅汉朝如此，甚至那些统治范围仅限于中国本土的一部分弱小王朝，比如前述的南唐，有时也能够利用朝贡关系来维持自身"普天之下"王朝的形象，声称"皇风格于四裔，华夷咸若"云云。[1]

在之后的中国历史中，我们可以看到王赓武所称的皇帝统

---

[1] 关于南唐朝臣在契丹"朝贡"（实际上是贸易）使团到来后自鸣得意的言辞，参见任爽，《南唐史》，108页；关于朝贡辞令在掩盖王朝就对外政策上软弱的重要性，参见Wang Gungwu（王赓武），"The Rhetoric of a Lesser Empire"。引文见《南唐书·浮屠、契丹、高丽列传第十八》，4页。

治的包容性和中国对外族政权的优越性的修辞，与那种心照不宣却显而易见的内外分治之间的张力。[1]在"无不臣者"的表象背后，中华帝国统治者区分了那些应该受到全面控制的"内臣"以及仅在礼仪上服从的"外臣"。对后者，帝国的控制程度较弱，甚至几乎不存在。但"内"与"外"之间的边界是波动的，反映出中国与邻国之间力量平衡的变化，以及中国边境的人口密度和文化成分的变化。有时，如在唐代领土扩张的巅峰之际，远在中亚腹地，都护府的军事统治得以建立，而外部被定义为一个"羁縻"区域，在那里中国皇帝主要保持着象征性的崇高地位。但在国力薄弱的时候，"外部"的称谓不仅适用于曾经被中国控制的边境地区，甚至令人惊愕地也适用于中原地区，如自1127年就被女真人统治的黄河流域。[2]曾经被视为"外部"的地区也可能被牢牢地纳入中国本土，就像明朝时期的甘肃和云南；而其他地区则可能会经历反向转移，就像曾经是帝国州郡的安南，最终变成了一个"外藩"。

中国大多数朝代并没有积极地尝试扩大直辖的"内部"区域。保持中华天子名义上的"天下共主"地位主要体现在朝贡制度上，而并非在军事和行政上尝试兼并外部土地及敌对人口。然而，对真正的宏大统一的渴望在整个中华帝国历史中依然潜在可见。并非偶然的是，一些游牧统治者在将其统治扩展到中原之外时，表现得比中原王朝更为出色，并将这方面的

---

[1] Wang Gungwu, "The Rhetoric of a Lesser Empire".

[2] Goncharov（Гончаров）, *Китайская средневековая дипломатия*.

成功视为其王朝合法性的主要基础之一。如清朝的雍正皇帝（1722—1735年在位）就曾自豪地宣称：

> 中国之一统，始于秦；塞外之一统，始于元，而极盛于我朝，自古中外一家，幅员极广，未有如我朝者也。[1]

上述话语是在与一个持不同意见的汉臣就满族统治的合法性进行激烈辩论时说出的，颇有启示性。雍正皇帝不是一个好战者，实际上在其即位后不久，他曾考虑过撤出其父康熙（1661—1722年在位）统治下的一些领土。[2] 然而，他可能也认识到，清朝显著的领土扩张，并将周边地区纳入帝国治理体系内，被许多汉族臣民视为清朝成功的标志。这种情绪在雍正的儿子乾隆（1735—1795年在位）那里得到呼应。他以"天下之大"的理由，来平息那些担心清朝持续扩张会过度消耗人力和物力资源的臣子们的批评。[3] 既然皇帝认为对直辖领土扩张的预期会

---

[1] 《清世宗实录》，第83卷；引自刘泽华《中国的王权主义》，19页。关于引发皇帝声明的争议的背景参见Spence（史景迁），*Treason by the Book*，116—134页。

[2] 关于雍正外交政策的波动，参见Dai（戴英聪），*The Sichuan Frontier*，92—100页。

[3] 关于乾隆皇帝与其批评者的争论，见Millward（米华健），*Beyond the Pass*，20—43页，尤其是38—40页。米华健在其书中说明了在清朝领土扩张的过程中，"内"和"外"领域之间的边界是如何不断被重新划定的。关于清朝扩张政策的更多信息，参见Perdue（濮德培），*China Marches West*及Dai（戴英聪），*The Sichuan Frontier*。

在国事辩论中具有说服力（而我们没有理由不这么认为），这表明在秦始皇下令修建长城以划定"天下"界限的两千年后，实现真正的一统天下的潜在愿望仍然存在，或得以重现。

游牧民族治下的大一统

雍正皇帝借助大一统的理想来巩固其合法性，将我们带到了本章讨论的最后一部分，即大一统理想对中国游牧统治者的影响。他们对统一天下的追求有多强烈，这种追求（或缺乏追求）又是如何影响他们与汉族臣民的关系的？我希望对这个问题的求索将有助于阐明游牧民族在适应中国政治文化这一复杂过程中，很少被关注到的一些方面。

中国的游牧和半游牧邻居民族在公元四世纪初首次征服了中国本土的许多地区，包括其黄河和渭河流域的历史腹地，从而开启了"南北朝"时期（420—589年）。游牧民族几乎是偶然被卷入中国内政的，但一旦掌控了中国北方，这些征服者就不得不逐渐适应自己作为定居社会统治者的新角色。[1]这种适应是一个多方面的过程，在本书无法进行全面讨论；但值得注意的是，游牧民族并没有机械地复制中国本土王朝的政治实践，而是根据各自社会的特殊性和自身的政治文化对中国的这些政治实践进行了调整。这种复杂性在他们运用大一统这一理念的过程中得到了较为充分的体现。

---

[1] 参见 Honey（韩大伟），"Stripping Off Felt and Fur"。

游牧民族自有其大一统概念：他们相信草原的天神——腾格里（Tengri），将统治权赋予单一的有魅力的氏族。这一观念早在匈奴帝国就清晰地显现出来，并影响了中国的游牧民族统治者对中国大一统思想的认可。然而，尽管在表面上有很多相似之处，但游牧民族的"大一统"观念在三个方面与中国的大一统观念有着显著不同。首先，腾格里并非在每一代都会授予其权力；因此，与中国的情况相反，牧民的统一并不被视为一种自然状态，而是一种仅在真正有魅力的领袖或危机时期才能实现的特殊情况。因此，对游牧民族而言，政治分裂是一个可以容忍的状况。其次，游牧的人口和经济特性排除了在草原上建立一个高度集权的中式帝国的可能性；因此游牧民族的"统一"本质上是松散的。只有少数例外，他们对地方割据的容忍度要远高于中国本土所接受的程度。第三，对于大多数游牧统治者（蒙古人是一个显著例外）而言，统治"天下"实际上意味着统治"毡帐之民"，即仅限于草原世界。因此，他们通常满足于建立对牧民的统治，但并不寻求统治以定居为生活方式的中国，其统一概念在本质上比中国的理想更有更大的局限性。[1]

这一背景解释了为什么北朝的游牧君主在四至六世纪没有全心全意地致力于统一的目标，尽管他们偶尔会宣布要统一天

---

[1] 参见 Golden（高登），"Imperial Ideology"，Di Cosmo，"State Formation"，尤其是20页，Biran（彭晓燕）和 Amitai，"Introduction"。关于成吉思汗（约1162—1227年）之后游牧民族政治思想的演变，参见 Elverskog（艾宏展），*Our Great Qing*，14—62页。

下。他们的犹豫部分是基于现实考虑：游牧骑兵难以穿越长江屏障，同时也会担心自己南下的军事冒险会让自己在北方的其他敌人有机可乘。然而，也有可能是因为在许多北方统治者的眼中，南方不应该被征服：南北政权的共存或许被视为草原和中原之间权力分裂的延续，例如汉朝和匈奴之间的关系。因此，尽管拥有明显的军事优势，北方领导者并未投入足够的资源去征服南方。北朝时期为实现真正的统一所做的两次最认真的努力，来自两位最致力于融入中原政治文化的君主，分别是前秦（351—394年）的苻坚（338—385年，357—385年在位）和北魏（386—534年）的孝文帝（471—499年在位）。直到六世纪末，位于中国西北地区的游牧和中原文化并重的统治者（北周和隋朝的皇帝），结合了游牧民族的军事技能和中原人的统一决心，最终投入足够的资源去征服南方，结束了长达几个世纪的分裂。中国又实现了统一。[1]

游牧民族对统一观念的挑战在十世纪重现。在唐朝灭亡之后，东北的契丹人建立了新的契丹国（后称为辽朝，907—1125年），迅速在草原地带的东部建立了霸权，并占领了中原地区的燕云十六州。与其他游牧国家不同，辽朝从一开始就是一个真正的中原式王朝：其君主采用中国的帝王称号，并声称自己

---

[1] 关于当时的军事史，参见Graff（葛德威），*Medieval Chinese Warfare*，54—120页；并见Chittick（戚安道），*The Jiankang Empire*，111—139。关于苻坚朝之事，见房玄龄著，Rogers（罗杰斯）译注，*The Chronicle of Fu Chien*；更多细节，详见王仲荦，《魏晋南北朝史》。

是大唐的真正继承人。这暗示着契丹人试图统一整个中国，而他们积极参与五代事务中，似乎也表明了这种发展趋势。公元947年，辽国曾短暂占领了北方的都城开封，而尽管契丹人很快撤退，但在这短暂的时期内，中国似乎又面临着新一轮游牧统治时期的到来。[1]

尽管有这些期望，辽朝君主还是决定不深入噩梦般分裂的中国政治。他们继续在行政中保持着双重身份，结合游牧和中原传统，并满足于仅仅统治中原的十六个州。即使在960年宋朝统一了中国大部分地区之后，辽国仍然是东亚最强大的国家，其强大的军事实力使其在1005年与宋朝达成了一项特别有利的条约——"澶渊之盟"。根据此条约，宋国皇帝承认与辽皇帝拥有相匹的地位，双方约为"兄弟之国"；辽国保留十六州，并每年从宋国获得巨额银和绢。该条约被证明是有效可行的：除在1042年和1074—1076年间的短暂冲突外，双方在大多时候都维持了和平，尽管有时是勉强的。[2]

从现实政治的角度看，"澶渊之盟"对宋朝来说是一笔挺划算的交易：即使每年要将巨额贡赋支付给辽，但在战争成本面前这一代价仍然显得微不足道，而且持久的和平让宋朝统治者得以创建一个非常稳定和高效的国家。然而，这一条约也削

---

[1] 关于辽国与中国北方军阀的复杂关系，以及辽国占领并随后放弃开封，参见Standen（史怀梅），"What Nomads Want"。
[2] 参见Tao Jing-shen（陶晋生），*Two Sons of Heaven*。关于辽朝的详细论述，见Twitchett（崔瑞德）和Tietze（蒂兹），"The Liao"。

弱了宋朝统治合法性的根基。承认辽帝的对等地位已经足够糟糕了，但如果契丹人一直被视为纯粹的异族，那么这也许是可以容忍的，因为这些异族的独立和平等地位在过去已经被中国的君主所承认。然而，辽朝自称是一个中原式王朝，它要求实现中原社交礼仪的平等，并统治长城以南的汉族居住地区。与辽并存，意味着宋朝皇帝未能完成国家的统一，这挑战了其作为真正天子的地位。更糟的是，两个皇帝并存的常态化鼓励了新的参与者，最明显的是党项族建立的西夏国（1038—1227年），也试图创造其他与宋、辽平起平坐的公认权威中心。中国天子独一无二的观念受到了极大削弱。[1]

宋朝的政治和知识精英们面临着一项艰巨的任务，即如何适应这一新形势。虽然"澶渊之盟"带来的现实利益，以及在脆弱的北方边境保持长远和平的好处是显而易见的，但宋与辽的持久平衡仍被视为非正常状态。在短期内，宋代知识分子承认了帝国辞令与现实之间不可避免的分歧；但从长远看，他们无法放弃对"普天之下"的独一无二皇权的坚持。[2] 此处仅提出宋代两位杰出的思想家为例：欧阳修（1007—1072年）和司马光（1019—1086年），各自在其颇具影响力的文章中指出，

---

[1] 关于西夏对宋辽关系的影响，以及宋是如何试图避免承认党项首领为"皇帝"的，参见 Tao Jing-shen（陶晋生），*Two Sons of Heaven*。
[2] 关于承认辽朝的特殊性，参见 Tao Jing-shen（陶晋生），"Barbarians or Northerners"。关于辞令与现实之间的张力，参见 Wang Gungwu（王赓武），"The Rhetoric of a Lesser Empire"。关于北宋文人对新型情况的反应，见 Tackett（谭凯），*The Origins of the Chinese Nation*。

王朝合法性（正统）的唯一真正标准是统一天下的能力。显然，宋朝的君主未能做到这一点。[1]那么这又对其合法性产生了什么样的影响呢？

欧阳修和司马光并未直接提出这个问题，毕竟他们不是战争贩子。然而，他们的著作及其他类似著作营造出一种对"澶渊之盟"深度不满的情绪，并助长了对改变它的潜在希望。即便是在与敌对的两个朝廷基本和平共处一个世纪之后，这仍被认为是一种反常现象，只要条件允许，就要加以纠正。从十一世纪下半叶开始，"收复失地"（或更准确地说，推动统一）的观念已深深影响宋朝廷。这也最终导致了宋朝的灾难：宋徽宗（1101—1125年在位）选择与辽的敌人——女真族建立的金朝（1115—1234年）结盟。[2]女真灭了辽，但随即就对宋展开攻势，将其驱赶到长江以南，并最终与之签订了一项更屈辱的条约，在该项条约中，宋朝皇帝向金国称臣。

回溯起来，北宋（960—1127年）的历史，对于中国历史上最普遍的假设，即只有统一才可以保持和平，提供了一个有趣的反例。实际上，保持以"澶渊之盟"为基础的和平，比

---

[1] 关于这些文章，分别参见《资治通鉴》第69卷，2187页；欧阳修《正统论》；讨论参见Pines, "Name or Substance?"；参见饶宗颐《中国史学上之正统》。

[2] 关于"北伐"作为北宋晚期政治的原动力，参见Smith（史乐民），"Irredentism as Political Capital"，及其"Shen-Tsung's Reign"。关于徽宗时期灾难性的外交政策，参见Goncharov, *Китайская средневековая дипломатия*。

"收复失地"对宋朝更为有利。如果宋朝统治者认可对燕云十六州的放弃，便能享受长期的和平与稳定发展。而宋朝背弃"澶渊之盟"，试图夺回失地，其实是出于完成"天下"（起码华夏领土）统一的意愿，而非基于现实考量。而其最终的溃败也让它付出了极其高昂的代价——尽管这个残破的王朝成功地在接下来的一个半世纪里保持了令人印象深刻的内部稳定和经济实力，但其在东亚大陆的地位仍然岌岌可危。为了消除来自女真人的威胁，宋朝最终与蒙古人合作，但在金朝灭亡以后大蒙古国则成为宋朝新的心腹大患。在经历了一场漫长而英勇的抵抗战争之后，宋朝最终被蒙元终结。这场战争终结于1279年发生的厓山海战。宋朝以最后一位皇帝及许多朝臣悲壮地投海自尽而告终。[1]

蒙元的统治让我总结"大一统"观念对中国历史影响的讨论。蒙古对金朝和宋朝（尤其是对前者）的战争，暴力程度与它在别的地方的战争相同。在中国历来所有的异族统治者中，蒙古人对融入中原文化的意愿是最低的，加之他们以牺牲本土精英为代价而依赖外国人和内地少数民族（色目人）的政策，本该让中原精英对其有极大的疏离感。然而，蒙古人在其统治期间和之后（包括现在）都被认可是王朝的正统。尽管偶尔会有针对蒙古人的谩骂和批评，但他们在汉人中的形象远比其在

---

[1] 关于南宋最终抵抗的结束，参见 Davis（戴仁柱），*Wind against the Mountain*。

其他被征服地区的形象要好得多。[1]究其原因，不难发现，作为中国的统一者，蒙古人结束了唐代以后长久的至少两个甚至更多"天子"共存的状态。成吉思汗是第一位致力于实现全世界（包括草原和农耕地区）统一的草原统治者；而当其孙忽必烈可汗（1260—1294年在位）将整个金、宋等领土置于蒙古人的统治之下时，他在其族群和华人臣民中的合法性被极大地增强了。[2]从那以后，中国的"天下"保持住了统一状态，尽管大部分时间是在异族的统治之下。在汉族精英（或许也在全部百姓）眼中，统一带来的好处显然胜过了被异族统治的弊端。

上述观察表明，大一统观念不仅是中国政治文化的一个基本特征，而且是最根本的特征。即使是异族政权，之所以在中国历史上获得相对较好的评价，也是因为它们实现了空前的地域统一。蒙古人可能对许多中原文化规则不屑一顾，但他们将游牧文化和中原的大一统理念融于一体，这使得他们在执政时期以及在被推翻后都能在中国政治与历史上被视为正统的统治王朝。前文中我曾引用过雍正皇帝对宏大统一的赞美，这位皇帝确实深刻地理解了中国政治文化的精髓，即坚定地致力于实现"天下一统"是任何朝代（无论是中原王朝还是异族统治者）能够被接纳的必要条件。

---

[1] 参见Biran（彭晓燕），*Chinggis Khan*，137—162页。
[2] Brook（卜正民）在"Unification as a Political Ideal"一篇文章中讨论了大一统概念在蒙古宣传及其遗产中的重要性。他甚至认为这个概念起源于蒙古人。

小结：再论分裂

大一统可能是中国政治思想中最独特的概念。这一理念在帝国建立前就已形成，后来通过官方话语、正史编撰等各种方式的不断强化，最终成为中国政治文化的核心。尽管在某些时候，出于政治和军事约束的需要，统治者不得不放弃对统一天下的积极追求，但这种"偏安"状态总会被视为一种暂时的妥协。长时间的妥协在一定条件下也是可以被接受的，尽管是令人不快的（如宋辽共存），但在内地，两个相匹政权长期共存是绝对不可接受的。

在二十世纪后期，一些学者指出，中国追求统一的理念主要是一个史学构建而已，反映的是帝国官方史学作品不得不强调单一王朝的合法性，并视地方统治者为"偏霸"或类似的非法君主。[1] 我希望本章的讨论可以证明，除了明显的史学偏见，追求统一确实也反映出一种政治现实，而且追求统一的思想范式深刻地影响了无论是在统一时代还是在分裂时代的相关政治行为。此外，上述讨论或许能帮助我们纠正一些传统史学的偏见，例如分裂时代是否真如人们所说的那般黑暗？或者，借用张磊夫（Rafe de Crespigny）的话，我们是否应该避免"大一统

---

[1] 参见 Duara（杜赞奇），"Provincial Narratives"，184页；Schafer（薛爱华），"The Yeh chung chi"，148页。最近，部分学者严厉地批评"大一统"叙事，认为这是"目的论的埋伏"（teleological trap）。见 Clark（柯胡），"What's the Matter with 'China'"和 Chittick（戚安道）"Thinking Regionally"。

对中国人民或中国文化有利"这样的假设呢？[1]

答案并不简单。一方面，毫无疑问，分裂的时代并非只有发展停滞和绝望，也许恰恰相反，战国时期思想上丰富多彩、南北朝时期佛教昌荣、唐代之后许多地区政权的经济发展和技术创新都无可否认。然而，我们也不应忘记，大多数人想要的是和平与稳定，而在分裂时代这些是无法实现的。内乱比与异族战争更具破坏性，掠夺、滥杀、强制迁徙、蓄意破坏民用基础设施、焚烧敌人的粮仓，以及大规模的屠杀和强奸等行为，使政治分裂成为绝大多数人的噩梦。此外，也值得注意，由于自相残杀的战争通常发生在中原土地肥沃的核心地带，其破坏性远远超过了最残忍和暴虐的统一君主所实施的"暴政"。在此我仅引用沈约（441—513年）对五世纪中叶发生在北魏和刘宋（420—479年）之间战争的严重后果的描述就可见一斑：

> 强者为转尸，弱者为系虏，自江、淮至于清、济，户口数十万，自免湖泽者，百不一焉。村井空荒，无复鸣鸡吠犬。[2]

这种悲惨的景象在分裂时期是较为常见的。尽管精明的地方君主，如吴越（907—978年）国王，或许能为其臣民确保相

---

[1] De Crespigny（张磊夫），*Generals of the South*，512页。
[2]《宋书》第95卷，2359页；引文末句指《老子》第80章，"邻国相望，鸡犬之声相闻……"

对的稳定与和平，但这毕竟是例外。由于中国从未发展出有效的手段来实现竞争政权之间的和平共处，而且它们之间的冲突并非局限于边界争端，而是相互灭绝的战争，因而停止大规模流血冲突的唯一方法就是统一。在竞争政权统治之下，地方宫廷的辉煌、技术创新和经济扩张都无法减轻民众所承受的巨大苦难。"定于一"的理念，在整个帝国两千多年的历史上，乃至以后的中国人民心中，都是不言自明的。

第二章　君权

> 乱莫大于无天子，无天子则强者胜弱，众者暴寡，以兵相残，不得休息。
>
> ——《吕氏春秋·谨听》

> 自上世以来，天下亡国多矣，而君道不废者，天下之利也。
>
> ——《吕氏春秋·恃君》

这两段文字均引自《吕氏春秋》——一部成书于公元前221年大一统前夕的重要思想汇编。上述两段引文主张：没有强大的君主，社会与政体必将走向解体，而君主制则是天下唯一正当的政治形态。这些观念可被视为战国思想家的共识，这种共识一直持续到帝国时代的末期。在两千余年间，统治中国的君主形形色色——从暴虐之君到软弱之主，从雄才大略者到平庸无为者。虽然几乎每位皇帝都受到过其臣下的严厉批评，其不足也被后世史家所揭露，但君主制作为唯一可行的政治制度这一基本信念始终未被动摇。因此，许多著名的历史学家都将君主制作为中华政治文化的典型特征，也就不足为奇了。[1]

理论上，中国皇帝是世界上最强大的统治者。其崇高地位首先是象征意义上的：仅凭其唯一性，皇帝就体现了天下一统的最高原则；而作为"天子"，他是至上神——上天在人间的唯一中介与代表。皇帝主持国家仪式，亲自或通过代理人进行多种祭祀，以确保臣民的福祉。作为"配天"者，皇帝的神圣地位至高无上，有权任免神祇，废兴任何宗教。皇帝被尊为时空的最高主宰——其年号为纪年之标准，历法亦须由其颁定。繁复的礼仪将皇帝提升至超凡境界，其身体及随身之物均神圣不可侵犯，侵犯者将以最严重的罪行（"大不敬"）论处；甚至其名讳的书写也是禁忌。皇帝的威严通过多种仪式、传说，甚至成语深入社会各个层面。[2] 从公元前221年到二十世纪初，皇权是中国政治的核心。在这段漫长的时期内，没有皇帝的中国就如同没有教皇的天主教会一般不可想象。

皇帝不仅在象征意义上至关重要，在实际权力上也同样巨大。皇帝集行政、立法、司法大权于一身，统领军队，主持祭祀，并为教化之首；天下财产亦名义上尽归其有（"普天之下，莫非王土"《诗经·小雅·北山》）。一切重大决策或重要任命，

---

[1] 例如，中国政治文化研究领域的领军学者刘泽华先生的代表作就名为《中国的王权主义》。
[2] 关于皇帝的礼制和至高无上象征性的各方面，参见Wechsler（魏侯玮），*Offerings*；Rawski（罗友枝），*The Late Emperors*；McDermott（周绍明），*State and Court Ritual*。关于皇帝在社会基层的"存在"，参见Faure（科大卫），"The Emperor in the Village"。

皆须经其批准方能生效。皇权凌驾于一切制度之上，任何群体都不具有独立于皇权之外的法律地位；官方话语中常将其称为超凡的"圣人"，因而皇帝不仅拥有绝对政治权威，还被视为具有超群的道德与智慧。在人类历史上，鲜有其他君主能与中国皇帝在理论上的权力相匹敌。[1]

在许多西方评论者看来，例如孟德斯鸠（Montesquieu，1689—1755年），中国皇帝的巨大权力使其成为"东方专制者"或"东方暴君"（oriental despot）的典型。二十世纪初，随着"民权"思想在中国的普及，这一观点也在中国学术界逐渐占据重要地位。[2] 诚然，皇权制度中确实蕴含着暴政的可能，这种可能性在某些时期也曾变为现实。然而，如下文所要探讨的，若将中华帝国简单定性为一个延续两千多年的暴政，就过于粗略了。首先，皇帝的意志通常会受到制约——强大而富有自主意识的官僚群体会通过道德劝谏（纳谏）、公开或消极的抵制，

---

[1] 英语学术圈中还没有关于中国皇权的全面讨论。然而对个别皇帝有许多深刻的研究，尤其是在帝国后期。在我看来，其中最引人注目的是Huang（黄仁宇），*1587*；另参看Ebrey（伊佩霞）和Bickford（毕嘉珍）编，*Emperor Huizong*；Dardess（窦德士），*Confucianism and Autocracy*；Farmer（范德），*Zhu Yuanzhang*；Schneewind（施珊珊）等人编，*Long Live the Emperor*。相比之下，在中国，皇权的性质在许多专著和文章中得到了全面的论述，其中最令我受益的是刘泽华的著作《中国的王权主义》；另参见张分田，《中国帝王观念》；周良霄，《皇帝与皇权》；王毅，《中国皇权制度研究》等。
[2] 关于孟德斯鸠，参见其《论法的精神》第2册第1章。关于早期民权思想对君主专制的攻击，见梁启超《中国专制政治进化史论》。

乃至隐含的叛乱威胁等手段，来遏制君主滥用权力，这些制约的效果因时而异。其次，更为重要的是，帝国官僚发展出一套微妙而有效的"制衡"机制，能够引导除最有主见的皇帝之外的其他帝王走向共治式的决策模式，并将权力下放给大臣。令人惊讶的是，这位理论上拥有无上权力的君主，往往沦为一个虚位，不过是其名义下属手中的橡皮图章，甚至连后宫家事都难以自主，更遑论"天下"大事了。

回顾中国的皇权制度，它呈现出一种独特的构造：将君主无限权力的原则，与防止这种权力危害社会政治结构的各种尝试巧妙地结合在一起。这两种相互矛盾的倾向之所以能够共存，是通过在作为制度的皇帝与作为个人的皇帝之间进行微妙而清晰的区分来实现的。从制度上讲，皇帝是全能的、全知的以及无处不在的——换言之，几近神圣。然而，就其个人而言，人们默认其才能可能有限，道德也可能有瑕疵，因此其个人对政治进程的参与应当受到限制。这种解决方案并不完美：完全抹去皇帝的个人色彩既不切实际，从政治理论上看也不可取；而皇帝在日常政务中可以容忍被干预的具体程度也始终未有定论。尽管如此，在持续的张力之下，中华帝国的"制衡"方式被证明经受住了考验，在两千多年间始终行之有效，即便偶有失灵。

王权主义思想的出现

如同"天下一统"的理念一样，全能君主的概念也常常被追溯到中国政治史源头。商代的王者已具有显著的政治权威：统领军旅、兴建工程、沟通邻邦，更重要的是主持各类占卜祭祀，以通神明、求助佑。在商朝，正如其他许多原始政体一样，"国家"和国君之间并无明显界限——国王是其政权的唯一核心。商王需在境内不断巡行，亲览臣民、结好方国国君，以维系王权。商王个人才能对治国的重要性，或可解释其独特的兄终弟及制度（王位由兄及弟，再传兄之子）。此制确保王位常由年德成熟者执掌。可以说，"朕即国家"（L'État c'est Moi）这一宣示，在中国历代君主中，最契合商王的地位。[1]

将商王政权直接追溯为后世帝制之源，并声称君主制自古以来就是中华文明的基本特征，这样的推论固然诱人，却与历史证据相悖。实际上，随着时间的推移，更复杂的国家机器的出现，君主在政治事务中的个人影响力逐渐减弱。与商代及西周早期的先王相比，西周中后期，诸王在政治和军事上的重要性已明显降低；即使在宗教层面，由于占卜不再为王室独揽，周王的权力也有所削减。尽管如此，王优先接触神灵、沟通天人的特权地位依然存在。周王采用"天子"的尊号，自称是奉天命而治，并垄断了对上天的祭祀权。此外，周王还拥有接触宗族中已成神的祖先的优先权，而这些祖先的庇佑对在世的族人是至关重要的。下层的领主（从诸侯到族长）也享受着其领

---

[1] 关于商朝的政治制度，详见 Keightley（吉德炜），"The Shang"。译者按：法文为法王路易十四的名言。

地或宗族内的最高祭祀权（神权）。[1]

从至高无上神权的归属——独属于社群领袖，且具有终身性和不可分割性——不难得出结论，即这种专属性是中华君主制的思想基础。然而，对周代君主们而言，其对超凡力量的优先接触并不足以确保其世俗权威。正如前一章所述，春秋时期的社会政治秩序逐步瓦解，这一过程在君权的衰落中表现得尤为明显。首先，天子的权威被诸侯所掩盖；随后这些诸侯的权威又被强大的贵族所挑战，后者攫取了诸侯国中的军政经济大权。由于诸侯在宗教方面的威望不足以保证其有效的统治，许多诸侯被其名义上的下属暗杀、驱逐或羞辱。公元前544年，被驱逐的卫献公向国内权臣宁喜提出了一个提议："苟反（如果你让我回国），政由宁氏，祭则寡人。"[2]这表明了诸侯国君的困境：一国之君竟甘愿降为祭祀傀儡。

公元前六至五世纪，君权日益弱化，导致了中国历史上最严重的系统性危机。在周的整个"天下"，大多数诸侯国都陷入了卿大夫与国君之间、卿大夫家族之间以及某些家族内大宗和小宗之间的权力斗争的困境，加之各国间战事不断，君主已无力控制这些分裂之势，以致许多国的存续都受到威胁。公元前453年，这场危机达到高峰，即春秋强国之一的晋国解体，并

---

[1] 参见张荣明，《殷周政治与宗教》；另见Bilsky（毕士基），*The State Religion*。
[2] 《左传·襄公二十六年》，第二条。更多关于春秋时期君主弱化，参看Pines（尤锐），*Foundations*，136—163页。

被三个大臣家族瓜分。然而，晋国的崩溃也标志着先秦历史的转折点。解体晋国的"谋臣"，即魏、韩、赵宗室的领主，决意避免晋国覆辙，防止进一步的分裂。他们率先发起了一系列改革，旨在强化君主权威，削弱其他权力中心，并加强对地方的控制。这些成功的改革在其他诸侯国中被效仿并深化，形成了一种全新的政体，正如陆威仪（Mark E. Lewis）所恰当指出的——"以君主为核心的国家"。[1]

我在此无意分析战国时期君权复兴的具体过程，因为这方面的研究已见诸他人著述。[2] 对我们目前的讨论更为重要的是，伴随着行政和社会改革而产生的深刻的思想转变，即"王权主义"思想的出现。各派思想家（诸子）提出了多种观点以强化君权。例如，长于礼制的儒家强调各层级的君主所具有的礼制上的特权，并加大君主与臣下之间在礼制上的区分。而从墨子到孟子，这些主张政治道德的思想家则提倡君主要作臣民道德方面的模范。在批评当世无道之君的同时，他们毫不犹豫地接受了如下观点：普世道德只有在以王权为核心的政治秩序中才能盛行（"君仁，莫不仁；君义，莫不义；君正，莫不正"）。[3] 而另一派思想家（如《老子》作者及其继承者，即所谓"黄老派"）则对君权提供了形而上的辩护——他们宣称，君权的优越

---

[1] 见 Lewis（陆威仪），"Warring States"，597页。关于晋国瓜分者们促进政治改革的重要性，参见同文章，598—600页。
[2] 见 Lewis，"Warring States"。
[3] 《孟子·离娄上第七》，第20章。有关《墨子》类似的思想，见其《尚同》诸篇。

性如同天道，反映了基本的宇宙法则。因此，虽然个体君主乃至个体王朝可以被取代，但以王权为核心的政治秩序却是不可侵犯的。尽管诸子百家的论点和实际建议各不相同，但他们一致认为，君主制是唯一可想象的政治制度，只有君主才能够尚公去私，保障臣民的共同利益，并抑制分裂性的私利。从激进的君权主义者韩非到对现任诸侯予以无情批评的孟子，都具有这种共识，也许唯一的例外是具有明显无政府主义色彩的《庄子》的部分篇章的作者们。而正是这种共识，使君主制成为中国政治文化的持久特征。[1]

在讨论诸子百家的政治思维时，我们特别要关注其行政思想（administrative thought）中鲜明的权威主义倾向。在众多不同甚至对立的行政建议中，没有任何一个提出要对君权进行制度性限制。虽然大多数思想家都敦促君主要礼贤下士，而且没有人认为君主的决策必然正确，但他们一致强调：君主应对任何重大事务都拥有最终决定权，且任何人都无权推翻其决定。因此，尽管战国时期的知识分子极具自信（见第三章），并普遍对"世主"感到不满，但这些傲视时世的思想家中却从未有人建议"君主立宪制"或设立"贤者议院"来例行批准或否决君主的决策。在战国思想著作中，我们没有找到任何类似寡头政治或其他集体统治方式的理念，严格的君主制仍然是唯一可接受的统治模式。

战国无疑是中国政治思想史上最具创造力与多元性的时

---

[1] 详见Pines（尤锐），*Envisioning Eternal Empire*，25—53页。

期，即便在这样一个时期，诸子对君权至上原则仍达成共识，这充分显示了他们对君主制的深度认同。他们坚决反对政治分权以及相互竞争的权力中心并存——无论是在一国之内，还是如上章所述，在整个天下范围。正是这种认识使他们深信：只有在一个全能的君主统治下，政治体系才能真正得到维持。国家就像军队一样，应由一个毋庸置疑的领袖，通过严密的指挥体系进行治理；即使领袖的个人才能可能受到质疑，维护其权威仍然是至关重要的。战国时代的许多文本都反复强调："一则治，贰则乱。"[1]如本章开篇引言，就简明地呈现了这一观点。

回溯起来，先秦思想家对君主制的坚持，其重要性不亚于他们对大一统的共同追求。王权主义思想诞生于中国历史上最开放的时期，当时没有任何政权能够强推政治正统，而诸子在互相竞争的各个诸侯朝廷中可以自由地争鸣。值得特别注意的是，即使在那个思想开放、创造力活跃的时期，除庄子学派，我们几乎找不到其他反对王权主义原则的思想家。此后的两千余年间，曾有许多思想家对君主制度的压迫性及其他缺陷提出过尖锐批评，其中一些人，如邓牧（1247—1306年）和黄宗羲（1610—1695年），对整个世袭君主制度进行了深刻的批判，但即便是这些人，也未曾脱离战国时期建立的意识形态框架，即只有在道德无瑕和无私的皇帝统治下，公共利益才

---

[1]《吕氏春秋・审分第十七》〈执一第七〉。另见《管子・七臣七主第五十二》，998—999页；《荀子・王霸第十一》，223—224页；《韩非子・二柄第七》，39—43页。

能被实现。[1]这意味着，早在统一帝国形成之前，王权主义已经成为唯一正统的统治原则，直至帝制最后几年才受到实质性挑战。

圣君、庸君与无为之君

在礼制和制度上强化君主权力，是应对东周几个世纪社会政治秩序持续瓦解的合理解决方案。然而，这一方案潜藏着危险，即有可能将巨大的权力赋予不合格的君主，甚至恶劣的暴君。对于暴君会怎样威胁到社会政治秩序以及如何解决这个问题，中国政治文化早已给出了相应的答案。这个答案基于末代商王纣（约卒于公元前1046年）的故事。据周的传说，商王纣的暴行导致上天收回了商朝的天命，使暴君被推翻，其王朝崩溃。这成为后代"天命"思想的基础，在此后漫长的历史中始终警示君主：暴政必有深重的代价。[2]我们将在第五章讨论天命观是如何为民变提供合法性基础。在这里仅简要指出，应被推翻的暴君是例外，常见的是那些平庸而不称职的国君，他们虽不如商纣那般暴戾，却也远非思想家理想中的那样贤明睿智、品德高尚。

---

[1] 关于两千年帝国时期对君主的观点，参见刘泽华《中国政治思想史》，2—3卷；关于邓牧和黄宗羲，具体详见第3卷，412—416页和600—618页。关于黄宗羲，另见de Bary（狄百瑞），*Waiting for the Dawn*；Jiang Yonglin（姜永琳），"Denouncing"。
[2] 见Pines（尤锐），"To Rebel Is Justified?"。有关天命观念，详见Creel（顾立雅），*The Origins of Statecraft in China*，93—100页。

在战国时期，君主不称职的问题变得越来越明显。随着尚贤使能制度的普遍化，官员凭才能而非出身获得任命，但君主仍属世袭。因而奇异的局面出现了：君主成为整个体制中唯一的，地位基于其出身而非才能的执政者。这为当时的王权主义思想增添了悖论的层面：那些致力于增强君权的思想家往往自认在道德和智识上优于其国君。如何调和这一内在矛盾成为先秦及后代帝国时代政治思想家面临的最大挑战之一。在此背景下，"王者"（圣王、天王）的理念应运而生。"王者"（即真命天子，真正的"王"而不是当时自称为"王"的诸侯国君）的概念，为新兴的王权主义思想增添了另一重关键的维度。

战国后半期，由于对"圣人"概念的兴趣日益浓厚，"王者"（圣王）观念也随之兴起。圣人被视为一种超越凡俗、近乎神圣的人物，其心智与道德修养臻于至善，从而能够统御人心，乃至感通天地。这一理念源自当时人们对个体完善的追求，对伦理、形而上学和政治思想领域都产生了深远影响。[1] 圣人观念，有时也会具有潜在的颠覆性（如果圣人不是统治者，其极大的社会和政治影响就会威胁到君主的万能设定），但通常而言，战国思想家仍然认为，圣人和君主之间的分离只是一种暂时的现象——上古的理想统治者都是"圣王"；而未来的"王者"也应该当圣人，即圣王。其完美的智识、才能和善良的本质将最终平息战乱，并实现大一统，让人类走进太平、大治的时代。

"王者"（圣王）的崇高性——他如救世主一样"五百年一

---

[1] Puett（普鸣），*To Become a God*。

遇"[1]——在很大程度上主导了战国末期的政治话语。这位理想君主与当时那些不称职的诸侯国君在个人才能及预期成就上都有本质区别。诸子们普遍认为，只有王者才能平乱、统一天下，只有他能带来安宁、繁荣、完善的社会政治秩序和普遍的顺从，在某些论著中甚至包括道德乃至思想的统一。只有在王者的统治下，百家的乌托邦梦想才得以最终实现。这些对未来"救世主"的高度期待，在战国时期最重要的政治思想家之一荀子（卒于前238年以后）的著作中展现得尤为清晰：

> 天子者，势位至尊，无敌于天下，夫有谁与让矣？道德纯备，智惠甚明，南面而听天下，生民之属莫不震动从服以化顺之。天下无隐士，无遗善，同焉者是也，异焉者非也。[2]

上述的"天子"，所指并非周王，而是抽象的天子，真命天子，即"王者"。由于其道德、智识和良心（"惠"）都是至高无上的，在其治下根本没有不公正、失职或不服从的行为。即便是像荀子这样独立思考的知识分子也不再被需要了。实际上，如果善与恶的唯一标准仅在于是否与君主一致，那么知识精英成员作为君主导师（见第三章）就没有存在的必要了。未来的圣王，在《荀子》的其他章节中被视为与天地并立的存在，他理应得到绝对的服从。

---

[1]《孟子·公孙丑下第四》第十三章。
[2]《荀子·正论第十八》，331页。

这种对王者的推崇，容易使读者误以为荀子及与他类似的思想家都是空洞的谄媚者，认为是王权主义思想导致他们忽略其潜在的弊端。然而，这种印象显然是错误的。在《荀子》和其他文献中，对未来统一者的颂扬与对当代无能君主的强烈批评并存。[1] 实际上，对理想化的"王者"的颂扬主要是为了凸显当前君主的不足，以圣人的超卓才能反衬其平庸。只要"世主"未能达到"王者"的标准，他们就无法期待得到应有的绝对服从和臣服。

既然"王者"的统治只是一个遥不可及的理想，那在现世条件下君主制度又该如何运作呢？对于这个问题，荀子提出了一个乍看之下似乎非常精妙的解决方案：君主名义上保持至高无上的权威，但应将大部分日常政务委托给有能之臣。他应当"统"而不"治"（should reign but not rule）：

> 明主好要，而暗主好详；主好要则百事详，主好详则百事荒。君者，论一相，陈一法，明一指，以兼覆之，兼照之，以观其盛者也。相者，论列百官之长，要百事之听，以饰朝廷臣下百吏之分，度其功劳，论其庆赏，岁终奉其成功以效于君。当则可，不当则废。故君人劳于索之，而休于使之。[2]

---

[1] 见《荀子·富国第十》，182—183页；《荀子·正名第二十二》，431页；详细的讨论见 Pines（尤锐），*Envisioning Eternal Empire*，86—90页。
[2]《荀子·王霸第十一》，223—224页。

在这段话中，荀子谈及一位"明君"：他只需要选拔真正的贤臣，并将日常事务委托给他即可。在其他章节中，荀子认为，即便在一个无能（幼稚或年迈）的君主统治下，能臣也可以有效地管理国家。[1]这似乎是君主制与任人唯贤原则的有效融合，而这两者都是荀子所珍视的。君主将享有礼制上的至高无上地位，并保留任命、监督以及解任臣下的关键权力，而贤臣则要管理日常事务。这种方法对知识精英成员有着巨大吸引力，即使在两千年以后，黄宗羲也认为这是解决君主能力不足问题的最好办法。[2]但是，明君为何要将自己的大部分权力委托给臣下呢？"休于使之"的期待是否足以使君主放弃对政策制定的积极干预呢？

荀子没有回答这个问题。或许他认为此议并无威胁君权之虞。毕竟荀子一再申明，由于大臣应该正直、高尚，且忠于君主，其行为是有利于君主的。然而并非所有与荀子同时代的人都相信君臣之间的和谐关系。例如，据传是荀子弟子的韩非子，就认为君臣之间存在着尖锐的矛盾，"上下一日百战"；大臣都像老虎一样威胁着国君，并且"臣之所不弑其君者，党与不具也"[3]。然而，韩非子对君臣关系的假设虽然与荀子截然相反，

---

[1] 讨论见Pines（尤锐），*Envisioning Eternal Empire*，90—96页。
[2] 见de Bary（狄百瑞），*Waiting for the Dawn*，100—103页。有趣的是，甚至近代早期批评君主滥用权力的梁启超也表达了类似的观点（见其《中国专制政治进化史论》，1662—1667页）。
[3] 见《韩非子·杨权第八》第51页。详见Pines, *Envisioning Eternal Empire*，122—128页。

但他的实际建议却与荀子非常相似。韩非子警告君主,过度参与政务会使他接触诡计多端的大臣。因此最好是表现出公正,避免过度参与行政日常事务,在大臣们治国理政的同时要对他们进行密切的监督,无情地揭露他们的阴谋。[1] 尽管在政治理论上存在着极大的差异,但在具体行政措施方面,韩非子与荀子两位思想家一致认为,君主要抑制自己的私欲,限制对日常行政的干预,虽握有至高权威,却无须事事亲躬。归根结底,这两位思想家都建议大幅减少君主个人对日常政务的参与。

这两种表面上对立的理论最终趋同并非偶然。战国晚期的许多文献,无论其思想立场如何,都反复倡导君主应保持公正、冷静、无为,并认为这就是政治智慧的本质。合法化这种建议的理由虽各有不同,但基本论点却惊人地相似:君主应保持其礼仪上的威望、任命重臣的权力,以及在重大政治事务上的最终决策权,但不应直接行使自己的意志。思想家们显然希望通过这种方式确保即便有一个无能的君主也不会对国家造成不可逆转的损害。只有在道德和智力上出类拔萃的"王者"治下,这种状况才有必要被改变。然而,大多数思想家或许未曾预料到,他们的圣君理想会被中国最强大、同时也是最无情的君主之一——秦始皇所利用。秦始皇自称为圣君(即"王者"),给君臣关系带来了根本变化,并永远地改变了中国王权主义的特质。

---

[1] 关于韩非子对统治术的复杂观点,见 Pines, *Envisioning Eternal Empire*, 97—102页,及其 "Submerged by Absolute Power"。

秦始皇帝：圣君执政

秦始皇可以说是中国漫长历史上最重要的君主。他的统治成为一个至关重要的历史节点，既因为他创造性地借鉴了前几个世纪中王权主义思想，塑造了一个全新的"圣王"（皇帝）形象，也因为他建立的新皇权模式在经过某些调整后维持了两千多年。此外，其统治之所以极为重要，不仅是因为其积极影响，更在于对后世君主的反面启示：后代帝王采纳了其在制度和意识形态方面的许多创新，但都声称自己有别于秦始皇的傲慢、严厉和专断。这一复杂的历史遗产突显了中国皇权内在的矛盾，即在强调君主全能的同时，又渴望限制其对政治事务的个人影响。正如我在下文中要论证的，秦始皇的统治加剧了这一矛盾。

秦始皇重新定义自身地位，主要源于其空前的功业。他结束了数百年的战争，统一了整个已知的文明世界，满足了成为"王者"的首要条件。诚然，秦始皇的宣传着重强调自己与"王者"的一致性，无论是在智慧和道德等个人特征方面，还是在成就方面——尤其是实现和平、完善的社会政治秩序、普遍繁荣，以及民众对皇帝意志的完全服从。"人迹所至，无不臣者""男女体顺""莫不顺令""皆终其命，莫不得意""泽及牛马"等。[1]这意味着历代思想家的梦想实现了——秦始皇成了天下的"救世主"！

---

[1] 引自秦始皇石刻，Kern（柯马丁），*The Stele Inscriptions*，33、22、36、28和42页；更多详见Pines（尤锐），"The Messianic Emperor"。

将皇帝提升到"王者"(真命天子)的地位，立即产生了一系列政治后果。首先，君主凌驾于常人之上的地位被极大地提升了，而"常人"包括他左右的大臣。新设计的"皇帝"称号直接反映出其特殊的地位，该称号本身就包含了鲜明的神圣含义（"皇"是"皇天"的形容词，而"帝"可以指神，如"上帝"或者上古超人的传说统治者，如被神化的黄帝等）。通过创造新词汇（如自称"朕"），通过皇帝的宣传，以及最显著的是，通过他规模惊人的陵园（秦陵，著名的兵马俑在那里出土），皇帝的超然地位都得到彰显。其次，作为"王者"，始皇帝被期望实现"治"，而不仅仅是"统"(rule and not just reign)。他也确实这样做了——如巡游其新领土、泰山封禅、改造鬼神祭祀系统，并管理国家的日常事务，甚至据传达到了废寝忘食的程度（"上至以衡石量书，日夜有呈，不中呈不得休息"）。[1] 最后，也是最重要的，皇帝宣称自己为圣人，大胆地使用这个最具声望的称号。该称号在之前仅被用在上古的传奇和半传奇的君主身上，从未用于在世的国君。宣称自己为圣人之后，秦始皇根本性地重新定义了他与知识精英成员之间的关系。之前，部分士人希望国君尊他们为师，[2] 而当皇帝自称为圣人以后，就不需要老师了。就这样，皇帝不仅掌握了政治权力，还拥有了知识

---

[1]《史记·秦始皇本纪第六》，258页。
[2] 例如，本来要以秦王政（即后来的秦始皇）当教材的《吕氏春秋》则明显地主张：之前圣王之所以成功是因为尊自己的顾问为师，而其后的统治者没有"尊师"，则"此五帝之所以绝，三代之所以灭"《吕氏春秋·孟夏纪第四》"尊师第三"。

第二章 君权 / 071

上的权威，这标志着中国统治史上一个新时代的开始。

通过大胆地自称为圣人（圣王），秦始皇果断地加强了自己及后世君主相对于其左右臣下及整个社会的权力。这或许可以解释为何尽管始皇帝的过度行为不断受到批评，他建立的帝制模式却在二千一百余年间得以持续。然而，后世君主并未忽视秦朝短暂历史中的另一教训：在无能和放纵的二世皇帝（公元前209—前207年在位）治下，秦朝速亡。秦朝的飞速瓦解让后世帝王认识到，君主过度专制与君权过于羸弱，都可能导致社会秩序崩坏。因此，秦朝的统治模式固然诱人，但其某些方面必须进行调整。

后世对秦朝模式的调整，虽细微却具有实质性意义，可以总结为对皇位的制度性权力与个人君主权力之间的区别的重新界定。自汉代以来的每位皇帝在名义上都被看作秦始皇模式下的圣人，然而实际上，大多数皇帝都学会了不将自己的"圣人"称号视作理所当然。他们妥善地采取更为谦逊的态度，不恃才傲物，比秦始皇和秦二世更依赖左右大臣的支持和意见。[1] 然而，秦朝模式在某些基本方面的持续存在，意味着任何真正相信自己圣贤之名的君主，仍可以用最坚定和无情的方式将其意志强加于臣民。这进一步加剧了君主在制度上的无所不能与朝臣所期望的避免类似秦帝的权力滥用之间的张力。

公元前221年，秦始皇采用了皇帝称号，这是中国历史上

---

[1] 君主自我表现的这种变化出现在汉朝早期，在秦灭亡之后，见Pines, "The Messianic Emperor"。

的一个分水岭。在此之后，尽管在君主的个人素质和实际权力方面都存在着巨大的差异，但君主制度的根本架构并没有发生重大变化，无论是这种制度的倾慕者还是严厉的批评者都承认秦始皇是这一制度的开创者。[1] 因此，接下来的讨论将不再按时序展开，而是转向更具概括性的分析。分析将聚焦在皇权的两个方面：皇帝的制度性权力和个人权力及二者之间的张力和互动。

皇帝的制度性权力

皇权的全能形象与众多被动和软弱的皇帝并存，这一矛盾可以解释学者们对中国皇权的截然不同的评价。有的学者倾向于关注那些专制的君主，他们为了某些引起争议的军事或基础建设工程征发数以百万计的劳役、在民生凋敝之际恣意享乐、对百姓施以严刑、对敢谏之臣施以酷罚、对任何约束其专权的努力都置若罔闻。这些学者可能会认同孟德斯鸠对中国皇帝专制的判词："一个不受法律和其他规则的约束、以自己的意志和任性支配着一切的人。"[2] 而另一些学者可能会关注到那些完

---

[1] 在帝国历史的大部分时期，秦的负面形象（见Pines［尤锐］，"The First Emperor"）使许多王朝统治的批评者，如邓牧和黄宗羲（见上文注释），认为它是帝制下一切暴政之源。然而，即使帝制的崇拜者，如王夫之（《读通鉴论》第一卷，1—3页）也把它的建立归功于秦朝。

[2] 孟德斯鸠《论法的精神》第2册第1章，引文出自 Richter, *The Political Theory*, 178页。

全被官员压制的皇帝，这些皇帝连更易后妃地位或离京巡幸都会遭遇朝臣阻挠。他们对其领土上的真实情况一无所知，不得不谦恭地在奏折上盖章，对奏折上的内容往往不能完全理解。这类学者则可能会同意黄仁宇（Ray Huang）的观点，即皇帝是一个"活着的祖宗"，他"只是因为大家都相信他是天子，才一直是天子"。[1] 然而，上述看似矛盾的评估是可以调和的。在下文我将尝试提出，通过区分君主在制度上的全能性和皇帝个人权力的局限，这一皇权悖论便可得到解释。我首先将分析皇权的制度层面，揭示其全能性不仅仅是一个无意义的惯例，还是一种潜在的、强大的稳定力量。然后我将集中探讨君主个人的有限权力，并展示这种隐形的制衡是如何防止中华帝国陷入独裁深渊的。

我对皇帝制度性权威的分析将从其礼仪上的至高无上性开始，而非从行政权力开始。当然，这一选择并非随机的，而是反映了自荀子以来许多中国思想家的见解。诚然，皇帝可以将繁杂的行政事务都委托给臣下，但其在礼仪上的至高无上性通常是不可侵犯的，任何对其的侵犯都会被视为觊觎帝位的重要征兆。中华帝国最杰出的历史学家和政治思想家之一，司马光，之所以在其巨著《资治通鉴》的开篇就解释了为什么皇帝礼仪权力是维护其统治的最基本前提，显然并非偶然为之：

---

[1] Huang（黄仁宇），*1587*，46页。

> 天子之职莫大于礼……夫以四海之广，兆民之众，受制于一人，虽有绝伦之力，高世之智，莫不奔走而服役者，岂非以礼为之纪纲哉！……非有桀、纣之暴，汤、武之仁，人归之，天命之，君臣之分，当守节伏死而已矣。[1]

司马光的观点很明确：君主与臣民之间的礼仪区分使得君主即便面对最强大的下属也能保持权威；只有在非常特殊的情况下，这种区分才能被忽视，君主才会被推翻。这句话无疑是规范性的（prescriptive）而非描述性的（descriptive），但因为出自这位最重要的历史学家则值得深入探讨。司马光在这里所指的"礼"是什么意思呢？在确保君主权威的背景下，这个词不能仅仅被简单理解为表面的含义，即将皇帝与其臣民区分开的众多规章制度，如服用等第、称谓规范、叩拜礼仪等。上述这些规定对于展示皇帝的威严无疑都是必不可少的，但更深层次的威严，即我所称的皇位的神圣性（sacredness），也同样存在。这种神圣性，将皇帝提升到超凡的高度，可以说是在确保皇权的过程中最重要的一个维度。

关于皇权的神圣性，在此我并不想讨论其直接的体现，如皇帝作为天人之际唯一中介的地位，或各位皇帝偶尔从佛教、道教等信仰中获得的神性特征〔如自称佛陀、菩萨、道教神祇

---

[1]《资治通鉴》第一卷，2—3页。关于司马光的政治观点，参看Bol（包弼德），"Government, Society and State"。

或佛教的转轮王（charkravartin）、月光童子等]。[1]虽然上述神圣的皇权特征——尤其是天子的角色，无疑加强了君主的权威，但我更关注皇权神圣性的深层内涵。我认为，皇权作为一种制度，拥有一种神圣光环，且这种光环被所有社会阶层所接受，甚至可以被解读为一种中国式的"公民宗教"（civic religion），它超越了皇帝、朝臣及广大民众的多样信仰和信念。这种光环使任何居于帝位者都因其职位而获得半神性质，从而显著区别于常人。

要理解皇帝的神圣性，我们应将其与中国的神祇区分开来，尽管这一区分在较低的社会阶层中有时可能会模糊难辨。[2]与大多数中国神祇不同，皇帝不被认为具有超能力，在其死后也不能进入万神殿。其神性则更近似于亚伯拉罕诸宗教（Abrahamic religions）中万能上帝的某些特征，具有唯一性和无所不能。在这一点上，传统的中国与中世纪的欧洲是正好相反的。在欧洲，政权的多元化是正常且合法的状态，但只能有唯一的神、唯一的教会和唯一的合法的教皇。而在中国，情况恰恰相反，多神和多元的宗教信仰是完全正常的，但只能存在唯一的合法的皇帝。《圣经》中十诫的第一条"除我以外，不可有别的神"，完全适用于中国的皇帝，其臣民可以自由地崇

---

[1] 这些皇帝"非正统"自我神话的案例可能来自他们的个人偏好［如 Chao Shin-yi（赵昕毅），"Huizong"］，或是政治上的权宜之计［Crossley（柯娇燕），*A Translucent Mirror*，223—280页］，或两者的结合［Janousch（杨德），"The Emperor as Bodhisattva"］。

[2] McDermott（周绍明），"Emperor, Élites and Commoners"。

拜任何神，但不可能同时承认两位相互竞争的皇帝。而在精英阶层中，帝国制度有时会激发类似宗教的热忱，大量忠臣自杀殉国（此处"国"实际上指的是王朝）就是例证——中国的这种现象大概相当于欧亚其他地区宗教性的"殉道"（religious martyrdom）。[1]

另一点与犹太教的神相似的是，中国皇帝对其绝大多数臣民来说始终是超然、神秘、难以捉摸且不可见的。他通常被隔绝在紫禁城的围墙之内，甚至在因礼仪或其他原因出宫时，通常也不应与臣民自由交往（尽管有些君主确实这样做了——比如微服私访）。一般来说，寺观民居中不设帝王画像；[2] 其名讳不可轻提，其形貌不现于钱币，即便多数官员也难得亲见龙颜，遑论庶民。这种地位也许不会在民众中激起强烈的宗教情感，但却明显地加强了皇帝的神秘和威严。

皇帝神圣性深植于中国文化的方方面面：见之于礼制与法度，体现在朝廷内外，流传于民间传说。皇帝的龙体、玺印、诏令、仪式用具等都是神圣不可侵犯的。在"十恶"，即帝国

---

[1] 大规模的忠臣殉国事件，参见 Davis（戴仁柱），*Wind against the Mountain*, Wakeman（魏斐德），*The Great Enterprise*。这种极端狂热的例子在中国的宗教中很少见，要么与教派主义者（见第五章）有关，要么与佛教机构派别［Benn（贝剑铭），*Burning for the Buddha*］有关。

[2] Patricia Ebrey（伊佩霞）指出，"对君主肖像的崇拜相对罕见，使得中国在欧亚大陆的早期文明中与众不同"（"Portrait Sculptures"，46页，注13）。虽然也制作皇家肖像，但其流通一般仅限于上层精英成员；在明代，"制作或拥有皇帝或先帝的形象是非法的，显然是出于担心它会被用于造反的目的"（同上）。参阅 Ching（经崇仪），"Visual Images"。

第二章 君权 / 077

法律下最严重、最不可饶恕的罪行中,就包括"大不敬",指的是"盗御宝""合和御药,误不依本方,及封题错误",以及"乘舆服御物"等。圣旨是在黄色丝绸上用朱墨写的,当使臣宣读圣旨时,无论接旨者是威震一方的将帅,是桀骜不驯的藩王,还是功勋卓著的大臣,都必须拜伏在皇权之下接旨。即使他们明知诏书出自一个可憎的摄政者之手,或是由一个代表幼帝的太监起草的。[1] 任何不敬的表现都意味着公开造反,并可能会产生最严重的后果。

皇帝的神圣性也笼罩其左右大臣,有时甚至能提升后宫及外戚的地位,打破寻常的性别、年龄等级序列。如十八世纪的小说名著《红楼梦》中就讲到了一个妃子(元春)被允许回家省亲。她父亲(贾政)是一个严肃的朝廷重臣,平日从不会平等地与其后辈说话,更不用说尊重了。但在元春探亲时,贾政从门帘后面转向女儿:

> 臣,草莽寒门,鸠群鸦属之中,岂意得征凤鸾之瑞。今贵人上赐天恩,下昭祖德,此皆山川日月之精奇、祖宗之远德钟于一人,幸及政夫妇。且今上启天地生物之大德,垂古今未有之旷恩,虽肝脑涂地,臣子岂能得报于万一!惟朝乾夕惕,忠于厥职外,愿我君万寿千秋,乃天下苍生

---

[1] "十恶"见 Jiang Yonglin(姜永琳)译, *The Great Ming Code*, 18—19页;关于皇帝诏书神圣权力的例子,见 Holmgren(霍姆格伦), "Politics of the Inner Court", 300页。

之同幸也。(《红楼梦》第18回)

一位父亲如此敬重女儿，在寻常人家不可想象，此处却成为常理：因其女儿分享了天子的神圣光环，反而成为父亲之君（因而贾政自称为"臣"）。比起大量的历史、哲学、法律和礼仪著作，上述短文或许更能表明皇帝的崇高性。如果说皇帝神圣光环的外溢可以将其一位妃子变成一只"凤鸾"，而把她高傲的父亲贬为"鸠"和"鸦"，那么皇权在臣民眼中所具有的不可思议的崇高性，也就无须赘述了。

在阐明了皇权的神圣地位后，我们可以更好地理解上文中司马光所提及的观点。虽然并非每位臣民在面对皇帝时都会"守节伏死而已矣"，但即便在王朝衰微之际，朝廷既无强力可用，又乏资以赏，臣民对皇命的服从仍是常态。正是这种使人归顺的力量，使许多朝代在相当式微的情况下仍可以持续数十年之久。[1]

皇帝的神圣地位不仅能够保持皇朝的中央集权，还能增强其独裁潜力。由于皇帝是神圣不可侵犯的，任何对其地位的冒犯，无论多么隐晦，都可以被解读为对皇权的侵犯，即"十恶"中之"大不敬"。因此，尽管中国的皇权制度一般来说能

---

[1] 例如东晋的例子，详见Holcombe（何天爵），"The Exemplar State"。也可参见本书第一章中讨论的安史之乱后唐朝的情况。关于"直谏"及其危险，见Zhang Xiangmig（张祥明），"A Preliminary Study of the Punishment of Political Speech"。

够容忍，甚至制度化"直谏"，即针对皇上的"忠诚的批评"（loyal criticism），但直言不讳的批评者还是必须小心，以免越过合法的谏言和犯罪的"大不敬"之间的无形界限。有时，这个罪名的定义会被扩大，导致一些最为阴暗的专断：一首诗词、一个疏忽使用的帝王名讳、对皇后丧礼规制稍有不恭、一道可能有异议的考题，甚至默默的"腹诽"（心中批评，即沉默却被认定的异见）都可能置人于死地。[1]正如我们将在下文中要看到的，帝国暴政虽然可以通过各种手段被缓和，但这种令人生畏的阴影始终笼罩在日常政治生活之上，使朝廷上下常怀戒惧。

除了加强帝国政权，皇帝的超人地位还有助于促进长期的政治稳定，尤其是在控制宗教的潜在颠覆性方面。在这个方面，中国皇帝的权力超过了其他任何地方的君主：他有权封赐、晋升或贬黜任何官方宗教的神以及民间所崇拜的神；他可以资助或取缔任何宗教活动、仪式或者经典；他可以批准或拒绝寺庙和道观的建立，甚至令其废毁。虽然这些权力对民间宗教活动的影响通常有限，甚至对于寺庙和道观的严格规定也很少能够得到全面实施，但朝廷对民众宗教生活的监管权本身就是一种巨大的社会权力。皇帝及其官员在必要时可以用其权力来对抗

---

[1] 上述例子，分别参见 Goodrich（富路特），*The Literary Inquisition*；Guy（盖博坚），*The Emperor's Four Treasuries*，157—200页；Kutcher（柯启玄），"The Death of the Xiaoxian Empress"；Elman（艾尔曼），*Cultural History*，211—212页；Wu Fusheng（吴伏生），*Written at Imperial Command*，14页。

本土或外来宗教的潜在不稳定影响。为了展示这一点，我将简要讨论中华帝国与佛教的关系，因为佛教是对中国历史产生持久影响的最强大的外来宗教。

关于佛教如何适应中国文化、中国又如何接纳佛教的复杂过程，学界已多有论述，在这里我将专注于其中一个方面，即佛教与皇权之间的政治互动。公元四到五世纪时，随着这一外来信仰在中国各社会阶层中获得巨大人气，佛教似乎具备了重塑中国的力量，就如同基督教重塑罗马帝国那样。然而，事实并非如此。尽管许多皇帝笃信佛教，厚施寺院，热心佛事——其中一位（梁武帝，502—549年在位）甚至短暂地舍身出家——但这并没有改变皇权与僧团（sangha）之间的关系模式。后者始终是顺从的，完全依赖于皇帝的恩惠。皇帝可以资助僧团，甚至任用僧人为使节或近臣；但也可以限制僧团的活动，规定寺院的规模和位置，甚至干预僧人受戒与寺院戒律之类的事务。[1] 在一些情况下，朝廷甚至会全面禁佛，大规模压制僧团势力：大幅减少寺院数量、令僧尼还俗。其中最著名的例子是公元841至845年间唐武宗所举行的"会昌毁佛"事件。[2] 令人惊叹的是，国家竟能如此轻易地主导这一强大的宗教机构。僧团或可怨愤于心，却不敢公然抗命。

---

[1] 参见Weinstein（威斯坦因），*Buddhism under the Tang*；Brook（卜正民），"At the Margin"；Martynov，"Государство и религия"。关于梁武帝的例子，参见Janousch（杨德），"The Emperor as Bodhisattva"。

[2] 关于此事的详细说明，参见Weinstein（威斯坦因），*Buddhism under the Tang*，114—136页。

在宗教领域，中国皇帝相较于西方君主显得尤为强大。即便在所谓"恺撒教皇制"（Caesaropapist）的拜占庭帝国，皇帝一旦干预重大的教会事务［例如在公元八、九世纪支持圣像破坏运动（iconoclasm）］，也可能引发巨大的内部动荡，甚至公然叛乱。[1]然而，在中国，这种情况从未发生。皇帝的"神圣性"远胜于任何宗教组织，就连素以傲岸著称的僧侣也不得不承认皇帝的神圣地位。一个典型事例足以说明这一点。公元402年，一位强势的独裁者、野心勃勃的篡位者桓玄（369—404年）要求僧侣向皇帝行礼（跪拜）。桓玄声称，向统治者鞠躬不仅是出于政治义务，更是宗教本分：由于僧侣的存在完全依赖皇帝的恩惠，他们就应当如敬父般敬君。最终，在其著名对手慧远（334—416年）的劝说下，桓玄放弃了对僧侣的这一要求。慧远提醒他，从佛理而言，僧人本就不执着生死，超脱世俗人伦，故皇帝所赐之生命于他们意义有限。值得注意的是，尽管皇帝作为普世生命之源的神圣角色与佛教世界观明显相悖，慧远却不敢对此质疑。事实上，任何人——即便是备受尊崇的宗教导师——都不敢公然反驳建立在皇帝神圣性基础上的主张，这一议题根本不允许来自宗教方面的任何异议。[2]

桓玄试图让僧团屈服于皇权，这表明在某些情况下，皇帝

---

[1] 关于拜占庭案例，参见 Gregory, *A History of Byzantium*, 198—241页；关于"恺撒教皇制"观念的批评，见 Geanakoplos, "Church and State"。
[2] 关于桓玄的倡议和相关交流，参看 Zürcher（许理和）, *The Buddhist Conquest of China*, 231—259页；另见 Komissarova, "Монах"。

抽象的神圣性可以转化为约束宗教势力的有力工具。而在此处要强调的是，这场争论发生在中国悠久历史中最弱势的王朝之一，东晋（317—420年）。对参与者而言，问题的核心并非即将被取代的时任君主晋安帝（396—403年和404—419年在位）的神圣性，因为他只不过是桓玄手中的一个可怜傀儡，绝难被视为万民生命之源；更重要的是皇帝神圣地位这一制度性原则——无论谁拥有皇位，这一原则都是不可侵犯的。

这一例证引导我们再三思考：皇帝至高无上的话语是如何转化为强化皇权、增进政治稳定、抑制潜在威胁群体的实际举措的。让我们考察皇权在社会经济领域的影响。自西周以来流传着一句话，来自《诗经·北山》："溥（普）天之下，莫非王土；率土之滨，莫非王臣。"乍看之下，这句话似乎是空洞的口号或一厢情愿的幻想：毕竟，众所周知，中国历史上大部分时期都存在着事实上的土地私有制，[1]而皇帝对不同臣民群体的统治程度在空间和时间上的差异也很大。然而，在某些情况下，积极进取的皇帝和朝臣能够将这一抽象口号转化为现实，并坚定地利用其名义上的权力来规范社会。

中国历史上有许多例子，显示皇权如何发起大胆的举措来重塑不利的社会、经济或文化形势。例如，朝廷可以发起土地所有权变革，限制个人占有土地的规模，或下令进行大规模的土地重新分配；朝廷可以创建、重新定义或废除各个世袭的社

---

[1] 尽管在中国土地私有制没有在法律上得到承认，但事实上存在；见Huang（黄宗智），*Civil Justice*。

会群体，上至贵族，下至贱民；也可以深刻地重组农村和城市社会，改易风俗，改换姓氏，废兴祀典，几乎可以介入臣民生活的方方面面。当然，并不是所有这些举措都同样成功，但暂且不论具体得失，我们更应关注某些决策者的魄力：他们善用皇权，力图从根本上重塑整个社会。

在这里，我要提出一个例子，即拓跋族建立的北魏王朝的孝文帝。在其统治后半期，孝文帝发起了一系列针对经济、社会生活甚至民风民俗的深刻改革。这些改革中最重要和最成功的是"均田制"。根据这一制度，农户分配到大致相等的土地（按预期产量计算）；大部分土地可以根据家庭规模的变化进行转让和重新分配。此外，皇帝将首都从位于中原和草原之间的平城（今大同）迁至中原腹地的洛阳。同时，还实行了一系列激进的旨在"汉化"其族人的措施，甚至废除了多音节姓名，改用单音节的汉族姓名。此外，孝文帝重新塑造了贵族组成，并实行了其他许多改革措施。并非所有措施都没有引起反对，也并非所有措施都取得成功（有些甚至被认为直接导致了北魏的分裂）。尽管史书陈述了某些举措曾引起相当大的反感——包括来自孝文帝亲属的反对，但反对者中无一人会称皇帝原则上无权废除游牧民族的姓名、禁止草原服饰或彻底改变土地占有模式。[1] 以上这些举措，都是皇权的特权，虽然很少被利用，但可以在需要时转变为一种改造社会、政治、经济和文化秩序

---

[1] 关于北魏改革的详细讨论，见王仲荦《魏晋南北朝史》，522—557页；关于改革的某些方面，见Chase, "The Edict of 495 Reconsidered"。

的手段。

在中国悠久的历史中，很少有改革能像汉化的游牧皇帝孝文帝所发起的改革那样全面。许多由其他皇帝或借皇帝的名义由重臣进行的改革，常常会被不合作的官僚机构或不顺从的民众所阻挠。然而，对我们这里的讨论而言，重要的是皇朝拥有潜在的权力，可以彻底地改造任何既定现实。这说明，皇权支配一切的角色并非空洞的形象；如果审慎和适当地加以使用，这一角色能够成为一种强大的力量，足以重塑社会并应对各种政治、社会或经济挑战。在通常情况下，这些改革是由官员发起的，仅需得到君主名义上的同意；但若没有皇权的神圣光环和对此绝对权力的普遍共识，这样的举措便难以想象，更遑论实施。

"制衡"与虚君

明朝（1368—1644年）戏剧性地覆灭之后，顾炎武（1613—1682年）和黄宗羲等几位杰出的文人认为，权力过度集中在皇帝手中是整个帝制、尤其是明朝的主要弊病之一。在二十世纪初，这种观点被梁启超（1873—1929年）等思想家转译为对中国历史的新颖解读，即"专制"的不断恶化。梁启超认为："中国……万事不进，而惟与专制政治进焉。"[1] 随后，这种关于中

---

[1] 参看梁启超《中国专制政治进化史论》，1648页。关于黄宗羲和顾炎武，见刘泽华，《中国政治思想史》第3卷，600—630页，及前文脚注。

华帝制日趋专制化的观点被中、日以及西方学者进一步强化。尽管存在诸多相反意见，这一观点在许多学术作品中，特别是在中国的学术作品中仍然屡见不鲜。[1]然而，尽管这种观点流传甚广，但事实上，如我将在下文中尝试论证的，在多数朝代中，无论是在中华帝国的早期还是晚期，皇帝的软弱而非过度专权才是常态。要理解这一表面的矛盾，我们需要探究帝国官僚是如何在不改变皇权制度的情况下，制衡住大多数帝王的。

正如我在前文所述，自战国以来，中国思想家就意识到君主无能或滥用权力的危险，因此想方设法要限制其负面影响。他们的主要方法是说服君主保持全能的表象，但把日常事务都委托给功臣。帝国时代的官员也是如此，他们将皇帝与日常政务活动分离。正如我们将在下一章讨论的，帝国时代的士大夫坚信自己对国家真正需求的理解比皇帝更为深刻，因而他们的愿望是代替皇帝来治理帝国。这个强大的官僚阶层发展出各种制约君主专擅的手段：从公开劝阻其介入政事，到对具体政令进行规谏抗议，再到隐瞒重要信息或阻挠其命令的执行等。一个自信且精明的皇帝本可以无视朝廷上的任何反对，但大多数君主会避免与大臣公开对抗，因为他们既担心这会导致严重的政治动荡，也担心有损当世及后世的声名。因此，官僚的权力

---

[1] 关于"堕落为专制"主题的经典论述，见 Mote（牟复礼），"The Growth of Chinese Despotism"。关于对牟复礼的批评，见 Endicott-West, "Imperial Governance"; Bol（包弼德），*Neo-Confucianism*，115—152页。关于中国学者的类似牟复礼的观点，见王毅，《中国皇权制度研究》；周良霄，《皇帝与皇权》。

是对抗君主过度专权的相当有效的良方。[1]

除了官僚压力,皇帝委派事务给下属还有其他原因。皇帝所要处理的行政和礼仪任务之繁重,仅少数极有才华的君主才能应对。在行政方面,君主需要在任何可以想象的领域做出所有重要决定,从人事任免到财政大计,从死刑复核到敬天祭祖,从军国外交到科举试题,不一而足。这种政务集中,可以被解读为皇帝对权力不懈追求的产物,但有时它也可以被视为一种官僚弱化皇权的巧妙手段。正如英国著名的电视剧《是,大臣》(Yes, Minister)中的汉弗莱·阿普尔比爵士(Sir Humphrey Appleby)所示,通过让皇帝负担重,大臣实际上阻碍了其职责的履行。究竟将所有行政责任集于君主之手是否为官僚的策略,这点尚可商榷,但对于皇帝的礼仪责任而言,这种负担过重的情况无疑存在着。宫廷礼仪专员不断增加皇帝的礼仪任务,以至于到了帝国后期,"即便出自最大善意的努力,皇帝也几乎不可能履行所有规定的仪式"。[2]在这种情况下,将权力委托给大臣并在他们的提案上盖章,成为多数君主的默认选择。

上述观察让我们可以重新评估通常会被视为"帝国专制主义"演变的一个里程碑事件:即1380年"胡惟庸案"之后,明朝开国皇帝朱元璋(1328—1398年,即明太祖,1368—1398年

---

[1] Huang(黄仁宇),*1587*是对皇位就强大官僚机构所体现的弱点的经典阐述。
[2] Rawski(罗友枝),*The Last Emperors*,212—213页。

在位）废除中书省（即废除宰相或丞相职位）。黄宗羲在《明夷待访录·置相》中强烈批评了这一举措，认为"有明之无善治，自高皇帝罢丞相始也"。在二十世纪，许多学者对之表示认同，声称"明初废除宰相职务显著改变了帝国的性质"，使得皇帝或其代理人，如太监专权者，能够行使"充分发展的专制"。[1]但在我看来，这一结论为时过早。事实上，在朱元璋之前的隋、唐、宋的皇帝都曾尝试过废除丞相的职位，并将所有可以想象的实权都集中在自己手中。[2]然而历史一再证明，从长远看，把皇帝变成全职的行政管理者是难以实现的，主要原因是这要求君主拥有超人的能力，且无法得到任何喘息的机会。康熙皇帝（1662—1722年在位）是中国历史上最有才华、最活跃的君主之一，在其遗诏中，曾痛苦地抱怨：

> 若帝王仔肩甚重，无可旁诿，岂臣下所可以比拟？臣下可仕则仕，可止则止，年老致政而归，抱子弄孙，犹得

---

[1] Farmer（范德），*Zhu Yuanzhang*，105页；关于黄宗羲，参看de Bary（狄百瑞），*Waiting for the Dawn*，100—103页。

[2] 如隋文帝（581—604年在位）废除了大丞相职位，确立了几个宰相［见Xiong（熊存瑞），*Emperor Yang*，109—110页］。唐初继承了隋制，并没有任命单一的丞相，而是确立了一群专任的尚书；然而，此后个人的相权有增加［参见Twitchett（崔瑞德），"Hsüan-tsung"，349—350页；Dalby，"Court Politics"，590—591页］。关于宋朝早期的行政权力集中在皇帝手中及宰相职位的缺席，见Lau（柳立言）和Huang（黄宽重），"Founding and Consolidation"，239—240页。

优游自适。为君者勤勉一生，了无休息之日。[1]

据我所知，朱元璋虽未公开表达过类似感受，但其工作方式与康熙皇帝相仿，仅有少数能力出众的君主能与之匹敌。朱元璋的后代中没有一个能效仿他的才干；由于行政事务的大权集中于皇帝手中，最显著的结果就是权力从被废除的中书省转移到皇帝的秘书（殿阁大学士），更有甚者，转移到皇帝信任的宦官手中。最终，仍在其祖先留下的制度框架内运作的明末皇帝，以极为软弱的统治者姿态被写入历史。"早在十五世纪中叶，文官机构就已在定义皇帝职责方面取得重大进展"，极大地降低了皇帝对政策制定的影响力，而皇帝的实权在明朝历史进程中进一步衰退。[2] 显然，从开国皇帝那里继承下来的制度，并不能确保皇帝实际权力的维持。

在明朝（以及下面将讨论的其他王朝）的例子中体现出的王朝历史进程中皇帝个人能力的衰退。这与生理退化无关，也不必与传统历史学家所认为的生长于深宫之人的道德层面的堕落相关。在我看来，这种衰退可能是一种王朝的内在机制，因为皇帝的"被动化"（deactivation）可能是储君的培养机制导致

---

[1] 引自 Spence（史景迁），*Emperor of China*，146—147页。雍正皇帝曾抱怨，为了选择一个恰当的官员，他"常整夜不眠"，参见 Zelin（曾小萍），"The Yung-cheng Reign"，195页。
[2] Robinson（鲁大维），"The Ming Court and the Legacy of the Yuan Mongols"，400页；关于明朝晚期皇帝被剥夺权力的经典研究，见 Huang（黄仁宇），*1587*。

他无法充分理解行政过程的复杂之处。朱元璋很清楚会有这种危险,因此告诫后人,"比之生长深宫之主,未谙世故",很可能缺乏必要的品质以使"恩威加于海内"。[1]尽管有此警示,朱元璋也无法阻止后代最终失去权力。这一失败并非偶然,而是再次表明,从长远看,官僚们是能够成功制约君主的。

我认为皇帝的"被动化"是源自其被培养过程的内在因素,这一观点听起来可能令人惊讶。毕竟,众所周知,对每个王朝而言,太子的教育(甚至每位皇子的教育)都是极为重要的事情。这些储君被全国最优秀的博学之士教导,接触了大量古今典籍,被赋予某种行政和军事重任,也要接受儒家道德教育。似乎一切都为了成为承担天下重任的最佳候选人做好准备。[2]

但这真的是"一切"吗?事实未必如此。最理想的培养方式应该是定期让皇储去执行各种真正的军政任务。在某些情况下也确实是这样做的,尤其在每个王朝(包括明朝)的初期,皇帝往往更信任自己的亲属而不是外人,让其子弟担任军政要职,或者把他们封为藩王。然而大多数王朝的普遍倾向是阻止皇子们积极参政,认为这会威胁政治稳定。一个拥有大量军民支持的强大皇子,很可能在随从的怂恿下采取谋叛行动:或替换皇储,或先发制人地打击皇族中的潜在竞争者,甚至推翻其父皇并立即篡位。读过中国历史书的人都知道李世民(599—

---

[1]《皇明祖训序》,引自Farmer(范德),*Zhu Yuanzhang*,117页。
[2] 有关皇储的培养,参见Twitchett(崔瑞德),"The T'ang Imperial Family";另参见Huang(黄仁宇),*1587*。

649年），即著名的唐太宗的例子。李世民是唐高祖李渊（618—626年在位）的次子，但其出色的军事和行政生涯，使他能够积累足够的支持来发动政变，在"玄武门之变"（626年）中打击其兄弟并迫使其父退位。[1]基于这种历史教训，限制潜在君主参与日常政治是一种权宜之计，因为维护王朝稳定的必要性远远超过对未来皇帝能力的考虑。

由于缺乏真正独立的行政经验，刚继位的皇帝常常被政务淹没，因此他们经常会选择依靠经验丰富的朝臣，而不是追求独立解决问题。这也是皇储培养机制的直接后果：其老师也对皇帝的主动性持悲观态度，要让其在即位后只成为宫廷纠纷的首席仲裁者，而不是新政策的独立发起者。为公正和公平起见，皇帝会被教导不要主动提出政策，只要批准或否决下属的建议。虽然一些非凡的皇帝可以通过利用内廷侍从或在官僚体系中找到盟友来阻止朝臣们将他变成"橡皮图章"，但很少有皇帝能拥有足够的能力和决心。对大多数皇帝来说，履行仪式职责，认可朝臣已经审定的奏议，要比事必躬亲来得容易得多。

许多迹象表明，从自信有魅力（charismatic）的帝王变成软弱无能的君主这一普遍现象，并不仅仅是事后的历史建构，而是大多数王朝的真实轨迹。这一趋势的体现之一是历代皇帝活动的地理范围是逐渐缩小的。大部分王朝早期的君主经常亲自指挥战事或御驾亲征，在全国巡游或举行仪式（如在名山祭祀等）。而他们的继任者，大多局限于紫禁城或其他皇宫之中，

---

[1] 关于太宗的生平，参见Eisenberg（艾安迪），*Kingship*，167—194页。

只在出现造反或入侵这类威胁的情况下才会离开皇宫。这种模式在任何一个历时长久的王朝中都可以见到,甚至包括那些由游牧民族创立的王朝(见下一节)。官员们反感皇帝离开京城的原因很多,诸如关心君主的安全、节省巡幸费用、礼仪方面的考量等;但在这些说辞和粉饰的背后,可以看出他们其实渴望一个被动和迎合的君主,用荀子的话来说,"形不为劳,尊无上矣"。[1] 很难不产生这样的感觉,即将皇帝限制在其宫殿中是磨灭其个性的重要一步。

官僚们一直努力"被动化"君主,这也许可以解释为什么他们在遇到幼年皇帝时反而显得从容。在表面上,幼年君主(或因各种原因而具有重大缺陷的君主)的统治从来不受欢迎,是因为大臣担心该君主会被无情的摄政者,或更糟糕的潜在的篡位者所操控。但实际上,帝国行政机构展现出非凡的能力,能够在那些形同虚设的君主之下治理国家。只要摄政者行事谨慎,不至于疏离官员,朝廷就能维持正常运转。官员能够有效地将作为合法性象征的幼年皇帝与作为行政和政治中心的实权人物(摄政者或宰相)区分开来。回顾历史,帝国可以轻松渡过类似东汉中后期那样长达数十年的幼帝统治时期,也就是说,当时理论上具有至高无上的立法、行政、军事、法理权力以及

---

[1] 参见《荀子·正论第十八》,333页。关于汉初至汉末皇帝礼制空间的削弱,见 Lewis(陆威仪),*The Construction of Space*,169—186页;Puett(普鸣),"Combining the Ghosts";关于后世的趋势,见 Chang(张勉治),*A Court on Horseback*,34—113页,423—438页。

身担大祭司长等任务的君主不过是一个空有其职的孩童。这既显示出帝国的生命力，也展现出帝国对皇帝个人能力的需求极为有限。

官僚机构对幼年君主的高度适应性表明：尽管官员一再强调贤君理念，但实际上他们可能更倾向于有一位较弱（无为）的君主，而不是一位强势的积极统治者。皇帝的个人行政参与似乎对政治机关的整体运作并没有太大重要性；只要他不以破坏性或反复无常的方式行事，帝国就可以在其名义下运作而不需要他直接进行干预。朝臣们最为忌惮的不是一个被动的统治者，而是一个过于活跃（有为）的君主。因此，尽管政治话语一直在推崇"圣王"的理念，但政治的实践则并不需要具有非凡才能的君主。虽然在危急关头，弱势的皇帝可能会成为负担（如本章结尾将讨论），但总体而言，官僚机构更倾向于一个不活跃的君主。

以上分析对本节开篇提出的论点——中国政治制度日趋专制——质疑。我认为，这一结论主要建立在两个不够严谨的基础之上：一是对帝国晚期几位权力特重的皇帝的选择性关注，二是对君臣礼仪差距扩大的误读，即将其视为官员阶层整体失势的表现。[1] 然而，实际上，无论是王朝创始者的个人能力，

---

[1] 关于君臣之间礼仪的演变，见杜家骥《中国古代君臣之礼演变考论》。礼仪上，臣子地位的恶化最严重的表现是公开鞭打朝廷命官，从金（1115—1234年）到元（1271—1368年）此一事件激增，见Endicott-West, "Imperial Governance"。

还是旨在增强皇帝权力的制度或礼仪改革，都无法阻止帝国的官僚逻辑，而这种逻辑终将削弱皇帝的主动性。为了说明这一过程的普遍性，我将重点关注那些来自最重视统治者个人魅力的政治文化的君主们，即草原王朝的帝王们。

从可汗到皇帝：征服者的王朝

征服者的王朝可以为研究中国皇权模式提供一个非常有趣的案例，让我们能够检验中国皇权在截然不同的政治文化背景下的运行情况。中国的游牧和半游牧征服者代表着一种军事导向的政治文化，与中原文化在若干关键方面有所不同。粗略概括而言，可以说后者以稳定（stability）为基础，而前者则重视统治者的能力（ability）。游牧民族具有类似中国的"天命"观，但其天命与中国有所不同。对牧民而言，天命属于统治氏族全体，只要氏族成员拥有足够的魅力（charisma）和军事技能，他们就可以领导草原上的人。此外，天（腾格里）并不会在每一代都授予天命；领袖必须通过战功来证明天意的持续眷顾。因此，领导地位不断地受到挑战——如果统治者未能取得胜利，他就可能面对政变并被更有能力的候选者取代。继承者的位置更加充满争议：氏族间的暴力斗争成为游牧生活中的一个持续特征，以至于傅礼初（Joseph Fletcher）将他们的继承制度称为"血腥的继承制"（bloody tanistry），即潜在继承人之间的暴力竞争，以适者生存的结果告终。[1]这一制度固然确保了游牧领袖的卓越品质，却也为政体埋下不稳定因素，使其常因近亲间的继承争斗而分崩离析。

采纳中国皇权模式成为游牧政权所谓"汉化"（即调整原来的政治模式以便于统治定居居民）最重要的步骤之一，对成功地统治中国内部（或其部分领土）是不可或缺的一种措施。[2]这也意味着部落领袖被提升到一个新的高度：他不再是一个以军事技能决定统治权的同侪之首，而是一个神圣不可侵犯的真命天子，与其臣民保持距离，其地位无可撼动，除了在极其特殊的情况下。同样地，从此以后，储君也通过正常程序确立，减少了暴力继承冲突的可能性。这种截然不同的君权模式对君主们和总体政治稳定都有利，但同时也意味着与草原传统文化的决裂，并可能削弱征服领袖的军事能力。因此，采纳中华政治文化通常是一个漫长而渐进的过程，其间许多统治者试图兼

---

[1] 参看Fletcher（傅礼初），"Turco-Mongolian Monarchic Tradition"；Biran（彭晓燕），*Chinggis Khan*。在此处的讨论中，我没有区分纯粹的游牧民族（如蒙古人）和半游牧民族（如满族），因为两者的部落和军事导向的政治文化有着相同的基本特征。有关这些差异重要性的不同评价，参见Barfield（巴菲尔德），*The Perilous Frontier*；另见Franke（傅海波）和Twitchett（崔瑞德），"Introduction"，尤其是21—30页。

[2] 在这里我无意讨论饱受争议的中国征服者"汉化"在文化方面的问题；通常来说，我对"汉化"这个术语也有担忧，如Elliott（欧立德），*The Manchu Way*，20—35页。对我而言，真正重要的是游牧民族的征服者在政治上适应定居居民（这里指汉民）规范的过程，尤其是对统治模式的改造。

具中原天子与草原可汗的双重身份。那些成功融合中原与游牧统治特质中的优点的人，被公认为中国历史上最杰出的帝王，如下面要讨论的清朝的康熙、雍正和乾隆皇帝。然而，这种主动（以"武"为本）和被动（以"文"为政）统治模式的综合形式难以长久持续，外来征服者逐渐不可避免地转向中国的被动皇权模式。

我们可以通过简要了解两个由异族建立的王朝——元（1271—1368年）和清（1644—1912年）来理解这一过程。这些王朝的统治者都深谙前代草原征服者的教训，即过度融入中原生活模式，以至于失去了军事威力。蒙古人特别排斥定居文明的诱惑，因此他们在公元1271年，即成吉思汗建立"大蒙古国"整整65年之后才全面（尽管相对"简化"地）采纳了中华帝国模式。他们的早期领袖都因军事能力、果断和积极性而闻名；在1271年之前，他们的继承系统也保留了"军事民主制"的特点，因为大汗必须经过部落首领的忽里勒台大会（qurultay）的批准。在成吉思汗死后，继位之争变成大蒙古国的常态。部分出于对内部稳定的追求，忽必烈才在1271年采用了中国皇帝的称号。[1]

忽必烈本人是一个强有力且果断的君主，采纳中原统治方式并未削弱其魅力；但他的继任者逐渐被他们的左右边缘化。虽然元朝中期血腥的继位争斗仍体现出草原传统的强大影

---

[1] 关于蒙古政治文化中忽里勒台及其在忽必烈统治下的逐渐消失，请参见 Endicott-West,"Imperial Governance"。

响，但朝廷却不可逆转地转向了弱化君主主动性的中原政治文化。元朝末帝，即顺帝孛儿只斤·妥欢帖睦尔（Toghon Temür，1333—1368年在位）以一种非常"中原"的方式结束了他漫长的统治，作为自己帝国瓦解的无助旁观者，无法影响事件进程。[1] 值得注意的是，推翻元朝的朱元璋曾声称，元朝的主要弊端是皇帝的软弱而非其权力过大。[2] 因此，尽管国祚相对较短，元朝却也展现出与中原王朝相似的君主个人被边缘化的模式。

清朝更为清晰地体现了这种变化趋向。作为中国漫长帝制时代的顶峰，清在前一个半世纪中，展现出有史以来融合中外、文治武功、稳定和效率的最佳结合。前六位满族皇帝都是著名的"有为派"：他们密切监督甚至有时亲自指挥军队，巡视全国，并在必要时直接干预政策的制定，甚至无情地压制实际或想象中的反对派。皇室成员也参与军事行动和行政管理；尽管王朝未能避免激烈的继位斗争，但这些斗争总体上是在可控范围内，并产生了高效的君主。王朝尤其受益于其第五位君主，雍正皇帝。雍正即位以前已经具有丰富的文武经验，因而成为中国悠久历史上最善治国理政的皇帝。雍正对官僚机构的

---

[1] 关于忽必烈，参见Rossabi（罗茂锐），*Khubilai*；关于其后的蒙元历史，参见Dardess（窦德士），*Conquerors and Confucians*。Robinson（鲁大维）在其*Empire's Twilight*，18—21页质疑普遍诋毁元顺帝为弱者，但未能提出令人信服的证据来推翻前说。关于乾隆皇帝对元顺帝丧失游牧能力的感慨，见Chang（张勉治），*A Court on Horseback*，108—111页。

[2] Dardess（窦德士），*Confucianism and Autocracy*，186页。

运作有着非凡的理解，并且有足够的自信，将其观点强加于反对派，而同时又避免陷入过度的专制主义。雍正明智的治理给王朝及其臣民带来了诸多裨益，其中之一便是财政状况的极大改善。雍正的父亲和儿子，康熙和乾隆，也是特别能干的君主，他们的军事和外交技能促进了清朝领土的空前扩张。毫无疑问，这一系列有能力的君主是清朝整体成功的主要原因之一。[1]

清朝从其部落传统继承来的积极皇帝模式是其主要资产之一。尽管如此，它也避免不了帝王个人魅力逐渐衰退的趋向。进入十九世纪，清朝的情况与其早期的统治模式已经截然不同。我们再次看到被动的君主们，其活动主要局限于北京的都城和附近的热河（今承德）避暑山庄；这些皇帝们似乎完全无力影响导致帝国最终崩溃的不利局势。汉、唐、宋、元、明等王朝（仅仅列举一部分）所经历过的熟悉模式——王朝始于一个有活力的（有时是暴力的）统治者而终于无能、无为的软弱皇帝，在清朝也得到了体现。

即便是最重视君主个人威望的王朝，其君权也难逃逐渐衰微的命运，这一轨迹表明，君主对政治进程影响力的日渐减弱

---

[1] 关于1800年前清朝皇帝的权力，参看Rawski（罗友枝），*The Last Emperors*，特别是206—207页；Chang（张勉治），*A Court on Horseback*；Spence（史景迁），"The Kang-hsi Reign"；关于雍正时期，见Zelin（曾小萍），"The Yung-cheng Reign"，及其*The Magistrate's Tael*；Bartlett（白彬菊），*Monarchs and Ministers*；Spence，*Treason by the Book*。关于清朝的领土，见本书第43页注释[3]。

确实可以作为中华帝国制度的基本特征之一。帝国的内部逻辑优先考虑稳定，这不仅有利于将所有可以想象的权力集中在皇帝这一职位的手中，而且有利于系统性地减少皇帝个人对政治进程的影响。尽管不易察觉，但中国的"制衡"机制，有效地将专制独断的危险降低到了一个可接受的水平。然而，如同所有的政治选择一样，中国政治家所做的这一选择也有代价：它既降低了皇权运作的效率，又在朝廷中埋下了持续的紧张关系隐患。现在我们可以评估这种选择的得失了。

小结：无为而治的代价

中国皇权的概念从一开始就蕴含着深刻的矛盾。早在战国时期，思想家们就面临两难：一方面，思想家们都主张"王权主义"的原则，认为君主制是唯一可行的政治制度；另一方面，则认识到理想的"圣王"是极为罕见的，许多君主都属于平庸之辈。在秦始皇采用了"圣王"的姿态后，其继任者也常常以"圣"自居，因而理想与现实之间的内在紧张也就变得更加突出。帝国时代的思想家和政治家，并没有揭穿皇上是圣人这种假像，可能是因为公开否认皇帝的神圣性会破坏整个帝制根基。因而，帝国时代的思想家和政治家更喜欢把皇帝作为制度层面上的贤君圣主，同时意识到皇位常为庸主所据。几乎每一个皇帝都是圣人，同时也是庸人。皇帝在官方说法中是圣人，在朝臣心目中却是庸人，而后来的历史著作则更无情地揭露每个皇帝的错误、过失和常规性不称职的平庸。这种矛盾的皇权形象的存在，为帝国制度注入了持续两千多年的深层张力。

这种帝国权力在理想与现实之间的妥协，其得失该如何评估？有时，它显然运作不良，导致邪恶暴君的权力滥用。一个野心勃勃的、自负的皇帝，可以利用皇位的巨大权力将其意志强加于整个帝国——有时是以最残忍的方式。这些专制人物包括凶残的精神变态者——他们的统治通常无法持久；也有些是才智超群的君主，他们可能让国家受益，却也令臣民付出了巨大的代价，如明朝开国之君朱元璋，以及清朝的三位"圣君"：康熙、雍正和乾隆。

在中国的帝国体制中，专制主义是一种明显的可能性，但并不是常态。在通常情况下，无形的制衡机制可以足够有效地约束君主。实际上，大多数皇帝似乎都被自己拥有的巨大权力所压倒。在原则上，他们对天下的一切负责——从求雨祈晴到学校课程，从安抚四夷到黄河堤防——他们被赋予的位置更适合全能的上帝而非凡人。鲜有君主狂妄或愚昧到真信自己能掌控天下万象；对于大多数君主来说，循常例、享礼遇，而不事必躬亲，才是明智之选。

君主的悲剧在于其作为个人的行为缺乏合理界限。作为公平公正抽象原则的化身，皇帝却发现自己在公私生活中都难以自主。一方面，皇帝是神圣不可侵犯的，也是道德教化的模范；另一方面，他也是血肉之躯的龙椅主人。为了消除两者之间的差距，朝臣试图限制皇帝偏离礼仪规定的任何可能性。即使是一些相对无伤大雅的决定，比如给予寺庙恩赐或擢升妃嫔，都可能引发君臣龃龉。若处理不当，这种摩擦可能会发展成严重的对抗，导致血腥的清洗或朝廷的僵局。例如，明世宗（1521—1566年在位）时期关于皇帝的守孝义务，以及其孙明神宗（1572—1620年在位）期间关于储君命名的激烈争议，[1]均为君臣冲突的典型案例。于是，即使是那些反复无常和心存怨恨的皇帝，也可以被看作一个否认他们个性权利的体制的受害者。[2]

在更广泛的政治层面上，皇帝个性的磨灭也带来了明显的负面影响，因为这与宣称的需由"圣君"当政的愿望相悖。毕竟，即使是一个"橡皮图章"皇帝也必须做出某些重大的决定，尤其是在任命丞相和解决官僚内部争议方面。执行这些任务的前提是需要一个聪明的君主，他不会被奸诈的朝臣所欺骗或操纵。然而，将皇帝置于繁文缛节的官僚系统之中，反而导致其个性泯灭，削弱了其在关键时刻的决断能力。其后果可能是致命的——在危机时期，迅速和果断的决策是必要的，而许多皇帝在这方面表现得极为不足，在竞争的宫廷派系之间摇摆不定，行为反复无常，加速了王朝的灭亡。领导力的明显欠缺则加剧了本应可以化解的危机，导致北宋、明、清等多个朝代

---

[1] 关于其中的第一例，见Fisher（费希尔），*The Chosen One*；关于第二例，见Huang（黄仁宇），*1587*。

[2] 关于明武宗（1505—1521年在位）为了保持自己的个性，并"构建一个与他对帝国统治的看法更和谐的身份，而不是与文官官僚机构提出的模式相妥协"，参看Robinson（鲁大维），"The Ming Court"，405页；另见Huang（黄仁宇），*1587*，95—102页。

的覆灭。[1]而二十世纪初帝国的最终崩溃，也与晚清皇帝在不断加剧的危机中无力主持大局有关。

壮观的崩溃很容易引起我们的关注，但我们要更深入地观察本章中所描述的皇权模式与国祚绵长之间的关系。在此我提出两个观察结果。首先，帝国设计者的最终目标——消除多个权力中心，创建一个统一的决策体系以防止内乱——实现得极为出色。尽管中国未能避免漫长的动荡和分裂时期，但这些动荡和分裂的破坏性和发生频率都小于大多数其他具有类似规模和复杂性的国家。作为"天下大一统"的象征，至高无上的君主的存在促进了政治稳定。

其次，帝制体系在长期运作中展现出惊人的适应力。在几千年的历史中，龙椅上更迭着各色人主：有狂妄自大者，有年幼稚弱者；有出身行伍者，有农民起义者；有游牧征战者，有文人雅士；有年迈衰朽者，有心智失常者，甚至还有一位女性君主（武则天，690—705年在位）。[2]令人称奇的是，这些统治者虽可能造成短暂动荡，却未能对帝制根基造成持久损害。可见中国的制衡之道——即区分君主的制度权力与个人权力——虽表面笨拙，却能良好地适应环境变迁，经受住大多数危机的考验。即便在北齐王朝（550—577年）期间出现一连串精神失

---

[1] 分别参见Goncharov, *Китайская средневековая дипломатия*；Wakeman（魏斐德）, *The Great Enterprise*，及其*The Fall of Imperial China*。
[2] 解释"甚至"：在中国文人看来，女性出现在公共领域——尤其是以君主的身份，是绝对无法容忍的。

常的君主时，[1]帝国仍没有崩溃和分裂。甚至在某些时期，这种局面都未曾显著损害帝国臣民的正常生活。这是一项不可否认的成就，是其他以君主为核心的政体无法比拟的。

最后，皇帝的威严形象也应被视为中国政治身份中最重要的部分。尽管随着时间推移，帝国政治的许多行政方面，甚至统治精英的民族和文化组成，都发生了变化，但君主们始终被认为是全能的领导者，在世俗和超世俗领域受到尊敬。这一特征，在两千多年中始终是唯一可识别的"中原"政治的本质。并非偶然的是，采用皇帝称号恰恰是中国征服者"汉化"的最重要方面；本土精英可以在其他问题上妥协，但绝不能在这一最神圣的象征上妥协。可以说，保持君主秩序与保持书面语言一样，都是中华文明——而不仅是政治体制——得以长存的关键因素。《吕氏春秋·恃君》中的一句话——"自上世以来，天下亡国多矣，而君道不废者，天下之利也。"——不仅可以作为本章的题记，也可被视为中华帝国历史的座右铭。

---

[1] 参见Holmgren（霍姆格伦），"Seeds of Madness"。

第三章　士大夫

> 予尝求古仁人之心……不以物喜，不以己悲。居庙堂之高则忧其民，处江湖之远则忧其君。是进亦忧，退亦忧。然则何时而乐耶？其必曰"先天下之忧而忧，后天下之乐而乐"乎？噫！微斯人，吾谁与归？
>
> ——范仲淹

这段引言摘自北宋杰出文人范仲淹（989—1052年）的名作《岳阳楼记》。[1] 范仲淹是北宋文教中兴的关键人物之一。在其千古名作中，他简明地概括了中国文人的自我形象——为了崇高的理想而勇于献身、尚公抑私、任政济世（忧君忧民），且具有群体认同感。而作为古代知识分子的一员，范仲淹也强烈地展示出这种认同感——欲"与归"其所钦佩的"古仁人"。这些都是中国古代知识分子的特征。本章关注的重点正是这些为中华帝国之经营与维系而自矢的士人群体。

范仲淹所属的阶层是中国的士人，他们是中国社会政治生

---

[1] 范仲淹《岳阳楼记》，见《范仲淹全集》，168—169页。关于范仲淹的事业和思想，参见 Liu（刘子健），"An Early Sung Reformer"；Bol（包弼德），*This Culture*，166—175页。

活的中坚力量。给"士"下定义是极其困难的，例如，"士"被翻译成英语时通常用"literati"（文人）、"scholars"（学者）、"scholar-officials"（士大夫）、"gentlemen"（绅士），但在某些情况下，它也可以被翻译成"knights"（骑士）、"officers"（军官，官员）、"aristocrats"（贵族）、"soldiers"（士卒）等等。这种语义的丰富性并不奇怪，因为在绵延两千五百年的历程中，"士"这个词是有作为、有抱负的精英成员最常见的称谓，而在此期间，精英的组成及其性质几经嬗变。然而，尽管有这些变化，我们仍然可以将"士"作为一个界定明确的群体，主要是因为他们独特的自我意识和强烈的群体认同感。士是中国知识精英的核心群体，鉴于西方术语"知识分子"和中国的"士"之间有相当大的语义重叠，因而，至少为行文方便，我们姑且称他们为"知识分子"。[1]

中国知识分子的主要特点在于他们在文化和政治领域的双重霸权，尽管在这两个领域中，他们的地位都不是独有的。比如在帝国的大部分时期，佛僧和道士都拥有相当大的文化威望。就政治领域而言，士人也只是统治精英中的一部分，且不得不与武将、皇室国戚、外族首领，有时甚至要与太监竞争权

---

[1] 有关"士人"与"知识分子"的相同性，参见余英时《士与中国文化》，1—3页；另见Wakeman（魏斐德），"The Price of Autonomy"，137—138页。许多研究分析了士在中国历史不同发展阶段的地位与"士"的定义，如见Pines（尤锐），*Envisioning Eternal Empire*，115—135页；Ebrey（伊佩霞），"Toward a Better Understanding"；Bol（包弼德），*This Culture*。

力。然而,在帝国两千多年的历史中,作为"士大夫"的士人在知识和政治领域都稳居主导地位,这使他们成为一个非常强大的群体。士人在道德和知识上的声望使其有时能够抗衡皇帝的异想天开,而他们的政治权力反过来又进一步巩固了其在道德和知识上的权威。此外,他们是一个具有自我意识的阶层,其独特的意识具有鲜明的精英主义倾向:他们视自己为全社会(包括君主和平民)的道德向导。此外,正如题记所示,中国知识分子还具有强烈的使命感——为君为民服务不仅是实现个人抱负的途径,更是完成道德自我超越的必经之路。这种声望、自豪感和一心"为公"的结合,成为整个帝国时代士人的身份标志。

本章主要关注位居上层的士大夫,其中尤以大多数官员和重要思想家为主,他们积极寻求入仕之途,志在"经世济民"。更广泛的下层士人则包括了地方精英的核心,他们与当时的主流文人有着相同的教育背景和生活习惯,这将是下一章讨论的重点。我采用这种划分意在让讨论更为清晰,虽然在现实中,这两者之间的界限往往难以厘清,而且也不一定是由一个人的科举成就或官位所决定的。更确切地说,这种区别与一个人的眼界和抱负有着更密切的联系,我在这一章讨论的士主要是那些有献身精神的人,用范仲淹的话来说,是"忧其民,忧其君"的人,即那些超越地域界限,以"救世"为目标的人。他们的言行举止决定了帝国的政治与知识走向。

本章将着重探究知识分子甘愿效命于君主这一最重要的选择。我将尝试阐明这种选择的利弊得失。步入政治生涯后,杰出的知识分子不得不接受作为皇帝仆从的地位，这与他们自诩帝王师的道德优越感是相矛盾的。他们在教导与臣服角色之间的这种矛盾引发了持久的挫折感和各种悲剧。然而，撇开这些苦楚不谈，知识分子自愿依附于皇权也极大地增强了整个文人精英阶层的力量。两千多年以来，该阶层的成员们引领着帝国渡过了许多风暴和挑战；而克服困难、维护帝国的政治结构并守护其文化传统，则是士人做出的决定性贡献。[1]

士的兴起

士人地位的上升，以及从世袭卿大夫向以尚贤使能为主的精英的转变，堪称战国时期最重要的社会变革。在之前的春秋时期，各个诸侯国是由世袭贵族统治的。这是一个在文化和社会层面都非常有凝聚性的阶层，他们垄断了各国宫廷的高级职位，并主宰着政治、经济、军事和文化生活。当时，士处于世袭贵族的最底层，大多是大夫家族中的非嫡长子，他们主要以作贵族的家臣谋生。然而，到公元前五世纪，随着卿大夫氏族在血腥的自相残杀中被摧毁殆尽，士人开始转移到统治阶级的顶层，填补了这一空缺。许多君主发现提拔士人是比较合宜的，因为他们缺乏独立的军事和经济权力，无法直接威胁其君主，

---

[1] 我在本章的讨论受益于一些重要的中文研究，特别是刘泽华，《先秦士人与社会》；余英时，《士与中国文化》；葛荃，《权力宰制理性》等。另参见阎步克，《士大夫政治演生史稿》。

而他们的行政和军事才能往往比世袭贵族更加出色。到了公元前四世纪,世袭贵族已经被淹没在一个以士人为基础的、新的、更广泛的精英群体中,而"士"这一术语也成为现役精英成员以及有志于成为精英成员的人的通用称谓。[1]

这里我姑且不谈士人崛起的社会与政治影响,而是关注其思想方面的后果,尤其是士人自我意识的形成及其独特身份的塑造。对士人身份的塑造起到决定性作用的是孔子。孔子是思维活跃的士阶层的第一人,他在士人群体自我形象演变方面所做出的贡献让其成为中国历史上最受尊敬的知识分子。孔子将精英身份的依据从出身转向行为。最重要的是,他重新定义了"君子"一词。原本"君子"是指卿大夫阶层的成员,而孔子则认为这一称谓当以品德为本,而非仅凭身份。因此,德高望重的士人皆可称为"君子"而跻身精英阶层。从那时起,士不再是世袭范畴,而属于道德范畴。[2]

由孔子及其弟子们所塑造的士的行为模式,在许多方面仿效了春秋时期世袭贵族的行为,但却有一个关键的区别。士是自立的人,对于他们来说,自我修养和学习是获得和维持其精英地位所必不可少的。这种对个人才能的强调始终是士的标志之一,即使在后来,尽管这一群体的地位实际上是由家世决定

---

[1] 我在这一部分和下一章的讨论完全基于Pines(尤锐),*Envisioning Eternal Empire*,115—186页。关于其他观点,参见Hsu(许倬云),*Ancient China*;Lewis(陆威仪),*Writing and Authority*,53—97页。

[2] 参见Pines(尤锐),*Envisioning Eternal Empire*,119—121页及其"Confucian Elitism"。

的（尤其是在公元三至九世纪），它仍被视为与行为模式和教育相关，而不仅仅依靠出身。而早在社会流动性极高的战国时期，个人才能应该让一个人能够超越社会藩篱的观念已经成为相互竞争的思想家们共同的思想信念。那时许多士人都以卑微的出身为豪，并声称自己获得的地位完全归功于个人能力。他们自称"布衣"（字面意思是指那些穿粗布而非上等昂贵丝绸的人），表现出他们在经济地位上更接近平民而不是高级官员。这种自称，就像有些名士追忆昔日贫苦的逸闻一样，不应过于按字面理解，但这确实表明，自战国时期开始，容纳下层社会新兴者已成为士人精神的体现。[1]

然而，这种对自下而上晋升的开放态度，并不意味着士人采取了平等主义的观点。相反，他们对自己来之不易的精英地位感到无比自豪，并采取了明确的精英主义立场。从孔子开始，"君子"和"小人"之间的区别便已经成为士人自我形象的关键所在。这种区别有社会内涵，但主要是道德层面的。孔子把"小人"定义为自私、狭隘、逐利、谄媚、固执之徒；与此相对，君子则崇尚责任和正义，志存高远，却也懂得如何让步，坚毅果敢，公而忘私，兼具仁慈、贤明、勇敢、忠诚、孝顺诸德。[2] 精英阶层的成员常常滥用这一名词，将对手归为"小人"，而那些本不当居位的伪君子，也被与真正的、道德正直的士人

---

[1] 参见 Pines（尤锐），*Envisioning Eternal Empire*，115—135页。
[2] 如见于《论语·为政第二》第十四章；《子路第十三》第二十三章，第二十五、二十六章。

仔细区分开来。自我认同为"君子",成为士人身份的永恒特征之一。[1]

在士人身份独具的众多优秀特质中,尚公精神和对普世之善（universal good）的承诺尤为重要。孔子及其继承者们积极宣扬一个以"安百姓"[2]为最终目标的君子理想。如下文将要讨论的,这种自我实现的观念本质上与士人的入仕有着紧密的联系,但其含义要广泛得多。特别是,士人所宣称的尚公精神让他们能将自己确立为社会的道德和智识领袖,只有他们才能够治愈社会的各种痼疾。士人在道德和智识层面确立领导地位,是这一阶层在政治上崛起的第二个主要副产品。

战国时期士人的论述在当时的各种文献中都有所体现,这些论述明确地将士人确立为"道"的唯一拥有者——而"道"是社会一切弊端的终极良药。尽管诸子对于"道"的确切内容所见各异,多有争辩,但他们一致认为,"道"属于他们所在的这个阶层的成员,而不是由君主来决定的。至少在未来"王者"出现之前,士人倾向于在诸侯朝廷中将智识的自主性和优越性掌握在自己手中。[3]

士人在智识上的自主与主导地位,是战国时期最激动人心的现象之一。资料显示,在孔子之前,思想活动完全被朝廷所

---

[1] 参见Pines（尤锐）,"Confucian Elitism"。
[2] 参见《论语·宪问第十四》第四十二章。
[3] 参见Pines（尤锐）,*Envisioning Eternal Empire*,123—131页。

垄断——最初是周王室，之后则是诸侯国的宫廷。[1]然而，在孔子之后不久，这种情况就发生了显著的变化。战国时期的诸侯宫廷似乎缺乏在智识方面的任何权威，而这方面的权威独属于士阶层的意识形态方面的领袖们，即诸子及其弟子们，如孔子、墨子等著名的思想家。关于"道"的本质的论争是在诸子内部展开的，尽管诸侯无疑是这些辩论的主要对象以及诸子及其弟子的潜在雇主，但他们无权决定思想的正统性。因此，尽管如前一章所述，行政集权和君权增强是战国时代主要特征之一，但智识领域却完全独立于君主的权力之外。士人毫不掩饰地声称有权教导君主，引导他们走向道德和政治上适当的道路，而不是一味顺从国君的意愿。

战国时期的文献（大多是士人为士人而作的）可能会夸大士人在智识方面的主导地位，但毫无疑问，诸子决定性地塑造了战国时代的政治和伦理话语。时人笔下的君主多礼贤下士，每遇政治和个人行为问题必询谋于士人，且未见统治者或其他社会群体对士人在思想上的主导地位有所质疑。从长远看，士人作为社会道德和智识引导者的地位是其最重要的资产，这使得这一阶层在各种帝国政权下都具有不可或缺性。

到战国末期，与士人相关的著作中体现出这个阶层成员强烈的集体认同感和极大的自豪感。这种情感贯穿于大多数思想

---

[1] 周王室在思想领域的主导地位在《尚书》中有关许多西周时代的篇章里得到反映。到春秋时代，思想活动都集中于诸侯宫廷，而这一点在《左传》中有明显体现；参见 Pines（尤锐），*Foundations*。

家的著作中，即便是如荀子一样对同侪自矜之态颇有微词的人亦不例外。[1]个中不乏精英成员近乎狂傲的表述，例如在秦统一前夕由一群士人合撰的著作《吕氏春秋》中称：

> 士之为人，当理不避其难，临患忘利，遗生行义，视死如归。有如此者，国君不得而友，天子不得而臣。大者定天下，其次定一国，必由如此人者也。故人主之欲大立功名者，不可不务求此人也。贤主劳于求人，而佚于治事。[2]

这段有些令人尴尬的溢美之词展现出战国末期士人的强大自信心。自豪感、道德优越感，以及士人拥有解决所有政治弊病的良方的信念——所有这些主题在《吕氏春秋》和同时期许多其他著作中反复出现。特别值得注意的是作者对君主的傲慢态度，甚至把君主描绘得不仅无法使这些高傲的士人臣服，甚至不配与他们为友。然而，在这种傲慢的表象之下，我们也可以看出那些作者其实很渴望被任用，因此他们会敦促君主"务求此人"。这种奇特的矛盾（人主为什么要求那些"不得而臣"的人呢？）既表现出士人的自信，也表现出他们对君主的政治依赖。这种深刻而持久的矛盾关系在未来两千年里影响着中国知识分子的生存。

---

[1] 参见Pines（尤锐），*Envisioning Eternal Empire*，123—131页。
[2]《吕氏春秋·季冬纪第十二》"士节第二"。

"人才市场"里的士人

自愿投身于朝廷,成为战国时期士人最重要的选择,这一选择塑造了中国历史上知识分子的政治角色。入仕吸引了很多士人,因为它在俸禄、声望和权力等方面具有绝对的优势——这是一种免于"耕稼之劳"的方式,也是说服"人主出其金玉锦绣"的途径。[1] 然而,在战国时期及后世,以官谋生(即追求物质利益)的现象尽管很常见,但从思想角度来讲,这种自私的动机并未得到认可。相反,许多具有极大影响力的思想家都倡导将入仕视为实现自我道德的手段。这一理念对中国知识分子产生了持久的影响。

孔子在这方面再次成为士人的引导者,首倡入仕为道德使命。孔子曾在不同的列国不停地寻找合适的任命,并似乎因为未能找到能够让他"为东周"[2]的君主而深感挫折。孔子最杰出的继承者之一孟子,也经历了类似的漂泊和挫折,甚至断言"士之仕也,犹农夫之耕也",意思是为官是士人(知识分子)唯一合适的生存方式。正如孟子所言,入仕虽有物质裨益,但其真正的目的是道德层面的。孟子解释其使命是"格君心之非",即首先要向君主灌输道德,进而通过君主向全体臣民灌输道德,"一正君而国定矣"。在孟子看来,是这一崇高目标驱

---

[1] 引文分别出自《吕氏春秋·不苟第二十四》"博志第五";《战国策·秦策一第三》第二章。
[2] 参见《论语·阳货第十七》第五章。

使他一再寻求诸侯的任用,即使他在其他方面严厉批评这些诸侯是"食人肉""嗜杀人"的"罪人"。[1]

士人入仕自始便蕴含着深刻矛盾。这些自傲的知识分子,一面自视为君主的引导者和导师,一面却在他们自己设计的以君主为中心的政体中屈居臣位。在道德优越感与对君权的臣服之间寻求平衡,这对心比天高的士人来说殊为不易。由孔子及其后学所宣扬、并被诸多士人所采纳的解决方案,是声称自己"从道不从君"。这实则意味着可能(且应该)以崇高道德为名,违抗君主。因此,尽管思想家们坚持对君主的忠诚是士人最重要的道德义务之一,但他们试图将这种忠诚解释为是在维护自己的行为自由。[2]战国时期政治思想的集大成者——荀子,在其《臣道》篇中总结了这一立场:

> 从命而利君谓之顺,从命而不利君谓之谄;逆命而利君谓之忠,逆命而不利君谓之篡。[3]

臣属固当忠诚,然其忠诚并非与批评国君相悖,更不同于曲意逢迎和阿谀奉承。效命君主的士人或较君主本人更能洞察其真正利益;因此,在必要时,他可以违背君主的命令。荀子的名

---

[1] 分别参见《孟子·滕文公下第六》第三章;《离娄上第七》第二十章;《告子下第十二》第七章;《离娄上第七》第十四章;《梁惠王上第一》第六章。更多参见 Pines(尤锐), *Envisioning Eternal Empire*,147—150页。
[2] 参见 Pines(尤锐),"Friends or Foes"。
[3]《荀子·臣道第十三》,249页。

言"从道不从君"[1]，成为历代有志之士的圭臬。当然，这并不是对君主制的攻讦，因为君主理应是人臣举措的最高受益者；不过，大臣更了解如何使君主和整个社会受益。因此，虽然在表面上保持了对君权的忠诚，但知识分子在与君主打交道时保留了相当大的行动自由，最重要的是保留了他们的尊严和正直。相比之下，奴颜婢膝和阿谀奉承者被鄙视为"小人"，真正的士必须与之区分开来。

从一开始，志向高远的士人就希望在事君的同时保持自豪，而这就导致矛盾的产生，并非每个君主都喜欢那些具有批判性思维、勇于直谏、不惜违背其命令的臣子。因此，许多高尚知识分子的生活，包括孔子和孟子，其仕途几乎成了一连串的就职与辞官，或未果的任命。原则上，这种与君主的紧张关系应该会对知识分子参政产生不利影响，但在战国时期，这并未损害到大多数士人的仕途。在那个时代，即使最具有批判性思维的士人，也有望找到一个合适的主公。这种奇特情况源于当时的政治环境。战国的世界可以被视为一个巨大的人才市场，诸侯国竞相网罗最优秀的士人，而士人则可以自由跨越国界去寻找更好的职位。由于人才竞逐激烈，对于君主来说，容忍有声望知识分子的冒犯是明智的，而惩罚一个直言进谏之臣则可能会适得其反，导致其他士人纷纷离开朝廷，给国家造成严重的人才流失。由于无法阻止士人跨越国界的自由流动，君主别

---

[1]《荀子·臣道第十三》，250页。

无选择，只能接受一些臣下的骄矜行为。[1]

因此，战国时期多国林立的政治环境确保了士人多种多样的就业机会，同时这种任职自主权又使他们能够保持智识独立，并在与君主打交道时展现出非凡胆识。确实，时代之开明让许多士人能大胆地将他们与君主之间的关系视为对等的而非等级性的，类似于朋友或师徒之谊，而非上下关系。士人确信自己可以免于获罪，于是在与君主打交道时常常直言不讳，借此与谄媚之徒划清界限。例如，孟子最终成为帝国文人眼中最著名的思想家之一，就以直言不讳、大胆批评当时的君主、频繁地劝谏，甚至直截了当地冒犯君主而闻名。以下例子展示了他对君主的态度：

> 孟子谓齐宣王曰："王之臣有托其妻子于其友，而之楚游者。比其反也，则冻馁其妻子，则如之何？"
> 王曰："弃之。"
> 曰："士师不能治士，则如之何？"
> 王曰："已之。"
> 曰："四境之内不治，则如之何？"
> 王顾左右而言他。[2]

---

[1] 参见Pines（尤锐），"Friends or Foes"。用市场的比喻来描述士人与君主的关系早在《韩非子》就已经出现："且臣尽死力以与君市，君垂爵禄以与臣市，君臣之际，非父子之亲也，计数之所出也"（《韩非子·难一第三十六》，352页）。
[2]《孟子·梁惠王下第二》第六章。

孟子的观点很明确：不称职的君主应当像任何小官员一样被罢免。这个讨论也不仅限于理论，齐宣王十分清楚孟子的比喻是针对他自己的，然而齐宣王没有惩罚这位直言不讳的谋士，而是"顾左右而言他"，即回避这一令人不快的批评。我们无法评估战国文献在反映君臣打交道方式方面的可靠性，也不知道君主容忍的底线所在，但可以肯定的是，战国时期朝廷的环境对于士人的直言不讳是相当有益的。[1] 这可能进一步增强了知识分子的自信和优越感，如前述《吕氏春秋》中文段所反映出的那样。

在多国林立的世界中，知识分子愿意依附于以君主为中心的政治秩序，看来似乎是一场精心谋划的"赌博"。由于求贤若渴，诸侯国间的人才竞争使士人得以免于迫害，并在君主的庇护下保持高声望，尽管他们在经济和政治上明显依附于君主。因此，具有讽刺意味的是，士人是天下一统理论的最坚定支持者，而这种理想一旦实现，就注定了士人为君主效力的同时能保持尊严的政治生态必将消亡。在大一统时代，出现了新的游戏规则，而这些规则显然不利于士人。

在皇权垄断下的人才市场中的士人

站在现代的角度看，战国时期的百家争鸣，以及知识分子所受到的尊重，较之帝国时代朝廷中相对严肃的氛围，确显可

---

[1] 参见 Pines（尤锐），"From Teachers to Subjects"。

贵。然而，在那个举世追求一统与稳定的时代，思想的多元化并非人们所重。尽管许多战国晚期的思想家对其时代的智识繁荣所倾倒，但许多著作亦流露出对思想分歧的日益关注，尤其是对士人失范和傲慢的关注。一些著名的思想家开始提议限制士人的行动。比如，作为孔子的重要后学，荀子是"君子"独立思想的坚定支持者，然而他也呼吁圣王应该禁止"奸心"和"奸说"。[1] 如果说荀子对于动用国家权力来压制异说仍持保留态度，那么其前弟子兼论敌的韩非子则要坚决得多：

> 故明主之国，无书简之文，以法为教；无先王之语，以吏为师；无私剑之捍，以斩首为勇。[2]

韩非子是中国最早的设想国家要控制一切（包括思想），并主张知识精英要被官僚体系同化的思想家。他提出的"以吏为师"的学术"国有化"理论，实际上在秦统一后不久就被付诸实施。公元前213年，荀子的另一位前弟子、统一帝国的主要设计师李斯，因担心朝廷中思想分歧有碍政事，遂针对独立知识分子发动了全面的打击。李斯把"私学"所激发的思想多元化与战国时代的政治动乱联系起来，进而解释了为什么统一帝国

---

[1] "故劳力而不当民务，谓之奸事；劳知而不律先王，谓之奸心；辩说譬谕，齐给便利，而不顺礼义，谓之奸说。此三奸者，圣王之所禁也。"（《荀子·非十二子第六》，98页）。
[2] 《韩非子·五蠹第五十》，452页。

不应容忍知识分子的独立性和多元化：

> 今皇帝并有天下，别黑白而定一尊。私学而相与非法教，人闻令下，则各以其学议之，入则心非，出则巷议，夸主以为名，异取以为高，率群下以造谤。如此弗禁，则主势降乎上，党与成乎下。禁之便。[1]

李斯认为，"私学"带来两大弊端——分裂和潜在颠覆，据此他提出了激进的建议：销毁私人收藏的《诗》《书》及"百家语"等书籍，但明确保留了朝廷博士所拥有的版本。在列举了应被焚毁的书籍和可以保留的书籍后，李斯总结道："若欲有学法令，以吏为师！"[2]

李斯的建议及他对博士藏书的豁免，揭示了这一严厉措施背后的深层动机。抑制私学从本质上看并非一种思想上的限制，因为李斯并未建议对其在朝廷上的思想论敌采取任何报复行动，它在本质上更像是一种制度性措施。与韩非子一样，李斯认为唯有学术国有化，方能在日益强化的君权体制下确立士人的适当位置。帝国并不需要桀骜不驯的学者阶层，他们的存在本质上与分裂时代的混乱是相关联的。随着地方政权中心的废除和中央集权的确立，这些学者要么被镇压，要么融入帝国的

---

[1]《史记·秦始皇本纪第六》，255页。
[2]《史记·秦始皇本纪第六》，255页。另见 Petersen（裴德生），"Which books"中的讨论。

官僚体系。

历史对李斯并不友善——他被臭名昭著的秦二世处死，秦帝国不久后就崩溃了；而在历代文人心目中，李斯也成为最被憎恨的历史人物之一。然而，重新定义知识分子与君主关系的历程在政治统一后仍在延续。新立的汉朝虽初期软弱，容许了相当程度上的权力分散，并没有努力在思想上对其臣民建立牢固的控制，但到了激进的集权者汉武帝时代，局势发生了逆转。武帝果断行事，结束了在先帝"无为而治"环境下部分复活的"人才市场"残余。公元前122年，他对富庶的淮南国削藩，其王刘安（卒于公元前122年）曾召集了最后一个强大的独立学者的"智库"（think tank）。[1]这也象征着一个时代的终结。旋即，其他招揽游士的中心，特别是那些由高官所建立的，相继都被废除了。在晋升途径的垄断地位被重新巩固之后，帝国朝廷对士人的控制权大大增强了。

在汉武帝众多开创性举措中，有两项经常被认为是最重要的制度创新：其一是确立早期考试制度（察举制），即各地举荐的候选人在授官之前要在中央经过试用考核；其二是建立了太学，并使之逐渐发展成一个全面的帝国认可的教育体系。尽管上述两种制度经历了一千多年，直到北宋时期才趋于成熟，并且它们对汉代官僚机构的直接影响不应被夸大，但这两项创新确实反映了皇权在意识形态方面承担了新角色。帝国早期的主要思想家之一董仲舒（约公元前195—前115年），清晰地指出

---

[1] 关于刘安的活动，参见 Vankeerberghen（方丽特），*The Huainanzi*。

了这一点。在上书汉武帝时，董仲舒提出：

> 今师异道，人异论，百家殊方，指意不同，是以上亡以持一统；法制数变，下不知所守。臣愚以为诸不在六艺之科、孔子之术者，皆绝其道，勿使并进。邪辟之说灭息，然后统纪可一，而法度可明，民知所从矣。[1]

董仲舒的主张与当初李斯的建议颇为相似——大一统国家不应该容忍思想多元化。然而，与李斯不同的是，董仲舒并没有想过要把知识精英全部融入官僚体系，他主要关心的是阻止"邪辟之说"影响官员。因此，汉代推行思想统一时，并未采取李斯的激烈措施。汉代君主没有取缔"私学"，而仅仅限制了那些非官方认可的人员的晋升机会。事实证明，这项规则足够有效——既罢黜百家，又独尊儒术（至于武帝所独尊的思想是否可以称为"儒术"，在此我暂不讨论）。从此以后，掌握儒家经典对于有抱负的官员和整个知识阶层来说都是不可或缺的。[2] 胡萝卜政策比大棒政策更能促进精英思想的趋同。

将汉武帝对儒家思想的推崇解读为儒家思想战胜百家中其他学派的终极"胜利"，此说一度盛行，而儒学此后确实被立为官方思想。然而，这种说法未免过于简单化了。一般来说，一个学派战胜另一个学派只是一种假设。实际上，无论是在汉

---

[1]《汉书·董仲舒传第五十六》，2523页。
[2] 参见Lewis（陆威仪），*Writing and Authority*，337—362页。

武帝之前还是之后，帝国思想都保持着相当的融合性。在汉武帝改革之后，孔子地位的变化确实是不可否认的——他被提升到远高于其他先秦思想家的尊位，而且很快就被神化了。有些汉朝的阿谀者甚至将其视为半神、半先知，能够预见汉朝的到来并为它准备了制度框架。[1] 后者这种过分的态度在历史上影响不大，但孔子地位的整体提升及其思想被纳入国家教育体系之中，确实具有长远的重要性。

汉武帝为什么要独尊儒术呢？从表面上看，这是一个奇怪的选择，因为武帝的政策与通常认为的孔子思想遗产大相径庭，而且"儒学"为中央集权及其扩张的辩护显得苍白无力。[2] 然而，武帝尊崇孔子或另有用意——欲在皇帝和大多数知识精英（下文我将称他们为"文人"，而非"士人"）之间形成一种新的共处之道。孔子曾被认为是学者之"宗"，[3] 他决定性地塑造了"君子"的自我形象，赋予其使命感，并极大地提升了他们的自豪感。通过提升孔子的地位并公开支持他的思想遗产，汉武帝向文人们发出了一个信号，让他们相信武帝的政权较秦

---

[1] 关于"独尊儒术"的观念，参见 Yao Xingzhong（姚新中），*The Introduction to Confucianism*，81—83页；关于汉代思想的综合性特征，参见 Nylan（戴梅可），"A Problematic Model"；关于汉武帝时期之后孔子地位的提升，参见刘泽华《中国政治思想史》第二卷，134—142页。

[2] 汉武帝所特别重视的主要儒学著作《公羊传》与孔子及其弟子的主流思想之间存在着较大的差异，详见 Gentz（耿幽静）"Long live the king"。

[3] 《史记·孔子世家第四十七》，1947页。

朝更为宽容，而不再仅以威严示人。朝廷向文人提供了一份"协议"——将他们吸收入官僚体系，同时在表面上允许他们保留自己的尊严。这个提议得到了积极回应。武帝"赌赢"了——尽管许多汉朝知识分子哀叹其地位的降低，并注意到武帝的一些政策与秦始皇的相似，但后世史家与思想家仍对武帝推崇备至，未似秦始皇般备受诟病。[1]

一个有利于武帝的解释是，其改革被视为朝廷和文人之间共生关系的开始，即文化声望拥有者与政治权力持有者之间的互利共存。而另一个更具批判性的观点则是哀叹文人在汉武帝改革之后丧失了职业与智识自主，最终屈服于皇权。通常，这种宽泛的总结性观点，都各有优点，也各有缺点，中华帝国的悠久历史为支持和反对这些观点提供了大量例子。不可否认的是，在皇权垄断之下，文人的自由行为已经大大减少。虽然大规模的迫害事件并不常见，但从秦汉到明清，类似事件的一再发生足以表明文人在其地位上并非无懈可击。然而，这些悲惨的事件也无法掩盖另一事实，即知识精英在文化和知识上持续掌握着霸权。在大多数朝代，文人占有统治地位并不断向皇权提供批判性建议，而且能保有崇高的社会威望。在下文，我将通过分析帝国时代知识自主的局限性，以及文人与皇权之间的

---

[1] 关于司马迁对汉武帝的批评以及其对汉武帝政策与秦始皇政策的间接比较，参 van Ess（见叶翰），"Emperor Wu"；另参考 Declerq（戴麟），*Writing against the State*，20—38 页。尽管有这样的批评，但后来的历史学家们对汉武帝的评价要比对秦始皇的评价温和得多。

关系来说明，尽管他们与君主的关系持续紧张，但文人在大一统帝国中的地位足以阻止皇帝独揽大权。

思想与权力

中华帝国的批评者常常感叹，随着帝国统一和文人臣服于皇权，战国时期的智识活力就消失了。这一观点无疑是有一定道理的。在中华大地上，皇权在理论上支配一切，思想生活也不例外。朝廷很自然地试图统一臣民思想并压制有异议的文人，既可以采取大棒政策（如李斯的措施），也可以借助胡萝卜政策（如汉武帝的改革）。在个人晋升途径被垄断的情况下，朝廷就可以利用其权力来界定求仕者应具备何种学识，通过引导教育来让绝大多数文人向着朝廷期望的方向努力。此外，朝廷还采取强制措施进一步巩固思想的正统性，压制真正的或被想象出来的异议者，偶尔禁止各种文学、哲学和历史著作，以及臭名昭著的"文字狱"事件（在十八世纪达到高峰）[1]——上述这些都被视为帝国一统的负面产物。有鉴于这些事件，众多帝制批评者认为，在儒家的表象背后，中华帝国似乎在很大程度上实现了李斯令知识分子屈从的愿景。[2]

话虽如此，我们还是要注意到帝国政权是多么"非极权主

---

[1] 参见 Goodrich（富路特）, *The Literary Inquisition*；Guy（盖博坚）, *The Emperor's Four Treasuries*；参考 Brook（卜正民）, "State Censorship"。
[2] 关于这一观点最有力的论证，见葛荃，《权力宰制理性》。

义"的。总的来说，传统中国远比任何传统一神论文化影响下的社会都更为多元和宽容。这一特征在朝廷对主流儒家思想之外的两个主要传统——佛教和道教的长久支持上（或诚心，或敷衍）得以体现。更重要的是，这些传统以及许多其他传统，实际上本身就是多元的，已经融合了不同的思想。每个传统中均存在着众多相互矛盾的学说。中国思想中内在的这种多元特质，使得强制思想统一的企图难以成功，仅能在采用某些共同的符号和话语规则上见效。虽然朝廷有时会介入对传统经典甚至佛经诠释的辩论，但这种干预是较为罕见的，而且对帝国的知识生活影响也很有限。思想方面的争论，尽管不像战国时期那样多元，但在大一统时代的大多数时间里都从未停止过。

另外还有两个因素制约了对文人及整个社会的思想一统。第一个是君主对此兴致寥寥。只有极度自信的君主，如明朝的开国皇帝朱元璋，才会积极地将自己的构想强加给其臣民。[1]大多数君主对思想一统并不太感兴趣。有时，君主可能会支持其中某一种传统，并试图以牺牲其他思想为代价来推进该传统，但这种情况很少见。[2]臣民对这一点也相当有默契，一旦皇帝明确地"独尊"某种教义，既损其公正，又徒增怨怼，且

---

[1] 参见Farmer（范德），*Zhu Yuanzhang*。
[2] 关于帝国积极支持单一思想潮流的例子［即宋神宗（1067—1085年在位）对王安石思想的承诺］，可参见Smith（史乐民），"Shen-Tsung's Reign"。

危及政治稳定。无论如何，君主推行的激进思想变革很少能比其在位时间更长久。例如，朱元璋曾经试图禁止《孟子》中的教义，或删除该书中可能具有颠覆性的段落，但在其子朱棣（永乐皇帝，1402—1424年在位）即位后，便恢复了孟子的地位，试图借此修复他与文人之间的关系。[1]压制可以奏效，但仅是暂时的。

维系帝国思想多元的第二个因素，或可谓更为重要，乃文人多抗拒自上而下强制的思想统一。诚然，在知识精英中也有热衷于实现思想统一的人，如唐末著名思想家韩愈（768—824年）。他曾呼吁朝廷镇压佛教和道教，并"火其书"，因为"不塞不流，不止不行"。然而，类似的激进主义是罕见的，就韩愈而言，这些严厉的措辞也许更适宜被视为修辞夸张，而非政策提议。[2]许多文人，尤其是唐末以后的文人，积极地在全社会传播他们的思想观点，并希望最终达到思想上的统一。然而，大家都默契地认为，这一任务应该主要从基层进行，要通过教育努力实现，而不是通过行政手段。因此，即使朝廷偶欲统一思想，也往往因官员抵制而功亏一篑。

文人在思想领域保持着至少是相对的自主权，此尤见于朝廷难以控制的两条独立思想活动渠道，即印刷业和私立书院。两者都是在北宋才真正发展起来的，恰与思想统一之势日渐显

---

[1] 见Elman（艾尔曼），*Cultural History*，78—105页。
[2] 关于韩愈的观点和生平，参见Hartman（蔡涵墨），*Han Yü*；引文出自韩愈最著名的文章《原道》(《韩昌黎集》，13—19页)。

著（至少在精英阶层中是如此）同时并进。值得注意的是，尽管朝廷和部分官员对书院和印刷活动一直持怀疑态度，也会偶尔尝试抑制这些活动，但在整个帝国期间，这两者仍然蓬勃发展。当政者未能控制这些思想活动的路径及平台的原因包括多个经济和行政因素，但其中最重要的也许是士大夫们基本上不愿意去压制那些对他们自身阶层的智识生活至关重要的活动。[1]

因此，将统一帝国的思想氛围简单描述为李斯式的"准极权主义"模式是不够准确的。实际上，在思想领域仍然存在着朝廷（其中不乏文人领袖）和知识精英群体之间不断的谈判、紧张和妥协。两者间的权力平衡在不同皇帝治下差别很大，但只有少数君主对帝国的思想生活产生了显著影响。朝廷很难将统一的思想强加给文人，这一点也体现在科举制度的复杂历史中。科举制度虽为帝国后期选官要径，却未能成为推行朝廷正统思想的有效工具，反而成为朝廷与文人在文化思想上相互妥协的场域。正如艾尔曼（Benjamin Elman）的开创性研究所表明的，朝廷可以在短期内制定某些规则，但若没有精英阶层的同意，长远的改弦易辙是不可能的。[2]

为了说明帝国后期思想动态的复杂性，我在此将以宋代（960—1279年）为例。宋朝可以说是统一帝国时期知识最为活

---

[1] 关于印刷业，见 Brook（卜正民），"State Censorship"。关于书院，参见 Walton（万安玲），*Academies and Society*；Meskill（穆四基），*Academies in Ming China*。

[2] 见 Elman（艾尔曼），*Cultural History*，78—105页。

跃的时代。宋朝皇帝在长期的军事动乱之后重新统一了全国大部分领土，之后选择了文人作为主要的政治盟友，予以特殊的尊重，表现出比其他朝代更强的合作态度。正是在那一时期，科举制度成为进入官僚体系的一个重要且最受尊敬的途径，其社会文化影响也大大加强（另见第四章）[1]。然而，在这个国力日盛、文化繁荣、教育迅速发展的时代，知识精英内部却因各种关乎社会和国家运转的理想主义愿景相互竞争，而出现了深刻分歧。随着思想争论在十一世纪末日益激烈，相互竞争的派系开始诉诸国家权力，让对手噤声。[2]在一段时间，暂获胜利的激进改革派王安石（1021—1086年）的支持者试图以一种非常"现代"的方式将其统一的思想强加给后来所有的文人——他们大幅扩大公共教育体系，并计划将其转变为进入官僚体系的唯一途径，同时也对教学内容实施了前所未有的控制。反对者对此愤怒不已：

> 今州县学考试，未校文学精弱，先问时忌有无，苟语涉时忌，虽甚工不敢取。时忌若曰："休兵以息民，节用以丰财，罢不急之役，清入仕之流"，诸如此语……宜禁止。[3]

---

[1] 见Bol（包弼德），*This Culture*，48—58页。
[2] 见Levine（李瑞），*Divided by a Common Language*。
[3] 引自Chafee（贾志扬），*The Thorny Gates*，79页。所有的禁忌词都与王安石的对手的观点密切相关。译者按：本译本录自洪迈《容斋三笔》第十四卷"政和文忌"鲍辉卿奏折原文。

这一论述有趣地证明了公共教育与思想控制之间可能存在的相互依赖，但对于本讨论，重要的是这一尝试——一如前后诸多尝试——均昙花一现，当改革者失去皇帝的支持，就戛然而止了。最终，所谓的道学（也被称为理学，英文是Neo-Confucianism）在宋代各种思潮的斗争中取得了长远的胜利。道学家最初不入流的超验道德（transcendent moralism）就是自下而上传播的，其拥护者积极地传播教义，特别是通过私立书院，而这些书院逐渐超越了资金不足的官学教育体系。虽然朝廷对这些活动的反应从最初的漠不关心到仇视，甚至一度将道学贬为"伪学"并予以取缔，但道学最终取得了成功。这一过程非常缓慢，经过几代人的时间，越来越多认同道学的文人进入仕途，并能对皇帝产生影响。道学的胜利最终在十三世纪完成，当时主要的道学思想家被供奉在孔庙中，而他们对经典著作的解释在1313年被确认为一种新的正统学说，并成为调整后的科举制度的极为重要的组成部分。[1]

这个"自下而上获取胜利"的例子，与一千五百年前汉武帝决定认可儒学类似，展现了精英阶层在思想领域与皇权互动的复杂模式。尽管任何皇帝在任何特定时刻都有权重新定义经典，实施新的科举规则，或禁止任何思潮，但实际上，知识生活主要还是由文人而不是由皇权来指导的。文人通过各种手段，

---

[1] 见Bol（包弼德），"Examination and Orthodoxies"；另见其 *Neo-Confucianism*；另参见Liu（刘子健），*China Turns Inward*。关于对道学迫害的尝试，参见Schirokauer（谢康伦），"Neo-Confucians under Attack"。

试图在思想领域保持相对的自主性，而这种自主性反过来又使他们能够维护自己的思想霸权，并保持其作为"道"的拥有者的地位。皇帝虽号为圣人，但能成功重新界定思想权威者寥寥。政治权威与知识（或道德）权威之间的二元化，在战国时期非常明显，在大一统帝国时代也保持下来。

在这里回顾一下，朝廷难以控制学术活动还源于另一个因素——文人著述规模浩大。中国文人笔耕不辍，著作汗牛充栋，且随着文人精英群体规模的增长和图书市场的相应扩大，作品不断增加。印刷业使书面作品得以广泛传播，任何监察员都不可能遍阅群书。因此，即使偶尔出现对出版商、作者和读者的迫害，例如在文字狱的情况下，也难以动摇这一格局。[1] 朝廷不得不接受难以控制文人作品这一现实。巨量的著作，为知识分子保持尊严和自豪感创造了条件。知识分子的尊严和自豪感，加上汉代及后代皇帝对儒家经典的决定性认可，以及其对知识分子固有的尊重，共同构成有力屏障，使皇权难以全面统摄知识精英。在失去跨国人才市场优势的情况下，帝国文人保留了足够的文化资源，以防将自己贬低为君主的奴颜婢膝的服从者。在下文我们将讨论在这种新条件下文人与皇权的关系。

---

[1] Brook（卜正民），"State Censorship"。

在君与道之间

上述讨论表明，文人作为一个群体有时能够制衡皇权，然而对单个文人来说，在统一帝国中的皇权之前要维护自己的尊严是非常困难的。在秦朝对私学的迫害中，文人地位的变化已经相当明显。但即便是在秦亡及汉初的几十年相对宽松的学术氛围中，文人的地位也未必就得到了提高。自豪的文人不得不习惯于持续的屈辱，甚至是迫害。一旦激怒了皇帝，一些人被迫自杀，有些被丢进猪圈与猪搏斗，其他的则被贬谪，"主上所戏弄，倡优畜之"。[1] 汉武帝掌权后，情况进一步恶化。据说，当一名助手责备武帝频繁处决文人时，武帝笑而斥之：

> 何世无才，患人不能识之耳，苟能识之，何患无人！夫所谓才者，犹有用之器也，有才而不肯尽用，与无才同，不杀何施！[2]

这件逸事的真实性对我们的讨论并不重要，而武帝对文人的态度肯定比这里所暗示的要复杂得多。然而，具有象征意义的是，

---

[1] 这些话引自司马迁《报任少卿书》（见《汉书·司马迁传第六十二》，2732页）；另见于Declerq（戴麟），*Writing against the State*，21—38页等处。关于更早的例子，参见司马迁，《史记·仲尼弟子列传第一百二十一》，3115—3129页。
[2]《资治通鉴》，第十九卷，638页。引自Wu Fusheng（吴伏生），*Written at Imperial Command*，14页。

一个被认为是"儒家"的君主被引述为将知识分子贬为可有可无的"器",而这句话间接影射了孔子的名言"君子不器"[1]。这则逸事暗示了文人在帝王面前的地位不可逆转地衰落了。这种衰落在朝廷生活的方方面面都可以看到:从日益强调大臣们的位卑和谄媚的宫廷礼仪,到大臣们在给君主谏言时自贬的话语,到"大不敬"罪名的泛滥,以及帝国后期对朝廷官员所进行的羞辱性体罚等。[2]在此等不利情势下,如何重获道德高地并维护自己的尊严成了文人面对的一项挑战。

在朝廷中的地位被贬低对于自豪的文人来说是极其令人沮丧的。秉持"事君"之道,他们不得不臣服于其常常轻视的君主。作为君主的侍从,他们对君主有绝对的服从义务,但要如何区分这种必要的服从与卑鄙"小人"的卑躬屈膝式臣服呢?如何在不损害君臣关系的前提下,保持自己作为帝师的姿态呢?如何既能全身远害,又能对皇权持守"得道之人"的批判态度?这些问题引发的紧张态势是如此强烈,以至于刘泽华先生甚至诊断帝国士人患有"精神病"——源于他们难以调和自己作为社会(包括皇帝在内)的道德引导者,以及作为君主的"奴仆"的双重角色。[3]尽管这一表述可能过于严厉,但很好地概括了帝国知识分子的困境。他们不得不在自轻自贱之奴性的

---

[1]《论语·为政第二》,第十二章。
[2] 这些长期以来模式的变迁被杜家骥在《中国古代君臣之礼演变考论》中进行了总结;另参见刘泽华,《中国的王权主义》,263—279页;葛荃,《权力宰制理性》全文多处。
[3] 刘泽华,《中国的王权主义》,175—181页等处。

斯库拉（Scylla）和自我毁灭之傲慢的卡律布迪斯（Charybdis）之间游走。[1] 无数文人因为偏离中道而付出了惨重的代价。

诚然，并非所有文人都愿以牺牲仕途来批判皇帝。许多人默默妥协了，选择不去冒犯君主和上级；还有些人发展出了沉默抵制的"为官艺术"——既不公开批评，又不全然顺从。然而亦有人勇敢地直面君主。这些勇于直面君主者有两种主要选择以显示其道德优越：一是拒绝仕途，以抗议宫廷的限制与侮辱；二是留居朝廷，但公开批评君主及不正直的同僚。尽管这两类反抗者通常会被君主甚至其部分同僚所厌恶，但他们的激进立场对君主与臣僚间的权力平衡具有深远影响。这些人愿意牺牲自己的职业生涯，甚至生命，也要做诤臣，这重申了这些个体及由其推广开的整个士大夫阶层在道德上是优于君主的，是"道"的拥有者。因此，这些纯粹主义者其实是为文人的整体利益做出了贡献。

现在我们来讨论一下文人隐世（不出仕）的现象。这是个很复杂的现象，在帝国时代的前期，尤其是在公元二至七世纪尤为突出。多种哲学、宗教或个人因素影响着隐士。一些人受道家思想及后来的佛教熏染，刻意避仕，不仅摆脱了政务，而且摆脱了整个精英社会和文化惯例体系。另一些人（也是我在这里的主要关注对象）则认为退隐是一种权宜之计。他们效仿

---

[1] Scylla 和 Charybdis 是希腊神话中的怪物，住在海峡两边，在路过海峡时如果想逃脱 Scylla 的六张血盆大口，就会因为离 Charybdis 太近而被卷入旋涡。

孔子、孟子，因朝廷黑暗腐败而辞官，以证其道德之纯正。这种抗议很可能是有效的，因为世人都期望贤明的君主能够吸引最有价值和最有才华的俊秀为他效力，而大量的才俊隐退可能会让皇帝感到羞愧。因此，从汉末至唐初的动荡时代，不少君主都倾注了巨大的努力，让那些高尚的隐士重新入仕。[1]

隐逸文化其实是某种奇特心态的产物——认为每个有才能的人都应该入仕。它在一个相对明确的群体中兴盛，这些人由于出身、声誉或先前的行政经验而被期望应该入仕为官。而通过拒绝入仕，隐逸者展现出他们的正直，并成为令人钦佩和效仿的对象。虽然只有少数人会真正隐逸，但越来越多的文人表达了他们对隐居的钦羡，并通过诗歌、绘画，及其他艺术表达方式来赞美这一理想。许多统治者也表达了这种钦佩之情，他们礼贤下士，征召隐士入仕来为朝廷效力。奇怪的是，对于君主和朝臣来说，拒绝入仕为朝廷效力往往是该隐士适合入仕的最好证明。

对隐逸的着迷是一个人正直的最终体现，并由此引发了多种奇特的现象，或在朝官员效仿隐士风范，或出现"假隐"之风，即假装逃避仕途，其实只是欲擒故纵地试图提高自己在君主眼中的价值。君主必须仔细甄别真隐士和伪君子，后者"假

---

[1] 详见 Berkowitz（柏士隐），*Patterns of Disengagement*；Declerq（戴麟），*Writing against the State*。关于隐逸意识形态的背景，见 Vervoorn（文青云），*Men of the Cliffs*。

隐自名，以诡禄仕"，并将隐逸视为"仕途捷径"。[1] 真隐士如果顽固地违抗君主的征召，或有性命之忧；而伪君子如果反应过于殷勤，则可能会名誉扫地（有时也会有生命危险）。许多逸事中记载了君主能容忍隐士的冒犯，但却无情地惩罚那些不够纯粹的假隐士。[2]

官员（甚至皇帝）对隐士的敬仰持续到帝国时代的末期。在文化上，隐逸一直是一个备受推崇的理想，但是在政治上，自唐朝以来，隐逸作为一种抗议方式的重要性日渐式微。随着官僚队伍的社会基础扩大，科举考试取代推荐成为选拔官员的主要手段，能凭个人声望使其隐退足以引起君主注意者，愈发罕见。[3] 从那时起，对君主最大胆的攻击不再来自隐士，而是来自那些有作为或有抱负的朝廷官员——从太学生到小官员以及朝廷重臣。这些人当然想为国效力，但他们想以自己的方式

---

[1] 关于隐士的引文见《新唐书·隐逸第二百零几》，引自Wong（王国尧），"On the Reclusion"，148—149页。

[2] 为了证明这一点，可见下面的例子。樊英，虽最终应汉顺帝（125—144年在位）之召，但在朝廷中也表现得桀骜不驯。然而，汉顺帝"敬其（樊英）名"，即便樊英冒犯了他，顺帝还是以礼相待（《后汉书·方术列传上第八十二》，2723页）。相比之下，胡夏皇帝赫连勃勃（381—425年，407—425年在位）对一个著名隐士韦玄"恭惧过礼"的反应感到愤怒，就杀了他；参见Berkowitz（柏士隐），*Patterns of Disengagement*，134页。

[3] 这条规则的例外主要是出于对前朝的忠诚而隐居不仕，这在王朝更替时代有着深远的影响；如Mote（牟复礼）在"Confucian Eremitism"中所讨论的。

行事——不是作为君主的"器",而是作为其导师和道德引导者。他们为重新确立文人对皇权的影响力而进行的斗争充满了历史书,成了文人中真正的英雄。

阅读中国历史书的人,不能不对官员或准官员坚持不懈地对抗皇帝的意愿感到钦佩。或因谏官、监察官、太傅等职责而进谏,或超出职责范围而进谏;或婉言规劝,或直言无隐;或借天地祥瑞示警,或以经典智慧及"民意"发声——但每个人的言论都可能触怒皇帝。每个朝代都有殉道者,都有臣子因直言而遭监禁、罢黜、贬谪或其他羞辱性惩罚,虽免一死。尽管如此,惩罚似乎并未奏效,对皇权的批评贯穿了帝国两千多年的历史,即使在最冷酷无情的君主统治下,批评的声音也没有被消灭。

是什么原因导致朝廷官员甘冒大险一再批评君主?当然,从皇帝的军事或经济政策,到他的过度开支,再到他的宗教或礼仪政策等,许多实质性的问题都会引起大臣的不满。此外,皇帝的个人行为亦为大臣所诟病,因鲜有君主能达到儒家朝臣所定的严格道德标准。然而,除这些具体的执政和道德问题外,不难察觉——部分批评者是为了批评而批评,或者更准确地说,是为了重申他们在君主面前的道德优越性。这些以"道"的名义发言的批评者,在文人中广受欢迎,却招致某些君主指责其不过是"沽名钓誉"。[1]

---

[1] 明世宗所说之言,引自Chu(朱鸿林),"The Jiajing Emperor's Interaction",222页;参考Huang(黄仁宇),*1587*,223—225页。

激进的皇权批评者在玩一个危险的游戏，尽管其要承担的风险可能也是经过深思熟虑的。为了说明这一点，让我们来看看最著名的直谏的例子。1565年11月，一位中上层官员海瑞（卒于1587年）向明世宗（嘉靖帝）递交了一份奏疏。这份奏疏（《治安疏》）远远超出了皇帝可接受的劝谏范围，因为它并不集中讨论君主的某个单一过错，而是对他的行为进行了全面谴责。明世宗的罪过包括他作为父亲、丈夫和君主的失败。这位皇帝被描绘为"虚荣、残忍、自私、多疑和愚蠢……然而奏疏中最具有刺激性的一句话，还是：'天下人不直陛下久矣'，就是说普天下的官员百姓，很久以来就认为你是不正确的了"。[1]虽然奏疏末尾称年迈的皇帝若改过自新，仍可比肩古代圣主，然此语丝毫未减其严厉。

海瑞奏疏的对象是明世宗，他是明朝最无情、最反复无常、最专断的皇帝之一，在过去曾残酷地压制反对他的声音。[2]不出所料，明世宗的第一反应就是要火速逮捕冒犯者，并判处其"大不敬"罪。然而愤怒的皇帝惊讶地发现海瑞并没有试图逃跑，相反，他已经为不可避免的死刑做好了准备——道别了家人，甚至给自己买了一副棺材。那时，明世宗意识到他在此刻已不仅是代表着他自己，而是正在参与一场不仅是时人（当

---

[1] Huang（黄仁宇），*1587*，135页；有关海瑞生平，见130—155页。中文引自中华书局2006年版《万历十五年》（增订本），128页。
[2] 关于明世宗的生平，见Fisher, *The Chosen One*；盖杰民（Geiss），《剑桥中国史》第七卷中的"嘉靖时期"（The Chia-ching Reign）。

时有些人也不喜欢海瑞的过分清廉），而且还有后世共睹的历史剧。皇帝陷入了两难的困境，虽然他将海瑞下狱，但无法决定是惩罚他还是赦免他。这位以睚眦必报著称的君主，本来会毫不犹豫地因轻微的罪过而处死朝臣，却突然在一个想要殉道的中上层官员面前无能为力了。

到底是什么让海瑞有如此胆量，又让明世宗变得"心慈手软"？我认为答案在于文人舆论的力量，这种力量是通过可被称为"文人主导的话语"产生的。这种话语，通过由文人创作且为文人而作的大量文史哲作品，决定性地塑造了他们的思维方式。此外，它对皇帝也有相当大的影响。这些以文人为本的作品揭示了皇帝"圣明"的假象，强调了政治权威与道德权威之间的长期分立，赞扬了那些在面对反复无常的君主时仍守正不阿的志士。这些作品中所表达的历时性公共舆论（diachronic public opinion）成为异议者的精神源泉，并赋予他们冒犯皇帝的勇气。

通过大胆地攻击皇帝，异议者获得了真正"君子"的名声，这意味着他们不仅得到同时代人的钦佩，也赢得了后世的景仰。这种文人舆论的支持对异议者有两方面的关键作用。首先，可使其免于死刑，由于担心被认为是迫害"君子"的昏君，皇帝可能会尽量克制。明智的异议者深知，纵然难免仕途挫折、罢官、监禁乃至公开鞭刑，一旦君主欲与文人和解，示其宽宏，或新君即位，仍可复得召用。其次，即使在最坏的情况下，文人的钦佩也能使处斩变成异议者的真正胜利。这将确保他像一位儒家殉道者那样"不朽"（commemorative immortality"），在极重历史传统的中国社会中，这种不朽对于许多文人来说，其意义不亚于其他地方的宗教殉道者对天堂的梦想。[1]这些想要成为殉道者的人说过："身虽殒，名可垂于竹帛也"[2]，此语屡见于历代典籍，不应被当作纯粹的文学修辞而加以忽略。

基于上述讨论，我们可以注意到某种悖论的存在，一个激进的异议者在面对皇权时竟然处于有利地位，因为他的主要目标不是实现实质性的政治变革，而是维护自己的崇高声誉。然而，将海瑞及其同类大臣的殉道勇气曲解为只想在儒家殿堂留名的私心，未免失之偏颇。从更广泛的角度来看，这些人通过勇敢地反抗皇帝，显然是在为整个文人阶层谋利。通过在道德原则的名义下心甘情愿地殉道，他们重新确立了文人作为"道"唯一传承者的地位，从而否定了皇权在道德上的主导权。海瑞无法预知自己会不会被明世宗处死，但他很清楚，他的奏疏会破坏皇帝自认的圣君形象，而世宗恰恰很重视这一点。其他激进的批评者也追求类似的目标。通过打破君主不会有错的这个光环，他们重新确认了文人作为帝师的地位，决定性地改变了君主和官员之间的权力平衡，使之更有利于后者。

我们确实有理由称赞文人的勇气和他们对道的坚定不移，

---

[1] 关于"不朽"，参见Pines（尤锐），"To die for the Sanctity of the Name"。关于官员生前和殉道后名誉沉浮的例子，见Hammond（韩慕肯），*Pepper Mountain*。

[2]《三国演义》所引用关公的话（第76回，991页）。

但故事并没有到此为止。文人之道归根结底是君主制的道路，是以君主为中心的政体之道，因此它预设了对君主的最大忠诚，即使那个君主是被他们所痛斥的。文人固可批评和殉道，但绝不可全面蔑视君权。因此，在海瑞事件后的几十年里，所谓东林党的异议者被臭名昭著的太监魏忠贤（卒于1627年）所陷害，但他们仍然尽力平息因自己被捕而引发的民间动荡，尽管他们清楚地知道他们正在去往北京被处死的路上。他们在受尽百般折磨中忠贞地就义，他们勇敢地列数魏忠贤的罪行［实际上暗指明熹宗（1621—1627年在位）］，这些都确保了他们作为典范"君子"的身后名声。[1] 海瑞的事迹或许可以作为这一典范的另一例证。在监狱里被关了数月后，"有一天，狱中忽然设酒肴相待。海瑞以为这是临死前的最后一餐，他神色不变，饮食如常。提牢主事悄悄告诉他，皇帝业已升遐，新君不日即位，你老先生乃是忠臣，一定会得到重用，海瑞听罢，立刻放声号哭；号哭之余，继以呕吐"。[2]

或有人嘲讽海瑞的哭泣，视东林成员的殉道为文人在历史舞台上的刻意表演，但我认为这些行为虽然有些夸张，却也确实反映了一些人的真情实感。中国的文人（即使是最有批判精神的文人），也坚定地信奉以君主为中心的社会秩序。即使当朱熹（1130—1200年）和其他的道学代表人物试图在为皇权服

---

[1] 详见 Dardess（窦德士），*Blood and History*；参见 Wakeman（魏斐德），"The Price of Autonomy"。
[2] Huang（黄仁宇），*1587*，136页（中文引自《万历十五年》，第129页）。

务之外寻找另一条实现自我的道路时（见第四章），他们仍期待着未来明君的知遇，终得实践其"道"。所有的重要知识分子都对贤主充满渴望，包括曾经否认自上古的尧舜以后具有任何圣君的朱熹，以及曾经宣称"为天下之大害者，君而已矣"[1]的黄宗羲。这堪称中国知识分子的共同信念。

这种现象展示出中国殉道者的悲剧性。不同于别国的宗教殉道者（其超验信仰导致他们挑战世俗权威），儒家殉道者的行为恰恰是出于对他们所反抗的同一位君主的赤诚忠心。即使在经历了两千多年的挫折和悲剧之后，这些对个别皇帝洞若观火的批评者仍然坚定不移地致力于维护君权制度，并认为这是唯一可以实现他们道德愿景的政治制度。海瑞为一个自己认为无能的皇帝之死而伤心哭泣，恰恰体现了知识分子对皇权的矛盾深情。这种忠于君与忠于道之间的张力，始终主导着中国知识分子的生命历程，直到帝制终结。

小结：士大夫与帝国长久

到目前为止，我的讨论集中在文人与皇权之间的复杂互动上，主要是从志向高远的知识分子角度来分析的。我们已经看到，他们对皇权的自愿依附是一把双刃剑，既使其阶层成为君

---

[1] 关于朱熹对君主的观点，见 Huang（黄俊杰），"Imperial Rulership"；关于他对明主的追求，见余英时，《朱熹的历史世界》，13—15页及他处。关于黄宗羲，见 de Bary（狄百瑞），*Waiting for the Dawn*，92页。

主倚重之臣，又令世代文人饱尝挫折与苦痛。以下将进一步探讨知识分子的政治承诺如何影响帝国之治理与长存。

在两千多年的时间里，士大夫阶层主导着帝国的政治、意识形态和文化领域，这是中国文明所特有的现象。精神权威与政治权威的二元化，在世界其他政治文化中是比较常见的（如中世纪欧洲贵族与神职人员、穆斯林世界的贵族与穆斯林学者、印度世界的刹帝利和婆罗门等），而中国则自成一格。其文化价值的缔造者同为其政治领袖，共担国家安危。尽管并非所有的知识分子都会成为官员，也并非所有官员都是知识分子，但兼具这两种角色的人最终得以保持其双重（政治与文化）霸权地位。这种情况自帝国建立之初便成为其社会政治结构的主要特征之一。这两种权力集于同一阶层，遂成就帝国稳固的重要根基。[1]

知识分子的政治承诺对帝国的运作产生了几项积极影响。首先，它为政权提供了一批训练有素的官吏，他们从小就开始学习如何进行行政管理的必要技能。即使他们受到的训练在今天的许多人看来（就像在许多帝国时代文人看来那样），过于书卷气和学究气，但它还是为朝廷提供了一大批真正有能力的人，其中许多人在应对国内外各种挑战时表现得异常足智多谋。尽管帝国培养和选拔官吏的制度存在着种种缺陷，但却产生了无数官吏，他们的能力和对公共利益的奉献精神是不可否

---

[1] 这一观点在艾森施塔特的文章中被强有力地证明，见"Frederic Wakeman's Oeuvre"。

认的。虽然很难将中国地方官员的表现与其他大帝国的地方官员进行系统比较，但与大多数古代政体相比，中华帝国似乎由更专业、更有责任感的官员管理着。

其次，文人在官场的主导地位在一定程度上有助于朝廷秩序的维持。尽管他们偶尔会出现分歧、派系纷争和内部分裂，但文人普遍倾向于以"文明"的方式来解决这些分歧，即通过相互弹劾或诉诸法律手段，而不是像许多朝廷武官或部落首领那样倾向于用刀枪解决问题。这类政争固然有时危害甚巨，如在北宋末年和明末由派系斗争导致的朝廷政治瘫痪都加速了王朝的覆灭，但鲜有完全失控的情况。总的来说，士大夫的文化认同似乎更有助于化解分歧，而不是激化矛盾。[1]

再次，文人在抑制君主骄奢淫逸方面发挥了重要的政治作用。他们始终坚持批评皇帝和向皇帝进谏，即使效果不明显，也有助于缓和君主的暴行。更重要的是，他们的批评本出于忠君之心，故不致危及政治安定。即使是最愤愤不平的文人也不会轻易造反，这一点使得他们比皇帝的其他仆从（如武将或皇室亲属）更显可靠。正因如此，相比其他臣属的规劝，皇帝往往更愿听从文人的进谏。因而，文人的专业性、政治上的可预测性和忠诚性结合在一起，使其成为大多数帝王选官的首要对象。

除上述直接利益之外，知识分子对帝国的依附以及士大夫阶层的形成，对帝国的稳定产生了更为深远的影响。文人以共

---

[1] 一个明显的反例，见 Levine（李瑞），*Divided by a Common Language*。

同的教育背景和共同的价值观，成就国家文化统一之基，使其在种种艰难环境下得以长存。文人秉持入仕之志，即便是最不堪的朝廷——无论是农民起义者所建、军阀所篡，还是异族征服者所立的政权，都前仆后继。在这些朝廷中，文人常常不得不接受卑微的地位，硬着头皮与亡命之徒、军阀和异族部落成员共处，并且还要遭到其他文人中纯粹主义者的嘲笑，因为后者绝不会为一个"肮脏"的政权服务。面对这些困难，"合作派"文人仍然不断推动新政权进行调整，使其适合于中国政治文化的基本前提。正是由于乐于入仕，文人才能为社会阶层或民族层面的"外来"政权最终实现"文化同化"（acculturation）做出决定性的贡献。

最后，文人作为国家的文化传统承担者和政治领袖的双重角色，极大地提高了帝制的文化威望，并强化了帝国政治体系在其臣民心中历经两千多年的霸权地位。知识分子是帝国的建筑师和守护者，他们为帝国提供了无与伦比的文化合法性。即使是在危急和混乱的时候，在帝国政体的基础似乎要被不可逆转地摧毁的时候，人们仍未曾设想帝制之外的其他可能。只要主导民意的阶层仍然坚定地忠于帝制政体，这一制度就能够经受住任何国内外的挑战，并且能够在经历最悲惨的混乱和解体时代之后"复活"。也正因为如此，帝国在二十世纪初的终结可能并非偶然，它源于昔日智识共识的破裂。一旦被其天然而自发的保护者抛弃，帝国旋即崩塌，这种迅速的灭亡证明了帝国在整个历史上主要是一个智识建构，而不仅仅是一个社会政治建构；其绵延两千余年，实赖历代知识分子的经营。

第四章　地方精英

> 为政不难，不得罪于巨室。巨室之所慕，一国慕之；一国之所慕，天下慕之；故沛然德教溢乎四海。
>
> ——《孟子·离娄上》

题记中所引用的孟子言论在当时显得有些不合时宜（anachronism）。它假设存在着一个社会和文化上强大的精英阶层，而当权者必须依靠其影响以顺遂治理。这类精英阶层确实存在于春秋时期，但到了孟子时代（公元前四世纪），它正在消失，被日益强大的战国官僚体系所淹没。然而，尽管看起来有悖于历史的发展，孟子的观点可以被看作一种预言——在其死后几个世纪内，"巨室"的势力确实得到了复兴，并在社会政治动态中发挥了关键作用，其影响绵延至帝制末期，止于民国。

在本章及随后的章节中，我的讨论将从帝国的中央转到地方，从中国社会政治金字塔的顶层转向中下层。在中国远离京城的地方，也像在许多其他古代政体中一样，强大的地方精英掌握着相当的社会、经济、文化，有时甚至是政治和军事权力，他们充当官员和普通百姓之间的中介。此辈既制衡地方官府的权力，有时更与朝廷官僚关系紧张。然而，尽管存在这种紧张关系和偶尔的利益冲突，朝廷官员和地方精英还是逐渐实现了合作乃至互补。通过各种手段，从拉拢（cooptation）和"教化"，到威慑和偶尔压制，官僚机构成功地与地方社会权力的掌握者之间保持了一种紧张但相对高效的共存模式。回顾历史，中华帝国的主要成就之一就是将地方精英阶层从潜在的竞争对手变成了其代理人和政治秩序的可靠守护者。这个成功固然有代价，那就是地方精英阶层和官僚机构之间的张力贯穿帝国始终。然而，这一阶层对帝国政治体制延续的总体贡献，尤其是在帝国后期，是不可抹杀的。[1]

在拉拢地方精英的多种方式中，特别是宋代以后，科举考试被公认为最重要的手段之一。前辈学者常常将地方精英与科举考试的学位持有者等同起来，但最近的研究表明，这种识别不够准确。在不同时代和地区，财富、家世、军事实力以及宗教影响、技术专长等因素往往比科举功名更能奠定地方权势。[2]然而，本章将主要关注那些与政府机构有联系的地方精英成员，这种联系或通过科举制度建立，或在更早时通过察举制形

---

[1] 近几十年来，有见地的研究讨论了中国地方精英阶层的性质及其与官僚体系的互动。尤其参见三本论文集：Dien（丁爱博）所主编关于帝国早期，*State and Society*；Hymes（韩明士）和 Schirokauer（谢康伦）所主编关于宋朝，*Ordering the World*；Rankin（冉玫铄）和 Esherick（周锡瑞）所主编关于帝国后期，*Chinese Local Elites*。关于专著，见下文所列的参考资料。

[2] 关于前辈研究成果的评述，参见 Esherick（周锡瑞）和 Rankin（冉玫铄），"Introduction"及"Concluding Remarks"。

成，或经由家族关系等其他途径获得。这些富有且受过良好教育的地主为帝国提供了充足的人才储备，上一章讨论的士大夫就是从他们之中脱颖而出的。而在整个帝国时代，这些人作为地方精英阶层的核心，其生活方式和价值观为其他精英成员所效仿。这个由地方精英组成的核心群体，决定性地塑造了整个帝国历史中国家与精英的互动模式。

在下文，我将首先概述地方精英阶层的特征及其与国家的关系在先秦、早期帝国和晚期帝国时期的演变。通过分析这些地方精英与官僚机构之间建立起可行关系的漫长而痛苦的过程，可见帝国花了整整一千年的时间来学习如何利用地方精英为自己的统治服务。即便如此，正如我们将看到的，社会权力掌控者和行政权力掌控者之间的紧张关系仍然非常明显，他们之间交替出现的合作与竞争构成了帝国时代的大部分政治动态。[1]

从贵族国家到官僚国家

魏特夫在其影响深远的研究中，将中国描述为长期处于一

---

[1] "精英"（elite）一词在当代英文学术文献中常用来指代中国历史上不同时期的不同社会群体。这些群体在史料中有其特定称谓：如春秋时代的卿大夫、战国时代的士人、汉代的豪族、汉末至唐代的士族（世家、巨室、门阀等），以及后代常用的士大夫、绅士、士绅等。为行文方便，我在本章统一称他们为"地方精英"，仅在必要时使用其历史原有称谓。

个全能的农业管理型（agro-managerial）官僚机构统治之下。[1]魏特夫对整个中华帝国历史的评价的准确性尚值得商榷，但无论如何，他对中华文明形成时期（商周时代）的评价显然是完全错误的。直到战国时期，中华文明才出现了一种类似于"魏特夫模式"的积极干预性的国家状态。之前，尤其是在贵族掌权的春秋时期，政治结构非常松散。彼时政体不过是世袭贵族（卿大夫）在微弱君权约束下治理的各个聚落所构成的等级体系。卿大夫（作为早期的地方精英）不仅在诸侯与平民之间进行调解，而且在相当程度上就是当地（其采邑）的独立掌权者。他们逐渐拥有对自己所属采邑的物力和人力的全面支配权，摆脱了君主的控制，从而导致了在前文第一、二章中所提到的那个时代的系统性危机。这是中国政治体系首次与强大的地方精英相互碰撞，其灾难性的结局在后世引发了对向地方权贵下放国家权力的长期戒惧。在接下来的几个世纪里，大势转向更有效控制社会的中央集权，同时大幅削弱贵族精英的权力。

公元前五至前四世纪的改革催生了战国体制，它代表着一种完全不同的统治模式。为控制分裂势力，统治者推动中央集权化进程，使日益自信和强大的官僚机构深入到社会各个阶层。此时的国家政权既不容许独立的权力中心存在，也不允许任何人游离于其直接控制之外。朝廷不仅管理其臣民的经济生活，还进行户口登记并严密监督臣民的行动，并经常征募他们

---

[1] Wittfogel（魏特夫），*Oriental Despotism*。

从事各种劳役和兵役。国家的机关渗透到整个社会,如同现代欧洲国家一样,用霍布斯鲍姆(Eric Hobsbawm)的话来说,"深入到最微小村庄的最卑微居民"[1]。政府机构本身变得越来越中央集权,管制得更加严格,逐步消除了地方权贵曾经享有的自主权。随着绝大多数前贵族精英被吸纳到国家官僚机构中,作为官员和下层民众间的调解者,强大的独立团体便已不在。

战国诸强中,没有哪个国家的官僚革命像秦国那样彻底和成功,而秦最终建立了中国第一个统一的帝制王朝。秦国的官僚逻辑似乎是将精英群体——从公族到里正——完全吸纳到不断扩张的国家机构中,或者至少使其归入国家控制的等级体系。对于秦国崛起至关重要的改革措施之一是以新的军功爵制取代原先的世袭贵族制。在这种新制度下,爵位是根据功绩授予的,除极少数情况外,爵位都是递降袭爵,而非世袭罔替。自此,国家拥有关于个人地位及与此挂钩的经济、社会和法律特权的垄断性决定权。这实质上消除了具有自治权的精英群体的生存基础。尽管秦国是否完全实现了个人爵位、财富和社会权力的统一,尚存疑问,但其统治者想打造这种统一等级制度的愿望表明了他们非凡的自信和对自主权力中心的强烈反感。从目前已知的传世和出土文献看,秦国确实坚定地追求建立魏

---

[1] Hobsbawm, *Nations and Nationalism*, 80页。

特夫所描绘的那种"全权"（total power）体制。[1]

我们目前对于战国时代其他国家社会政治结构细节的了解还很有限，但其发展轨迹似乎与秦国并没有太大差别；不过，在这些国家新的政权塑造出来的精英可能并没有彻底地取代世袭贵族。在这些国家中，是否存在过能够有效制衡政府权力的独立的社会经济精英群体，尚未可知。当时土地难以自由买卖，且国家严控新兴工商业，使得个人无法在国家设定的社会政治等级之外独立积累财富；战国时期绝大多数富人都是国家允许其积累财富的人。因此，虽然在前一章我们讨论了士阶层在知识和职业上可以独立于个别掌权者，但从经济上讲，他们仍然要依赖于君主及其机构。由于缺乏独立的财富来源，先秦时代的士人在地方社会中并没有起到明显的作用，这与他们在帝国时期的继承者形成鲜明的对比。下层地方精英确实存在着，以里正、父老为代表，但即使是这些人，也越来越多地被纳入不断扩大的国家机器之中——在秦国是这样，在其他地方可能也

---

[1] 关于秦国的具体政策，参见 Pines（尤锐）等，"General Introduction"。尤其值得注意的是，秦国"变法"派的代表性作品——《商君书》，展现出对自主精英分子极为消极的态度。作者们认为"不作而食，不战而荣，无爵而尊，无禄而富，无官而长，此之谓奸民"（《商君书·画策地十八》第六章）。大意是：如果个人的经济（"食""富"）、社会（"荣""尊"）和政治（"长"）地位都是由自己的社会资本决定而不是由国家来决定的，那这个人就属于"奸民"，应该被打压。详见 Pines（尤锐），*The Book of Lord Shang*，67—70 页。

有类似情况。[1]

值得注意的是，在中国政治思想和政治文化的的成型阶段，本土并无强大的独立精英存在，这是非常重要的，这一现象解释了为何先秦思想家——除题记所引孟子之言等零星论述外——既未曾探讨国家与"巨室"的关系，也未能为帝国建设者提供关于精英应扮演的社会角色的指导，更未能就官员与地方精英之间的恰当关系提供具体办法。这种无意的疏忽或许可以解释为何在帝国统一之后，强大的地方精英阶层的重新出现会使统治者感到惊讶，以及为何经过许多世纪之后，帝国的文人才能够真正建立起可行的国家与精英关系模式。

帝国贵族的兴衰

于公元前221年统一中国的秦始皇，继承了中国历史上堪称毛泽东时代之前最有效、最强大的官僚体制。统一之后，他理所当然地试图将秦国的法规及其社会政治制度扩展到全部新统一的国土上。正如最近从一些极为偏远的秦地出土的材料所表明的，秦始皇的努力可能相当成功（见第一章）。然而，对广

---

[1] 关于先秦时期国家的社会经济功能，参见刘泽华，《中国的王权主义》，19—42页。关于士人对掌权者的经济依赖，参见Pines（尤锐），*Envisioning Eternal Empire*，136—140页。关于里正、父老在先秦和早期帝国社会中的角色，以及秦朝试图将他们纳入其行政机构的尝试，参见Perelomov（Переломов，嵇辽拉），*Империя Цинь*中的深刻分析；亦参考卜宪群《从简牍看秦代乡里的吏员设置与行政功能》。

阔的领土和空前的人口进行国家官僚机构的直接控制是一项极其昂贵的事业——要任用大批官、吏、史、邮差、走卒等人员，并要让信息在广阔的疆域之内持续流通——所有这些，再加上大量的兵役、徭役，很快就耗尽了帝国的资源，直接导致了民众起义及秦朝的速亡。[1]历经公元前209至前202年的血腥内战而建立的汉朝，深鉴秦之覆辙，认识到对地方实行直接控制虽可行于一时，却难以持久，故而采取一定程度上更为宽松的政治模式是必要的。

汉初对秦朝制度的改革是一个漫长的过程，其细节至今仍有不明之处。汉朝沿袭了秦朝的大部分政治结构和法律体系，但西汉初年的数代统治者似乎并不愿意充分运用其国家权力。他们放松了对民众的控制，停止了大规模的兵役、徭役，让经济得到自然发展，而所有这些都为民众带来了急需的喘息机会。[2]但这一政策也有副作用，即地方精英得以重新崛起，成为强大的经济、社会和政治参与者。

汉初独立精英的重现，可能与汉朝统治者有意取代秦制并采取"无为而治"的政策直接相关。特别是汉初，朝廷允许私商在利润丰厚的盐铁生产中代替国家的角色，允许私人铸造钱币，并对豪族的土地积累视而不见。而最后这一点在新生的土地买卖市场形成时代尤为重要，因为它允许大田庄的形成，而且其规模不再与所有者在国家等级制度中的地位直接相关。渐

---

[1] 见Tong（唐俊峰），*State Power*；Shelach，"Collapse"。
[2] 详见Loewe（鲁惟一），"The Former Han Dynasty"，110—153页。

渐地就出现了一个新的社会群体，即所谓的豪杰，就是大地主或巨商，这些人成为地方经济和社会的领袖。最初，这些人可能大部分都在汉朝的官僚体系之外，而这个体系的上层由开国君主——刘邦的同僚及其后代勋贵所组成。然而，豪杰仍有可能跻身低级官职。经过几代人，他们成为所在地方官员无法忽视的一股强大势力。[1]

汉武帝重新集权和领土扩张的举措很快就让他与被其觊觎财富的豪族之间发生了冲突。武帝初期的许多举措都带有明显的胁迫性，如惩治逃税，以罪名构陷而没收私产，以及由所谓酷吏对富豪们进行恫吓等。更重要的是那些旨在减少富豪们经济获利空间的措施，如重新采用盐铁官营，以及其他扩展国家机构经济活动的举措。[2] 不过，在打击地方富豪的同时，武帝也给他们打开了一扇窗——如上一章所述，他是首位尝试察举制的君主，这为地方精英阶层开辟了进入中央行政机关的晋升途径。此后，凡遵循国家认可之行为准则（如儒家倡导的"孝廉"）的地方精英家族成员，或精通官方认定的经典（即所谓的儒经）者，皆可被提拔为中高级官员。这成为国家与地方精英之间长达两千年之联盟的开始。武帝所做的决定，即不压制地方精英阶层，而是对其加以吸纳和利用，并使其成为国家机器的辅助者，这一基本政策方针在整个汉朝及其后一

---

[1] 见Mao Han-kuang（毛汉光），"The Evolution"中的讨论；崔向东，《汉代豪族研究》。
[2] 司马迁在《史记·平准书第三十》中总结了这些政策。

直保存下来。

汉武帝的措施有立竿见影的效果，许多豪族积极响应，他们的家属越来越多地进入政府机关。然而，正如朝廷在武帝死后不久所认识到的，将地方精英纳入帝国官僚机构的做法是一把双刃剑。那些来自地方豪族的新官员成为国家的"有为"经济政策的坚定反对者，他们主张改变武帝时期类似秦朝的政策，转而实行在他们眼中类似周朝早期的政策——即不干预且更为宽松的"仁政"。[1] 早在公元前81年，在关于铁盐是否由朝廷专营的辩论（盐铁之议）中，这种分歧已昭然若揭。新升任的郡县"贤良"与"文学"结成联盟，力主削减国家专营范围，反对朝廷独断经济政策。[2] 这些文人在朝廷中越占据主导地位，朝廷就越不支持武帝式的集权和扩张政策。

地方精英及其在政府中的代表的势力不断增加，在理想主义改革者和篡位者王莽（9—23年在位）统治期间变得尤为突出。当王莽试图效仿武帝的"有为"政策时，遭到豪族的强烈不满，并在持不同政见官员的破坏下惨遭失败。最激烈的反对意见是针对其废除土地买卖和限制大规模田庄的尝试，因为这些措施一旦实施，将直接损害豪族的利益。[3] 越来越明显的是，国家机构不再代表与精英相对立的朝廷的利益，而是偏向精英。在这一尝试之后，只有少数异常强大和意志坚定的君主

---

[1] 详见 Loewe（鲁惟一），*Crisis and Conflict*。
[2] 见《盐铁论》中的许多篇章以及 Polnarov, "Looking beyond Dichotomies"。
[3] 为王莽统治进行辩护的观点，参见 Bielenstein（毕汉斯），"Wang Mang"。

能够扭转局势，利用政府机构对抗精英，但对于大多数君主来说，这已不再是一个选项。

导致王莽的新朝覆灭的一系列叛乱和内战也显示出地方精英地位的不断上升。在众多叛乱和效忠的群体中，最引人注目的是由地方精英领导的私兵（由其宗族、党羽等组织的），其出现标志着地方精英阶层已不仅是经济势力，而且是重要的军事势力。公元25年东汉之所以能够复辟成功，正是因为光武帝（25—57年在位）利用了这些私人起兵的武装，而这又进一步加强了皇权对豪族的依赖。皇权的回报是逐渐放弃经济方面的"有为"举措，如放弃对盐铁的国家垄断专卖权等，且允许庄园经济迅猛发展。在政治上，朝廷也变得不那么独断了，对人口的严密控制有所放松，征兵制度被废除，之前官僚体系的积极干预主义也被更为宽松的政策所取代。这反过来又加深了官员对豪族合作的依赖。[1]

随着时间的推移，朝廷与地方精英之间的权力平衡明显倾向于后者。由于精英成员牢牢掌握着官僚机构，他们可以利用自己的职权来促进其家族的经济利益。尤其是汉朝偏颇的税收制度使大庄园而非小农获益。在政府税赋的重压下，农民更倾向于将土地转让给豪族并成为其佃户，虽然地位降低了，但更有利于生计。最终，经济和社会重心从朝廷和官僚系统转移到

---

[1] 参见Ebrey（伊佩霞），"The Economic and Social History of Later Han"；关于汉朝废除了征兵制，参见Lewis（陆威仪），"The Han Abolition"。

了地方豪族和庄园。[1]尽管有许多杰出的政治家和思想家意识到了这种发展是危险的,并建议限制庄园的规模,但统治阶层总体上对此并不关心。到汉朝末期,当民众造反和军事暴动导致朝廷统治瓦解时,拥有庞大庄园及由忠诚佃户所组成的武装的地方豪族(士族)就成为唯一不可忽视的社会政治势力。

东汉(25—220年)末年出现的另一重大发展也加强了地方精英的力量。此即官僚系统中产生的新制度——"九品中正制",凭此定夺个人地位。"九品"中的品级是根据某人在其地方的声望来决定的,实际上反映了地方精英家族的意见。这意味着强大的家族形成了相互推荐的网络,能够有效阻止"外人"加入国家精英层。[2]实际上,这导致了世袭贵族的重新出现,他们的财富、社会地位和权力相结合,完全盖过了皇权。朝廷任人唯贤的原则虽并未被抛弃,但被大大削弱了。在皇权弱化之际,君主们已无法重新夺回主动权并遏制贵族的特权。特别是在晋朝(265—420年)及其继代南朝(到589年为止执政),皇权的力量下滑至最低点。这个时代因其文化繁荣而广

---

[1] 参见Ebrey(伊佩霞),"The Economic and Social History of Later Han"。关于汉朝的税收制度有利于庄园发展,参见Mao Han-kuang(毛汉光),"The Evolution",74—75页。
[2] 关于这项新制度的作用,参见Graffin(葛涤风),"Reinventing China",145—155页。

为人知，但在政治上，堪与春秋时期的系统性危机比肩。[1]

从汉初到南朝，皇权的逐渐衰弱证明了过度依赖地方精英的危险。朝廷虽然保留了象征性的权力，但未能约束精英们，因为他们同时掌控着地方社会和官僚机构。在此背景下，皇权的复兴来自北方王朝，即由游牧和半游牧征服者建立的政权，绝非偶然。北方王朝带来了新的部落贵族阶层，并使其凌驾于本土的汉族贵族之上。北朝的一些皇帝能够成功周旋于这两个群体之间。他们中的北魏孝文帝成功推行"均田制"，而这无疑是中华帝国在中世纪最重要的改革（见第二章）。一个世纪之后，北魏的继承者西魏和北周王朝发起了军事改革（建立所谓的"府兵制"），为皇权提供了强大而忠诚的军事力量。[2]最后，在公元589年帝国重新统一后，隋朝皇帝废除了"九品中正制"，皇权重新成为精英成员地位和权力的终极来源。上述三个发展相辅相成，标志着中央集权国家在历经数个世纪的权力下放后终于得以复兴。

唐朝（618—907年）作为中国贵族时代的顶峰，其国力无论在国内还是国际上都远胜汉朝以来诸朝。其成功在很大程度上源于唐朝皇帝既能够吸纳贵族精英，又避免了东汉以降诸朝之弊——将皇权让渡给贵族。唐朝采用的较为复杂的选拔和晋

---

[1] 关于南朝当时所面临的系统性困境的各方面问题，参见Holcombe（何天爵），*In the Shadow*，34—72页；Graff（葛德威），*Medieval Chinese Warfare*，76—96页；Crowell（孔为廉），"Northern Émigrés"。

[2] 关于均田制，参见王仲荦，《魏晋南北朝史》，522—538页；关于府兵制，参见Graff（葛德威），*Medieval Chinese Warfare*，109—111页。

升制度（科举制）虽然旨在有利于贵族（士族），但既未允许他们垄断权力，又维持了朝廷作为社会声望最终来源的角色。[1]同时，由于唐朝早期君主保留了均田制和府兵制，防止了把经济和军事权力下放给贵族。表面上，在经历了八个世纪的帝国统治之后，朝廷和贵族精英似乎终于找到了一个可持续的共存方式，然而事实并非如此。

唐朝时期出现了一个特殊现象。地方贵族（士族）成员在获得政治优势后，逐渐将其活动重心转移到了帝都洛阳和长安，而越来越脱离了他们在地方的权力基础。随着这些家族（或者更准确地说，迁往首都的这些家族成员）成为帝国中心的超级精英，新的地方精英开始在各地出现。这些新精英虽然未能在权力高层取代既定的士族，但在唐朝中期爆发的安史之乱（755—762年）之后（见第一章），他们通过地方官府机构中激增的入仕机会来寻求发展。从王朝的角度看，这是一个非常负面的发展。朝廷过于依赖与旧贵族的长远共生关系，未能吸纳这些新兴精英，而这些新兴精英较士族更少维护皇朝利益。缺乏新兴精英的支持，朝廷对地方的控制削弱了，地方军事势力（藩镇）的实力得到了加强，最终加速了唐朝的灭亡。[2]

我们可以将帝国的第一个千年概括为一个漫长的试错时代。在此期间，帝国的统治者不断寻求与地方精英权力相协调。

---

[1] 关于唐朝科举制度，参见 Herbert（何汉心），*Examine the Honest*。
[2] 参见 Johnson（姜士彬），*The Medieval Chinese Oligarchy*；Bol（包弼德），*This Culture*，36—48页；Tackett（谭凯），"Great Clansmen"。

在社会绝对官僚化的背景下消除独立精英的做法，如秦国的尝试，在财务上成为难以承受的负担；而效仿早期汉朝式的放任政策，则导致国家权力逐渐衰微。而在汉武帝改革之后大举吸纳精英却导致了官僚机构被精英把持，结果造成政治机关的贵族化，不仅损失了之前的效率，而且从长远看，政治机关变成贵族而不是皇朝的工具。唐朝的模式无疑是最成功的，但朝廷与士族的联盟又阻碍了它及时吸纳新兴精英，并导致唐朝在九世纪末的部分衰败。

对于士族来说，他们与唐朝的联盟从长远来看亦酿成灾祸。由于过于专注于维持在帝国中心的权力，大多数士族放弃了他们的地方权力基础，未能在王朝的覆灭中存活下来。随着唐朝在十世纪初的崩溃，旧贵族也随之消失，遂为新兴精英的崛起铺平了道路。[1]这些新兴士人重新定义了精英与皇权的关系；他们的成功对于中华帝国在第二个千年的政治稳定产生了决定性的影响。

宋朝：从王安石"新法"到精英的"自发精神"

唐宋交替被普遍视为中国历史上帝国前期和后期的关键分界点，而精英阶层的组成和运作的变化则被认为是这一分界的

---

[1] 唐宋年间加速旧贵族寡头政治消亡、改变精英阶层构成之过程的确切性质，至今仍有争议。关于最近重新解决这一问题的尝试，参见Tackett（谭凯），"The Transformation"。

主要特征之一。当唐朝因内乱而崩溃，旧贵族也随之消亡，其灭亡为不同群体的崛起开辟了道路。新兴的精英群体是多元的，包括军阀、大地主、富商以及风雅却清贫的文人。在这种开放的形势下，宋朝的开国皇帝决定全然倚重文人作为皇权的主要盟友，这一决定显得格外重要。皇帝不仅任命文人担任最高和最有声望的职位，而且大幅修改了科举制度，以增强其公开性和公平性，使其成为跻身官场的主要途径。[1]科举制虽直至十五世纪初仍多有波折，然在北宋已首次确立了其界定精英地位的关键作用。

科举制度成为影响帝国后期社会动态的最重要因素。与流传甚广的看法相反，科举最重要的功能并非提升社会流动性。事实上，财富，特别是土地所有权，仍然是获得精英地位的必要条件。然而，正如许多商人深知的，仅靠财富并不足以维持个人的地位，更不用说将其传承给后人了。正是在这方面，科举考试变得格外重要。尽管只有极少数参加科举考试的人可以期望金榜题名并获得官位，但即使是一个低级学位，有时甚至仅是贡生身份，也能获得巨大的声望及多方面的经济和法律特权。更重要的是，即使只是一次童生考试中式，便可使人跻身广义的文人之列，从而被视为潜在的官员。此身份既可直接与地方官员交往，又可避免无谓的讼累与胥吏之欺凌，并使他有资格担任乡亲与地方官员之间的调解者。因此，参加科举考试成为精英成员及有志于成为精英的人的必然选择。

---

[1] 参见Bol（包弼德），*This Culture*，48—58页。

除广泛的社会影响之外，科举制对帝国的政治和文化也产生了深远影响。从宋朝开始，科举考试的相对公平意味着任何精英男性（名义上是除几个受到歧视阶层之外的所有男性）都可以期待自己或后代有踏入仕途的机会。这种期待使得整个精英阶层较之贵族时代与朝廷结成更为密切的关系。而且，科举文化在地方精英生活中的蔓延扩散，意味着从此以后他们的文人身份更加突出。科举考试确保了在全国范围内的文人之间存在着一定程度上的文化和思想凝聚力（尽管未必一致），并增强了他们对自己属于"全国"（即帝国统治范围内）而不仅仅属于某区域的精英群体的归属感。此后，地方精英不仅成为较前更具分量的政治力量，更在文化、社会、政治诸方面展现出更强的稳定性与凝聚力。[1]

科举制度的深远影响，早在宋朝的第一个世纪便开始显现。随着经济的快速增长，财富人群的数量增加，印刷术的普及又降低了学习的成本，因而投身科举考试的人更多了；从北宋初到南宋，每届科举考生人数从几十人增加到数十万人。此外，教育设施的同步扩展进一步推动了与科举紧密相关的所谓儒家思想和价值观的传播。上述发展都导致了新型地方精英的形成——这个新精英群体更为广泛、思想凝聚力更强，而其社会政治地位的获得更多依赖皇权，在政治上也比之前的精英要

---

[1] 关于科举制的各个方面及其文化影响，参见Elman（艾尔曼），*A Cultural History*；亦见Chafee（贾志扬），*The Thorny Gates*。

更为活跃。[1]

  精英群体的更替及其对国家政治的深度参与，或许可以解释宋代，尤其是北宋时期的思想兴盛现象。至少在政治思想方面，这一时期比之前或之后的任何王朝拥有更多的创新成果。当时的思想家和政治家重新探讨了国家与社会之间的关系、地方精英在帝国秩序中角色等相关问题。这一话题在战国时期并没有出现在政治话语中，因为独立的精英并未在战国社会中扮演重要角色，中华帝国早期的思想家也没有对此进行系统的讨论。因此，宋朝政治家和思想家的观点，以及他们提出的关于国家与精英关系的建议，对中华帝国后期发展轨迹具有深远的影响。[2] 在下文，我将重点关注两个重要案例，即著名改革家王安石所倡导的较为激进的国家主义，以及以朱熹为首的所谓道学家（Neo-Confucians）提出的独特"乡村自治"[community-oriented，更准确地可以称为"精英自治"(elite-oriented)]理念。前者的最终失败，导致了后者观点的崛起（尽管并非立竿见影），而后一观点及其实践深刻地影响了帝国后期的历史。尤其是朱熹所倡导的理念，被包弼德（Peter Bol）称为文人的"自愿精神"（或"志愿精神"，voluntarism，即由道德动机驱动文人发起以乡村为导向的志愿行动）[3]，可以说是

---

[1] 参见 Chafee（贾志扬），*The Thorny Gates*；Bol（包弼德），*This Culture*，48—58页及148页后。

[2] 关于宋代的思想潮流，参见 Hymes（韩明士）和 Schirokauer（谢康伦），*Ordering the World*。

[3] Bol（包弼德），*Neo-Confucianism*，218—269页。

道学对中国政治文化最重要的贡献。

王安石的思想是道德理想主义和实用主义的奇特结合，通过财富再分配以寻求社会公正，同时期望通过蓬勃发展经济来增加朝廷收入。他于1068年推出的"新法"在大概六十年间深刻影响了中国的社会政治格局，成为中华帝国历史上最大胆的政治实验。王安石发起了国家政治机构的全面改革，使之能够妥善应对新的人口压力和商业化的影响；同时也希望振兴的国家机构能将集中在富人手中的资源重新分配给穷人以促进社会公平。王安石的改革方案导致了政府官僚机构的急剧扩张，同时也让官方对各行各业的积极干预达到前所未有的程度。这是中国历史上最偏离常规的改革之一，也是北宋创新精神的标志。[1]

在王安石的众多创新中，有几项旨在抑制地方精英对社会经济生活的干扰。其中最具争议的举措就是所谓的青苗法，旨在让国家取代地方精英成为农村信贷来源。通常，在播种时节或收获前夕，农民不得不向地方富豪借贷种子或粮食，而过高的利率使许多农民陷入长期负债的困境并最终失去土地。王安石希望通过地方官员以20%的可接受利率发放贷款来扭转这一局面。他明确表示，这种干预不仅会帮助农民，还将摧毁那些可恶的"兼并"者，即从农民的困境中受益的有权势的精英成

---

[1] 本文关于王安石的讨论是基于Bol（包弼德），"Government, Society and State"；Smith（史乐民），"State Power and Economic Activism"及其"Shen-Tsung's Reign"）。

员。王安石对此辈深怀敌意。[1]这是自三个世纪前"均田制"被废除之后，朝廷对农村经济最大胆的干预，很有可能会破坏地方精英阶层在地方经济中拥有的主导地位的根基。

王安石采取的其他措施也损及精英权力。如为了加强地方安保，他发起了以"保甲法"为基础的新的村级互保制度，一保以五户或十户为单位，由当地富裕的地主轮流统领。保甲制度最初是为了促使邻里相互监督和方便民兵训练，但很快就演变成一个低级行政单位，而这一单位会在某些条件下促进国家机关深入乡村，这显然对地方精英不利。[2]王安石推动的其他行动，如官府干预商业活动和他所计划的教育改革（见上文第三章），也激怒了许多文人。

王安石，作为一个出身于精英家庭的人，为什么会选择如此激进的反精英立场呢？对此可从多个角度加以解释。首先，王安石的许多变法措施对北方的大地主而言，可能比对像他自己这样来自较为商业化的南方地区的精英更具破坏性。其次，在更加理想化的层面，王安石与其他官僚中"反精英者"一样，认为自己代表的是"公"（公共利益），而不是狭隘的"私"（私利）。因此，他损害自身阶层利益的态度可以被视为他道德优越和无私的表现。最后，也是最重要的一点，王安石在思想上就反对独立精英阶层的存在。相反，正如包弼德所称，

---

[1] Smith（史乐民），"State Power and Economic Activism"，85页。
[2] 关于保甲制度，参见Smith（史乐民），"Shen-Tsung's Reign"，407—414页。

王安石设想了一种新秩序，所有文人（即所有应得到精英地位的人）最终都将被国家任用。[1]如果这种设想实现了，中国将回到战国和秦朝时期，独立的精英群体将不复存在。然而，即使王安石全力追求这个理想，在他那个时代的社会经济条件下也是无法实现的。无论如何，这一理念并没有得到大多数士人的认同。

王安石过度的积极干预措施引发了激烈的反对，随着其改革的推进，反对声浪成倍增长。部分反对者，如著名的历史学家和思想家司马光，原则上反对他对富裕阶层的打击，认为这一阶层对社会的福祉至关重要。[2]还有一些人则不喜欢王安石的傲慢和其想要一统文人思想之企图。另一些人则反对他的某些经济或行政措施。反对者的具体观点差异虽然很大，但大多数反对者都共同对王安石侵犯其阶层利益表示强烈不满。王安石的新政在文人中造成了深刻的分裂。

在派系斗争激烈的背景下，"新政"两次中断又被恢复，而在徽宗年间再次达到顶峰。[3]然而，从长远看，来自徽宗的庇护是灾难性的。当宋徽宗对外好战的政策造成了重大军事崩溃，并使中原地区沦陷于入侵的女真族手中时，这场惨败被归咎于皇帝对王安石所倡导的激进主义的偏信，而这种激进主义

---

[1] 参见Bol（包弼德），"Government, Society and State"。
[2] 同上。
[3] 关于围绕新政的政治冲突，参见Levine（李瑞），*Divided by a Common Language*。

从此被视为政治异端。在受到重创的南宋王朝（1127—1279年）试图在与女真和后来的蒙古人的激烈竞争中恢复元气时，其领导者已不再倾向于恢复王安石所推动的强硬新政。[1]

南宋停止政府的积极干预政策，不仅反映出对王安石变法失败的失望，也体现出文人行为的深层变化，被学者们称为"地方主义转向"（localist turn）。这种转变是基于对腐败、分裂及道德理想难以实现的日益不满，而且更重要的是，即使最杰出的文人在入仕的努力中也面临着越来越大的困难。随着应试人数猛增，文人成为进士的机会明显减少，促使许多人寻找其他手段来维持自己的社会地位。新一代士人的主要目标是提高自己在地方社会中的地位和声望，而对积极参与朝廷政治方面兴趣不大。这种地方主义转向在政治思想领域也得到了相应反映。在南宋，追求加强中央集权和深化国家治理的努力已经消失了，相反，主流思想家们都积极寻求通过基层精英的活动来改善社会政治状况，而不是通过激活国家机构的方式来实现这一目标。[2] 这一变化明显体现在中华帝国后期最重要的思想家——朱熹的思想中。

朱熹与王安石有一些共同的目标，如关心社会中的弱势成员、规范精英、维护社会秩序等；但与王安石相反，从未做过

---

[1] 参见 Liu（刘子健），*China Turns Inward*，63—67页。
[2] 关于这些过程的各方面情况，参见 Schirokauer（谢康伦）和 Hymes（韩明士），"Introduction"；Hymes, *Statesmen and Gentlemen*；Liu（刘子健），*China Turns Inward*。

高官的朱熹并不太关注朝廷的收入问题。然而，朱熹与王安石的一个最重要区别在于他实现目标的根本方法不同——朱熹并不认为国家要重塑地方社会，他认为社会问题应该通过道德正直和具有公共精神的文人自下而上的自愿行动来解决。在成功融会了先贤的思想之后，朱熹及其同道一起倡导了几项举措，形式上类似王安石之政，却不以自上而下的方式推行。例如，建立私立书院以完善或取代凋敝的国家教育体系，而书院要培养文人的道德并进行思想教育。此外，由杰出的精英成员经营的慈善粮仓将为穷人提供支持，以此取代令人厌恶的"青苗法"借贷。而"乡约"则作为文人（或所有村民）的一种自愿联合，以增强相互的道德监督，取代国家强制实施的相互监督的保甲系统。[1]

早在朱熹之前，乡村（乡里）自我支持（communal self-support）就已存在。几个世纪以来，佛教寺院和居士组织一直在积极推广这种做法。同时，这也是自北宋以来在士大夫中不断扩展的宗族活动之一。[2] 在朱熹之前的思想家同样寻求加强乡村团结、巩固内部等级、弘扬布施善举、设立学堂等。朱熹的主要创新在于他成功地将基层的活动与士人的道德修养及自我实现的理想结合起来。朱熹让"君子"既可通过仕途实践正

---

[1] 参见 Bol（包弼德），*Neo-Confucianism*，246—253页。
[2] 关于朱熹所采取的入世的佛教渊源，参见Glahn（万志英），"Community and Welfare"；关于宋代的宗族组织发展及其各种活动，参见Ebrey（伊佩霞），"The Early Stages"。

道，亦可在乡里推行善举。在道学家的解释中，"平天下"的使命不仅可以从社会政治金字塔的顶端向下实现，也可以从基层、从地方乡村向上实现——这意味着要彻底赋予地方精英以权力，前提是这些地方精英是由正直的文人所领导的。

正如上文提到的，朱熹将"君子"的道德修养与地方公共事务相结合，这一创见产生于特定的历史背景。当时因为竞争激烈，越来越多的士人意识到自己可能永远没有机会进入仕途。朱熹通过引导这些人将公共服务的热忱从政府职务转向地方事务，既为文人提供了新的价值实现途径，也重新界定了精英的社会角色。如果善举活动成为一个人道德优越感的体现，那它在维持个体的精英地位方面就变得与接受教育和保持文人的传统生活方式一样重要。这一观点鼓励了历代精英成员负责照管自己的乡村，甚至去承担一些对他们的经济状况可能不利的任务，如修改县里的税收名册以确保税赋分配更加公平等。[1] 虽然这种卓越的公共精神是罕见的，但士人在乡村进行的其他许多活动，如救济、建立学堂、通过"乡约"等方法进行教化等，却逐渐成为常态。从此，国家机关可以将大部分社会责任转移给那些愿意承担这些责任的"助手"，而对这些人来说，能够为乡村服务有助于维护其声望和社会地位。朱熹为皇权提

---

[1] 参见 Dardess（窦德士），*Confucianism and Autocracy*，以及 Rowe（罗威廉），*Crimson Rain*，85—90页。值得注意的是，在这两种情况下，税赋的再分配都不是为了增加国家的收入，而是为了避免地方因税赋分配不均而导致的潜在紧张局面。

供了可靠的、无偿的"员工",从而对帝国事业的持续成功做出了决定性的贡献。

张力中共存:帝国后期的地方精英与国家

如我们现在所知,在朱熹去世后不久,他就被官方尊为最伟大的儒学大师,而王安石却被边缘化了,直到二十世纪才被重新"发现"。这是否意味着朱熹关于国家与精英阶层共生关系的观点自那时起就被不加批判地予以接受了呢?过去不少学者都给出了肯定的回答,认为精英成员实际上维护了皇权专制体系,而朝廷则保护了那些富裕地主的利益。另一些人则提出了截然不同的观点,他们认为精英与朝廷的关系具有持久斗争的特点,甚至是零和博弈的关系,精英作为地方利益的守护者,反抗国家机构的侵入。在现当代,大多数学者更倾向于综合上述两种观点,认为精英与国家之间的关系既有相互依赖与合作的特征,也伴随着竞争和紧张。[1]然而,如下文所揭示,我认为其总体趋势是相互依赖性不断增强,尽管这种趋势的形成并非源于朱熹设想的理想主义因素。

帝国朝廷与地方精英之间的合作有着坚实的制度、社会和思想基础。就制度而言,帝国官僚机构的结构特点使得依靠地

---

[1] 讨论可参见Esherick(周锡瑞)和Rankin(冉玫铄),"Introduction",5—9页;参阅Hejidra(何义壮),"The Socio-economic Development",552—564页。

方精英协助行政成为必然选择。在帝国后期的大部分时间里，官僚体系的精英，即"流内"官员（大多数是通过科举被选出），其人数不超过三万。这个人数在辽阔的帝国疆域上分布过于稀薄，无法有效应对地方的各种挑战。一位县令，作为皇权和政府机关最低行政层级的代表，负责管理超过十万人，而且要处理行政、财政、教育、司法等各方面的工作，即便投入全部精力也难以周全。而且按照任职回避的原则，他不会在其本省任职，任期也不应超过三年，这意味着官员通常是一个对当地不甚了解的新来者，甚至听不懂当地的方言，也很少能提前了解当地的情况。因此，县令从任职伊始就面临着难以完成行政任务的困境。[1]

为了有效处理日常事务，地方官不得不依靠吏员，而这可能是帝制中最薄弱的环节。那些身居"流外"的吏员，担负各级官署的具体行政事务。他们本来是官员们级别较低的同僚，然而随着宋朝官制改革，其地位显著下降了。由于被剥夺了参加科举考试的权利，大多数吏员再也没有希望进入官僚队伍，这使得他们的地位异常低微。"流内"官员通常将他们的吏员下属视为贪婪且自私的"小人"，容易滥用权力；而这种刻板印象为吏员的卑微地位又提供了道德依据。这种偏见逐渐成为自证预言：由于长期薪俸不足，吏员不得不经常通过各种非法手段向地方百姓勒索钱财。这更加深了官吏之间的鸿沟，使其

---

[1] 参见Chü（瞿同祖），*Local Government*，14—35页等。

难以建立有效的合作关系。[1]

在这种情况下，官员们如果不依靠地方社会的成员就无法履行其职责。正是在这种背景下，地方精英与官员之间的亲近变得尤为重要。精英成员是地方官的天然盟友，由于拥有相同的教育背景，说同样的官话，加之与官府的直接联系渠道，地方精英成为官员寻求建议和协助时的自然选择。这些精英或与官员有姻亲关系，或具备入仕潜质，在文化理念上与地方官也多有共鸣。他们中的许多人确实怀有公共精神，并愿意为本地服务。官员也顺势借助这种倾向，委托精英处理地方行政、经济乃至司法等事务，以分担行政负担。

地方精英是国家和地方社会之间最合适的中间人，他们作为地方官的自愿助手，或出于对自身崇高道德目标的纯粹承诺，或——根据更为愤世嫉俗的解读——出于维持其在地方社会中崇高地位的需要。他们在教育、福利、公共事业、基层安全、道德教育以及解决乡村内部冲突等领域发挥了重要作用。他们可以在当地开办学校、建设孔庙或义仓、定期召集乡民举行共同祭祀、指导乡民遵守道德规范、管理其邻里及亲属、训练当地的乡勇，以及组织本地道路、桥梁、堤坝、沟渠等公共设施的建设。虽然精英在这些及其他问题上的实际参与因时因地而异，但其对地方繁荣、社会秩序和文化生活的总体贡献是不可否认的。官僚机构始终重视这一群体，认识到在各种教育

---

[1] 参见Chü（瞿同祖），*Local Government*，14—55页；Reed（白德瑞），*Talons and Teeth*；Rowe（罗威廉），*Saving the World*，339—344页。

和善举事业中与精英的高效合作可以为社会带来显著的利益。

从精英的角度，与地方官员合作也是默认选择。这不仅可以保护他们免受国家机构可能的虐待，而且可以为其带来许多重要的社会优势。正如许多研究者所指出的那样，精英的乡村权力不仅源于其经济财富和文化声望，还来自于他们作为朝廷与百姓之间中介这一地位本身。[1] 与官员保持良好关系是重要资本，如果应用得当，可以保护乡民免受诉讼和过度税收之苦，帮助他们在天灾时获得官府的援助，并在其他很多方面受益。因此，对于地方精英成员来说，与地方官的关系对维护其精英地位至关重要。

除制度和社会因素外，思想因素也促进了地方官与精英的关系。这个问题在上一节中已经部分地讨论过，并将在下一节中再次讨论。在本节，笔者关注的是增强对精英成员依赖的一种思想动机，即中国的思想家和政治家们长久以来的愿望，即通过尽量少的胁迫来实现政治秩序。正如本章题记所示，引发人民自觉道德转变（即教化）的理想，有助于政治家们认可由德行正直的地方精英管理的半自治性的乡村。此外，自治社会单位（autonomous social unit）的概念根植于儒家视家族为社会基本细胞的观点，其中的和谐与内部的等级是"自然"共存的，而不是从外部强加的。随着宋代以来宗族组织的重新扩散，宗族（而非单独家族）被广泛地认为是理想的自治单位，享有

---

[1] 参见 Esherick（周锡瑞）和 Rankin（冉玫铄），"Concluding Remarks"，322—324页。

相当程度的自治权。不少思想家和政治家认为,应将宗族自治扩大到更广泛的区域,如一个村庄,或在少数情况下甚至整个乡(通常是由一个镇和周围村庄组成的县级以下的行政单位)。这些地方组织在德高望重的文人的主导下,其自治能力和内部凝聚力被视为维护社会秩序的有利因素,而非对朝廷权力的潜在威胁。[1]

尽管上述所有因素都促使官员们加强与地方精英的合作,但同样也有不可抗拒的理由让这种合作关系变得疏离,并让官方对精英拥有的权力持怀疑态度。最根本的是,在精英与国家官僚机构之间一直存在着经济利益冲突。官员们一般倾向于增加朝廷收入——尤其是通过确保无人逃税、所有耕地都被正确登记,以及大多数农民都拥有足够的土地来纳税。但从精英的角度来看,这对他们的基本经济利益构成了威胁。官员也认识到,部分精英利用与地方官的关系逃避税赋,甚至借机欺凌弱势群体,侵占土地,强迫农民佃耕。这些"土豪劣绅"既破坏了国家的财政工作,又破坏了官员必须维护的社会秩序,从而动摇了官员与地方精英合作的根基。

官员和尽责的精英留下的文献记载了大量地方精英滥用权力的案例,包括瞒报土地面积、以义田名义逃税、将义仓用于

---

[1] 关于这些问题的复杂性质,参见Rowe(罗威廉),*Saving the World*,363—405页。关于帝国后期的宗族组织,参见Ebrey(伊佩霞),"The Early Stages",及其和Watson(华琛)合编,*Kinship Organization*中的研究。

牟利、高利盘剥农民、侵占邻地,以及其他形式的社会压迫,等等。这些人利用宗族力量来实现各种破坏性目的,如持续诉讼、拒绝纳税或欺压邻里等。即使表面看来无害的水利工程有时也暗藏不当目的,如某些豪族借机垄断水资源,或不顾下游洪涝风险修建水坝以扩充私田。[1]

土豪劣绅问题的长期存在,意味着官员不能将地方事务完全委托给精英,而应在必要时对他们进行密切监督和约束。正因如此,与朱熹所言不同,许多官员对精英自下而上的自愿行动抱有怀疑态度。然而,放弃对精英的支持并压制他们也不是可行的选择。有时,个别地方官,如我们在上一章提到的海瑞,能够勇敢地打击地方恶霸,但这种做法也可能会适得其反,难以持续。首先,因为地方精英往往在官场内部有充足的人脉来弹劾或至少撤换一名过度干涉本地事务的地方官(如海瑞)。[2]其次,地方官的对抗态度会极大地阻碍其利用精英来完成各项地方事务的目标。最后,也是最重要的一点,官员与地方精英之间在社会和文化层面上的亲近感使得前者对后者采取长期对抗行动的可能性变得很小。一些皇帝很清楚官僚对地方精英可能存在的纵容放任行为,并定期针对这一行为采取措施(详见

---

[1] 这些例子散见于Rowe(罗威廉), *Crimson Rain* 及 *Saving the World*; Hejidra(何义壮),"The Socio-economic Development"; Perdue(濮德培), *Exhausting the Earth*; Huang(黄宗智), *Civil Justice*中。Lamley(拉穆利)在"Lineage and Surname Feuds"中对宗族组织的"正统"地位与宗族破坏性行为之间的张力进行了深入的讨论。
[2] 关于海瑞的例子,参见Huang(黄仁宇), *1587*,130—155页。

后文）。尽管如此，这些举措也只能在当下对精英和官员进行督治，而无法改变官僚机构的基本运作方式，而正是该方式决定了官方要利用精英的权力而不是去压制他们。

要了解朝廷在对抗精英权力方面的无能，我们可以参见历史上最果断的君主之一，明朝开国皇帝朱元璋的例子。作为一名出身社会最底层的造反者（其父母在一场瘟疫中去世，他曾当过佛寺的行童，后成为游方僧），朱元璋格外关注百姓的疾苦，并对文人精英和官僚机构成员充满怀疑。在元朝官府长期衰退和数十年内战之后，朱元璋称帝，即位后，他决心通过严厉措施恢复政治秩序。他宣称：

> 昔在民间时，见州县官吏多不恤民，往往贪财好色，饮酒废事，凡民疾苦，视之漠然，心实怒之。故今严法禁，但遇官吏贪污蠹害吾民者，罪之不恕。[1]

朱元璋对士人群体的不信任，加之他认为只有严刑峻法才能防止他们滥用权力的信念，导致了中国历史上一系列最为严厉和血腥的反腐运动。在这些镇压行动中，许多强大的精英家族也成了目标——无数田庄被没收，土地被重新分配给小农。朱元璋还果断地重整地方行政秩序，创建了多个县以下行政单位，发起一系列人口和土地调查，调整税收，并严惩腐败或涉嫌腐

---

[1] 引自Crawford（克劳福德），"Eunuch Power"，118页。译者按：中文根据《明太祖实录》第39卷。

第四章 地方精英 / 175

败行为。所有这些措施都旨在振兴经过数十年运作不良的行政机构，并为建立持久和完美的社会政治和道德秩序奠定基础。另外还有一个目标就是终止在元代社会猖獗的精英滥用权力的行为。[1]

许多学者将朱元璋与后来的平民革命者毛泽东进行比较，认为他们都是由起义者成长为最高统治者之后，仍然捍卫大众的利益，憎恨上层阶级，并旨在摧毁精英的权力。[2] 确实，朱元璋对精英的态度比大多数其他皇帝要严厉得多，而其压制措施可能直接导致了明初精英阶层的大规模更替。[3] 不过，这只是历史的一个方面。朱元璋从未试图用皇权完全消除精英权力，与大多数同时代的政治家一样，朱元璋也认同"小政府"（small government）理念，并试图通过减少在册领取俸禄的官员人数来降低行政成本。因此，相较于扩大官僚机构的规模，

---

[1] 关于朱元璋的性格及其政策的讨论，参见 Mote（牟复礼），*Imperial China*，517—582页；Dardess（窦德士），*Confucianism and Autocracy*，183—254页；Langlois（蓝德彰），"The Hung-wu Reign"；Farmer（范德），*Zhu Yuanzhang*；Jiang Yonglin（姜永琳），"In the Name of 'Taizu'"。

[2] 关于这种比较，可参见 Andrew 和 Rapp（拉普）编著，*Autocracy*；关于对朱元璋看法的转变，可参见 Schneewind（施珊珊），*Long Live the Emperor*，参见 Jiang Yonglin（姜永琳），"In the Name of 'Taizu'"。

[3] Rowe（罗威廉）指出，"清末和民国时期整个长江中下游地区的许多宗族精英是在洪武皇帝（即朱元璋）统治下系统性地创造出来的"（*Crimson Rain*，66页）。当然，许多世家大族在元末的几十年长期起义中消亡。但在明初精英阶层的大变革背后，朱元璋所进行的大清洗似乎也是一个同样重要的因素。

他更愿意看到新建立的乡里单位由地方富裕地主、乡老和其他民间领袖治理。这些人在很大程度上独立于地方官员，甚至可以监督和惩治地方官及其幕僚。地方管理者有各种各样的任务，从监督税收到维护地方安全，从管理地方学校和义仓到整治本地的犯罪事件等，以及最重要的任务——树立道德典范、倡导善行，并通过在村中设立的"旌善亭"褒扬善行、惩戒不法。该制度与官僚深入基层直接进行干预的制度是截然不同的，而是与朱熹的愿景相契合，因而包弼德将其解释为道学思想的法规化。[1]

朱元璋的地方行政政策虽然历经了多次曲折，但总体趋势却始终一致：他赞成乡村自治，并试图将基层社会与侵入性的国家行政机构隔离开来。因此，他的政策在短期内可能削弱了精英成员的权力，但也为他驾崩后新的强大精英阶层重新崛起创造了非常有利的条件。常规官僚机构在基层治理中的固有缺陷留下了权力真空，而新一代地方精英恰好填补了这一空缺。明朝逐渐且不可逆地从精英的噩梦转变成了他们的天堂。特别是，朝廷赋予秀才家族免除徭役和部分赋税的特权，有利于恢复精英的经济实力，因为许多农民会将他们的土地转让给当地精英，以逃避徭役。到了十六世纪，地方精英重获权力且肆意妄为，而这也成为明朝衰落的主要原因，官员们对此无能为

---

[1] Bol（包弼德），*Neo-Confucianism*，256—261页。本文关于朱元璋政策的讨论主要参照Schneewind（施珊珊），"Visions and Revisions"。

力，只能悲痛地控诉精英的阴谋和滋事。[1]明朝最初意图恢复皇权支配一切的主导体制，最终却以比之前任何朝代都更弱的中央集权告终。

朱元璋的改革可以被视为一种失败的尝试，即试图在削减官僚预算和人员的同时维持一个强大的国家机关。但从另一个角度看，朱元璋的措施实际上强化了国家与基层社会管理者之间日益加深的共生关系。这些改革措施与朱熹所提倡政策之间具有相似之处并非偶然，自下而上的志愿行动和自上而下的国家干预被认为是相辅相成而不是相互排斥的。因此，在明朝后半叶，当开国君主建立的制度逐渐失去活力时，基层官员和部分精英成员开始重启类似朱元璋早期举措的自发行动，如建立乡约、推行保甲制等。[2]从这个角度来看，朱元璋的努力更像是一次代价高昂的精英整肃实验，而非彻底取代他们的真正尝试。

清朝为地方精英顽强的生命力提供了另一个重要例证。满族统治者惯常依靠军功贵族（旗人），这让他们能够打破汉族精英在政府职位上的垄断，也让清朝皇帝能够反复打击汉族地方精英的特权和不法行为。国家机关的复兴让敏锐的皇帝（尤其是雍正帝，见第二章）得以进行一系列改革措施，如对财政系统的改革等。可以说雍正促成了一个自王安石变法以来最有活

---

[1] 参见Hejidra（何义壮），"The Socio-economic Development"，552—575页。
[2] 参见如Bol（包弼德），*Neo-Confucianism*，261—269页，另见下一节的讨论。

力的国家。[1]然而，在其子乾隆皇帝统治下，对精英权力的攻击被中止了，国家干预的动力也随之消失了。到十九世纪，地方精英的势力已恢复到与从前同样的强大程度。[2]

在帝国晚期，王安石时代所见的中央集权主义和地方精英自发行动之间的对立已基本消失了。尽管地方精英的各种不法行为和对"劣绅"的抱怨仍然持续存在，但朝廷与地方精英之间的合作而非公开冲突已成为常态。晚期帝国的思想家和政治实践者可能会提出不同的主张：有人如顾炎武那样倡导加强精英力量以削弱吏员，也有人像模范官员陈宏谟（1696—1771年）那样寻求国家积极作为的新途径。但所有人都一致认同需要改善官僚机构与精英之间的合作关系，分歧仅限于具体细节而非根本问题。[3]尽管存在某些明显的不利因素，帝国的行政机关仍然选择依赖精英，因为它已无法在缺乏精英合作的情况下维持运转。政治权力和社会权力持有者之间的共生关系再次被确认为不可动摇的事实。

---

[1] 关于满族征服者与汉族地方精英之间的紧张关系，特别是在繁荣的长江下游地区，参见Wakeman（魏斐德），*The Great Enterprise*；关于雍正皇帝的变法实验，参见Zelin（曾小萍），"The Yung-cheng Reign"及 *The Magistrate's Tael*。
[2] 有关十九世纪中国地方社会的有见地（尽管有些过时）的研究，参见Hsiao（萧公权），*Rural China*。
[3] Rowe（罗威廉）对这一问题有全面的讨论，见其 *Saving the World*，326—405页。

三纲——国家与地方精英相融合的思想

上文的讨论阐明了国家在与地方精英建立共存模式时面临的困境。过度依赖精英的支持意味着放任他们的权力滥用行为，而压制他们则代价过高，且需要对行政体系进行根本性的调整，这一选项在王安石变法失败后已被排除。由于国家缺乏制度性措施来减少自己对精英支持的依赖，因而从理论思想方面确保双方之间的顺利合作就变得尤为重要。上文已经讨论了道学自下而上的自发行动如何加强了士人与皇权的关系，现在我将探讨另一种意识形态的建构对国家与精英关系的影响，即家长权威与君主权威具有一致性，加强父权即加强君权，以及反之亦然的相关理念。

关于家族和国家之间统一性的基本概念，在中国传统思想中根深蒂固，以至于它常常被视为中国政治文化的恒久特征。然而，情况并非一直如此。尤其是在贵族执政的春秋时期，强大的卿大夫家族经常挑战君权，人们默认宗族的凝聚力可能会不利于社会政治的稳定。[1] 直到世袭贵族被士阶层取代以及强大家族（宗族）同时衰亡之后，家族价值观才被诠释为支持政治秩序。正如孔子的弟子有子所说："其为人也孝弟，而好犯上者，鲜矣！"[2] 当然，也有反对的声音，如伟大的思想家韩非

---

[1] 参见Pines（尤锐），*Foundations*，187—199页。
[2] 参见《论语·学而第一》第二章。

的那句愤世嫉俗之语——"夫父之孝子，君之背臣也"；[1]然而，绝大多数著名的思想家都接受了这样一种观点，即家长的权威和君主的权威是相互兼容的，应共同维护。

自帝国时代开启以来，家族与国家，以及孝道与忠君之间，本质一致性的信念日益加强。即使是汉朝及其后的宗族复兴，也没有导致朝廷试图去抑制家族成员的团结。相反，朝廷开始尊崇孝道，且推而广之为对家族和宗族的承诺，并把它作为入仕的主要要求之一。也是在汉朝时期，君权与家权的统一性在"三纲"（君臣、父子、夫妻）的观念中被具体化了。"三纲"被视为人际关系中等级原则的体现，是人类道德和社会政治秩序的坚实基础。从董仲舒（公元前179—前104年）到朱熹，杰出的思想家为"三纲"原则提供了形而上学理论和宗教基础，将其提升到社会政治正道的最高体现。确实，"三纲"在指导人类关系方面所具有的至高无上地位，直到帝国时代的末期都没有受到质疑。[2]

在帝国的历史进程中，"三纲"的概念成为精英和平民价值体系的核心，即刘广京（Liu Kwang-Ching）所称的社会伦理正统（socioethical orthodoxy）的核心。它的力量超越了个别政治家和文人的哲学与宗教信仰，因为人们可以质疑任何形而上学或宗教观念，甚至可以质疑任何经典的权威性，但"三纲"

---

[1] 参见《韩非子·五蠹第四十九》，445页。
[2] 参见Liu, "Socioethics as Orthodoxy"，及其所编的 *Orthodoxy in Late Imperial China* 中其他论文。

的根本原则却不可动摇。这些有关君权和家长权的核心价值观通过各种方式传播到整个社会，从法律律令到礼仪规范，从教材到通俗小说，从道教、佛教仪式到著名哲学家的作品等。"三纲"思想成为维系帝国社会政治秩序的统一框架。[1]

"三纲"思想的传播，特别是将孝与忠等同起来，在其对皇权与精英关系方面的贡献尤为有趣，尤其是在帝国后期，当时宗族凝聚力已经成为保持精英权力至关重要的因素。宗族族长是弘扬家风的主要受益者，而朝廷方面努力加强而非削弱宗族价值的各种举措，对于说服族长，使其利益与皇权利益长期一致是至关重要的。[2] 国家致力于推动以家庭为导向的意识形态，似乎是中华帝国政治体制的最显著特征之一。

朝廷动用了极其庞大的资源来巩固宗族的力量，例如将不孝、恶逆的罪行归入"十恶不赦"之罪，其严重程度堪比谋反大罪。朝廷承认宗族为法律实体，一方面是出于管束的目的，让宗族成员共同承担责任；同时，这意味着授予族长对其族人的审判权，包括在某些情况下处决犯错宗族成员的

---

[1] 参见 Liu（刘广京），"Orthodoxy in Chinese Society"和"Socioethics as Orthodoxy"。

[2] Knapp（南恺时）注意到了东汉及其后士族的巩固与以家族导向道德的同步增强之间存在关联（*Selfless Offspring*，13—26页）。随着宋代及之后宗族组织的重新扩张，类似的过程再次发生；见 Ebrey（伊佩霞），"The Early Stages"。在这两次，特别是在后一次案例中，朝廷都热衷于促进家族观念；参见 Elvin（伊懋可），"Female Virtue"。

权力。[1]朝廷为加强宗族关系还提供了多种激励措施，从对"数世同堂"不分家的家族成员给予徭役豁免，到对"义田"等宗族公益性财产实行税收豁免等。[2]孝子会受到特别优待，有时（尤其是汉朝，后期也存在）孝顺的名声可能会使一个人被推举做官——"举孝廉"。礼部通过授予孝子和节妇各种荣誉及减免税赋以示嘉奖。在帝国后期，这种嘉奖采用了相当醒目的形式，即竖立高耸的纪念牌坊。尽管多数牌坊在二十世纪的动荡中遭到了大规模破坏，但还有一些在当今中国的景点仍然可见。[3]通过这些手段，皇帝将自己定位为族长利益的重要守护者，而族长们反过来也不得不维护皇权。

帝国对家庭价值观的推动常常被认为是儒家意识形态的自然产物。然而，这种在现代观察者看来似乎"自然"的承诺，在实践中却面临诸多问题。通过承认族长的权力，朝廷放弃了一些能够深入社会底层的权力；通过对孝子节妇的税收优惠，损失了部分财政收入；通过严格核查孝行和节操的标准，增加了官员的行政负担。即使是准许官员在丁忧时可"去官持服"这样看似无害的规定，也可能变得十分麻烦，因为这通常需要为最重要的官员批假服丧。[4]帝国的统治者愿意承担这些成本，

---

[1] 关于后者，参见Rowe（罗威廉），*Saving the World*，397页。
[2] 详见Ebrey（伊佩霞），"The Early Stages"，30、42页。
[3] 参见Elvin（伊懋可），"Female Virtue"。
[4] 关于清朝与此政策及其修改有关的问题，请参见Kutcher（柯启玄），*Mourning in Late Imperial China*；关于由重要的帝国首辅张居正丁忧而引发的危机问题，参见Huang（黄仁宇），*1587*，21—26页。

是因为这在政治上有利可图。只要社会仍然相信三纲的基本统一，特别是孝道与对皇位的忠诚是一致的，那么朝廷对宗族价值观的支持就会得到精英的相应回应来加强皇权。从以下事例可以看出，这种期望是有根据的。

朱元璋在位末期，发布《教民榜文》，对其新政做了总结，完成了他乡村自治的持续实验。《教民榜文》中包含"六谕"，即他向臣民传达的核心信息。此内容每五天必须在全国各个村庄进行宣读：

> 孝顺父母，尊敬长上，和睦乡里，教训子孙，各安生理，毋作非为。[1]

值得注意的是，"六谕"中根本没有涉及国家关切的问题，其内容并没有要求忠于皇帝或服从县令，实际上它没有提到任何政治义务。这不是偶然的疏漏，因为在这些劝诫的后续版本中，如清朝皇帝颁布的所谓《圣谕》中，其内容依然如故。虽然清朝君主简略提到纳税和守法的必要性，但其诫令的大部分内容反映了皇帝对乡村利益及其内部和谐的关注，而非其与皇权的关系。[2] 朝廷对乡村内部秩序的关注，得到了乡村掌权者恰当的回报，他们致力于维护皇帝的权威。因此，在十六世纪，当

---

[1] Farmer（范德），*Zhu Yuanzhang*，202页。
[2] 关于清代的《圣谕》及其宣布，参见Mair（梅维恒），"Language and Ideology"（译文在是书325—326页）。

明朝文人复兴乡约仪式时，他们在刻有朱元璋圣谕的木碑前让所有参与者共同进行此前未知的"五拜三叩"仪式。[1]权力下层主动表现出对皇权的最高敬意，这是对皇权关注乡村的自然回应。国家与精英之间的意识形态统一得到再次确认。

小结：稳定与停滞

中华帝国成功地拉拢了地方精英并与之持续合作，让帝国在经济、政治和文化方面受益匪浅。这种合作带来的最直接的好处就是行政成本的大幅削减。在中华帝国的大部分时期中，尤其是在公元第二个千年，政府机构成功地将许多福利、地方建设、教育、安全以及教化等方面的任务委托给精英阶层；有时甚至将许多司法和税收任务也交由这些自愿的协作者承担。众所周知，这些任务即使在现代，国家也要付出很高的成本才能完成。有鉴于此，我们可以得出结论，地方精英的自发行动大大减少了帝国的行政工作量。尽管这种自愿工作的范围及其社会影响程度因时因地而异，但我们仍然可以断言，中国人口中有很大一部分人都受益于精英们的义举，而且受益程度远超过如果由国家机器独自承担所有这些社会经济和文化任务时所可能达到的水平。

朝廷从拉拢地方精英中获得的政治利益也同样显著。皇权采用各种手段将精英与国家事业联系在一起。强制和恐吓固然

---

[1] McDermott（周绍明），"Emperor, Élites and Commoners"。

是可用的手段，有时，如明清初期，朝廷对地方精英采用暴力手段以遏制其不法行为。但总的来说，胡萝卜比大棒更有效。皇权在拉拢地方精英时最重要的资本是其所拥有的象征性资本。一个人可以通过多种方式在其县乡获得很高的地位，但这种地位通常是不可持续的，除非他能通过科举考试或其他路径得到朝廷的批准与确认。因此，大部分地方精英都仰仗并依附于皇权，愿意充当朝廷利益的守护者，并保护其免受敌对势力的侵害。总的来说，精英在政治领域起到了维稳的作用。[1]

朝廷与精英的合作在意识形态和文化方面也产生了深远的影响，并进一步促进了帝国的整体稳定和长久绵延。尤其是科举制度，它最初是作为吸引精英成员进入官府服务的手段，最终却成为在整个社会中推行共同价值观的异常有力的手段。科举考试除了可以增强政治制度的合法性，还有助于使文人文化传播到各个有产阶层，增强了上层文化的凝聚力，以至于"帝国后期的贵族和乡绅精英可以说是世界上最统一的（尽管并非同一的）的精英"。[2] 这种精英层面的文化统一，促进了帝国多样化人口的成功融合，进一步巩固了帝国政治思想的霸权地位。

除上述经济、政治和文化方面的好处外，帝国拉拢精英可能也增强了国家官僚机构的活力。如前所述，国家权力下放给

---

[1] 关于精英参与王朝事业动员的例子，参见Kuhn（孔飞力），*Rebellion and Its Enemies*。

[2] Esherick（周锡瑞）和Rankin（冉玫铄），"Concluding Remarks"，338页。

精英并未导致官僚机构的萎缩。只要官员意识到控制精英活动的必要性，尤其是与财政事务相关的活动，他们就会保持警惕，避免让精英的自愿行动完全取代政府政策。相反，官员实际上更倾向于监督和协调精英负责的各种福利、地方建设和教育项目，当合作顺利时，各方都能从中受益。[1] 各地具体的合作形式大不相同，这就要求官员具有高度的灵活性和适应性。这反过来又增强了帝国行政系统的总体灵活性，防止其在官僚程序框架内渐趋僵化。

上面的论述表明，成功拉拢地方精英力量，成为帝国长治久安的重要支柱之一。然而，也要注意到这种拉拢的负面影响。对精英的依赖削弱了国家渗透到地方社会和开发当地资源的能力。关于国家的这种渗透对于社会下层到底是有害还是有益，存在着争议，因为难以确定哪种剥削更糟糕——官员的剥削还是地方劣绅的剥削。但从朝廷的角度看，权力下放的负面影响是不可否认的。由于过度依赖与精英的合作，帝国官僚逐渐且不可逆转地失去了制定社会游戏规则的能力，尤其是在保证国家财政利益方面。除非在特别果断的皇帝在位期间，要让官员有效控制与其同属一个阶层的富裕地主几乎是不可能的。在任何一个历时长久的王朝中，官府财政不断恶化的循环往往是源于地方精英减少了上缴国库的财产以充盈自己的财富。

精英权力对所谓王朝盛衰的负面影响是显而易见的。正如

---

[1] 参见Perdue（濮德培），*Exhausting the Earth*；Will（魏丕信）和Wong（王国斌），*Nourish the People*；Will（魏丕信），*Bureaucracy and Famine*。

黄仁宇所说的，一个王朝刚建立时是其历史上唯一一次"基本税制由开国君主颁布并强制执行。在王朝更迭期间采取激进的财政政策，比其他任何时候都更容易成功。一旦社会环境稳定下来，人们就会抵制变化"。[1]这个观点基本正确，但可以稍作修改。在新王朝政权初立时，它并不太需要维护地方精英的既得利益；唯一的例外是该王朝的早期支持者和追随者，但一般来说这一人群的规模并不大。然而，随着时间的流逝，精英们成功地进入官僚体系，这时朝廷再以牺牲富裕地主的利益为代价大力推行税收改革的可能性就越来越小。地方精英的抗争力量并不亚于百姓，他们的代表遍布官僚机构中，他们提供的合作对任何地方官都至关重要，正是他们粉碎了王朝在政权稳定后重新分配财富的企图。几乎任何一个历时稍久的王朝所发起的实质性改革都是极为困难的（或者根本就是不可能的），这可以解释我们将在下一章讨论的民众起义所具有的积极作用。如果不对地方精英及其与官府的合作关系进行暴力破坏，财富的大规模重新分配就根本无法实现。

接下来我们要从对个别王朝的分析转向更广泛的，且备受争议的问题，即精英阶层对中国现代化道路的负面影响。将帝国晚期精英视为"封建顽固派"是曾经流行的认知，但现在我们已经不再认同这种定位，我们也不认为"停滞"一词被用于形容中华帝国晚期是合理的，甚至也不再假设只存在着

---

[1] Huang（黄仁宇），"The Ming Fiscal Administration"，111页。

唯一一条"现代化"道路。[1]然而,我们不能忽视这样一个事实,自十九世纪起,直到二十世纪中叶清朝以及其后的中华民国(1912—1949年)在应对来自国内(主要是人口压力)和来自外部(主要是西方和日本)的挑战方面表现不佳。尤其是无法为工业化和现代战争提供足够的物质和人力资源,这是导致清帝国和中华民国经历"百年国耻"的主要因素。

我认为这种困境与精英的权力有着密切关系,尽管这与几十年前西方和中国的许多学者的观点有所不同。问题既不在于精英意识形态的落后,也不是其所谓的狭隘主义,而是更根本的,中华帝国后期的国家结构问题。通过将许多国家任务下放给精英来增强稳定性,帝国的设计者,尤其是晚期帝国的设计者们,放弃了恢复战国时期典型的积极型国家的可能性。如前文所述,在战国时期及短暂的秦朝,中国以一种非常"现代"的方式在运作,官僚机构渗透到整个社会层面,全体人口都成功地被动员起来投入"耕战"之中——这是秦国伟大的改革家商鞅(卒于公元前338年)所定义的国家繁荣所需的两大支柱。在那个时期,地方精英在社会结构中并未发挥作用,甚至可能根本就不存在。

从第二个大一统王朝汉朝开始,帝国选择了一种效率较低但成本也低得多的行政模式,即减少官府的积极活动并将很多事务下放给地方精英。这种制度有时会受到来自朝廷内部的反抗,特别是当国内外出现大量新的挑战,对中央政府的财政和

---

[1] 关于后一观点,参见Eisenstadt(艾森施塔特),"Multiple Modernities"。

行政有效性提出新的要求，如汉武帝时期或者更晚的北宋时期。然而，简化的政府体制一再复兴，并在朱元璋统治时达到顶峰。朱元璋尝试只保留一个主要行政机构，而将大部分权力下放给乡村。这种行政模式在清朝再次被启用，为整个晚期帝国的秩序奠定了基础，而且从长远来看，进一步加深了政府机关对精英支持的依赖。[1]

中国在朱元璋之后并没有停滞，相反，明朝和更成功的清朝都对朱元璋所创立的模式进行了许多重要的调整和修改。尽管这些调整足以应对某些领域的问题，却不足以应对十九世纪的危机。内忧与外患的叠加，让现有政权不得不进行彻底的系统性改革，也许可以回归到战国时期准法家的模式（富国强兵、积极有为的国家机关等），不过要对该模式进行一些调整。然而，对于地方精英来说，这种回归意味着其阶层在政治上的毁灭。因此，尽管一些精英成员大胆地提出要对国家进行深入改革，但他们的大多数同僚却拖延不决，不肯行动，因为他们找不到在新环境里保全自己和家族地位的可行办法。在这种情况下，帝国统治者发现很难进行实质性改革，也就不足为奇了。

从根本上说，在帝国晚期，地方精英的命运与唐朝士族的命运十分相似。当时，王朝与士族的共生关系是如此紧密，以至于前者的崩溃也标志着后者的灭亡。同样，在帝国制度崩溃

---

[1] 关于朱元璋行政模式的持久影响，参见 Huang（黄仁宇），"The Ming Fiscal Administration"。关于康熙皇帝不惜牺牲朝廷收入，仍倾向于轻徭薄赋的情况，参见 Zelin（曾小萍），*The Magistrate's Tael*，21—24 页。

之后，清代的地方精英也走向了灭亡。在十九世纪国内动荡时，以及之前的时代，地方精英学会了如何在民众起义中生存，这些起义削弱了精英家族，但却未能触及精英权力的经济、行政和意识形态基础。而到清朝灭亡时，情况则有所不同。在失去了他们的主要资产，即与帝国官员的密切联系之后，精英们变得无能为力。被视为令人厌恶的"旧政权"（ancien régime）的一部分（这一看法是否合理姑且不论），他们在1911年的辛亥革命中遭到重创，随后又在中国历来经历的最强大和最彻底的政治运动中被消灭。相对于那个珍视他们的帝国，他们也仅仅多存在了数十年而已。

第五章　庶民

> 君者，舟也；庶人者，水也。水则载舟，水则覆舟。
> ——《荀子·王制》

荀子（卒于公元前238年）的这段警世之言被历史证明具有深刻的预见性。在荀子之前的时代，中国史籍中未见任何有关人民起义的记载，但在他去世后不久，一场浩大的造反就推翻了中国历史上第一个王朝——秦（公元前221—前207年）。此后，民众起义在中国历史上层出不穷，终结了几个主要王朝，并严重削弱了其他一些王朝。这些起义（造反）的规模、频率、破坏程度，以及政治影响，让世界上任何地区在前现代时期的造反（叛乱）都相形见绌。[1]

---

[1] 在英文原文我用的是"rebellion"，因为在英文中，这一概念是中性的，没有褒贬。但与此相反，在中文中没有类似的中性概念（"造反"是相对中性的，但是也有一定程度上的贬词色彩；"起义"是褒义词，而"叛乱"明显地是贬义词）。对民众运动的评价常常基于作者的政治观或历史观，例如太平天国运动在二十世纪的大部分作品中都被称为"起义"，但对清统治者而言则肯定是"叛乱"。笔者认为，历史学家应避免于褒贬讨论，因此把原文中的"rebellion"一般翻译为"造反"，但基于中国大陆的史学习惯，有时仍然会用"起义"一词。

在荀子去世两千两百年后，英国翻译员兼情报官密迪乐（Thomas Meadows，1815—1868年）写下了《中国人及其叛乱》(*The Chinese and their Rebellions*)一书。密迪乐在华期间正值太平天国起义（1850—1864年）初期，这可能是人类历史上最具破坏性的一场内战。作为一位敏锐而富有同理心的中国历史与现状评论者，密迪乐提出了几点有趣的观察。首先，他断言"在所有达到一定文明程度的民族中，中国人是最不具有革命性，却又是最具反叛性的"。其次，他认为中国政府是专制的（autocratic，也译为独断的），但不是独裁的（despotic）。其专制性被"造反权"加以限制："中国人民没有立法权，没有自主定税的权利，没有用选举推翻君主的权力，也没有限制或停止对统治者供给的权力，因此，他们有造反的权利。在中国，造反是一种古老的、经常行使的、合法的、具有宪制性质的手段，用来制止恶意和独裁的立法与行政。"最后，在密迪乐看来，造反是"国家稳定的首要因素……动荡清除并振兴了政治气氛"。密迪乐总结称，替天行道的造反观念（连同德治和任人唯贤的原则）构成了"中华民族作为一个统一民族得以长盛不衰、不断壮大"的三大支柱之一。[1]

密迪乐的这些观点，尽管对于现代读者来说有些过时和简单化，但仍将作为本章讨论的出发点。我尤其想探讨整个帝国历史上大规模民众起义反复出现的原因。此外，造反的理念与

---

[1] 见Meadows（密迪乐），*The Chinese and their Rebellions*，23、24、401—403页。

中国政治文化的基本原则（如王权主义和知识精英主义）又是如何关联的？为什么造反（至少在密迪乐眼中，但肯定不仅仅是在他眼中）有利于帝国的长久而不是在破坏它？在本章，我将上述问题放在更广泛的维度上进行讨论，即讨论"民"（这里主要指下层老百姓）在中华帝国体制中的政治作用。

为了回答这些问题，我将重点关注那些使造反既获得合法性，又能被容纳在帝国体系内的意识形态和社会因素。这一视角决定了我无法简单地将帝国社会划分为"造反者及其敌人"[rebels and their enemies, 此处借用孔飞力（Philip Kuhn）名著的书名]，或者"正统"（orthodoxy）与"异端"（heterodoxy）的支持者。[1] 当然，这并不意味着我要忽视造反的破坏性，或淡化造反活动具有的明显的阶级色彩，尤其是无产者与富有社会精英之间的激烈斗争。[2] 然而我将试图阐明，虽然在短期内极具破坏性，但造反本身就是根植于帝国政治传统中的。在某种程度上，它甚至可以被视为这一传统的副产品，或者更准确

---

[1] 见Kuhn（孔飞力），*Rebellion and Its Enemies*；关于"正统"与"异端"的对立，见Liu（刘广京）主编的两卷本：*Orthodoxy in Late Imperial China* 及其和Shek（石汉椿）合编 *Heterodoxy in Late Imperial China*；特别见于后书的"Introduction"。

[2] 苏联和中国学者系统地研究了民众起义的阶级特征［在马克思主义术语中，民众起义通常被称为"农民战争"，这基于Friedrich Engels（恩格斯），*The Peasant War in Germany*］。关于中国学者观点的总结，见岑大利、刘悦斌，《中国农民战争史论辩》；关于苏联学者的研究，参见Smolin（斯莫林），"Проблема"。关于最近对造反的阶级性质有启发的讨论，见Rowe（罗威廉），*Crimson Rain*，53—59页。

地说，它是中国政治文化中一个内在矛盾的产物——这个矛盾表面上"以民为本"，实际上却把"民"排除在政治进程之外，同时也体现在等级思维与平等思维之间的冲突中。造反者的意识形态和当权者的世界观之间，以及造反者领导层及其对手的社会属性之间，存在着足够的重叠性，这既加强了造反的合法性，也使其最终能够被纳入帝国秩序中。

最后，为了明确起见，我必须强调，我将民众起义与其他集体暴力和大规模反抗朝廷的实例区分开来。例如军事叛乱（如安史之乱）或王朝内部斗争（如所谓"靖难之役"即1399—1402年燕王朱棣谋反，推翻了建文帝，自己登基为帝）——这些跟民众起义有着明显的区别。同时，我也将民众造反与相似的小规模反抗活动，如地方性的大规模抗议或土匪活动区分开来。大规模的民众造反首先是"民众"的，也就是说，它会吸引大量人口，尤其是但绝不仅限于无产者；其次，它具有"起义"色彩，通常旨在取代现有王朝，而不仅仅是抗议某地方官员的具体行为，或仅仅意在通过暴力手段来重新分配财富。民众造反运动在内部组织、宗教因素的重要性、领导者的特点，以及最重要的成功程度等方面，都存在很大差异。然而，撇开这些差异，它们又有许多共同之处，让我们能够将其作为在中国历史上占有突出地位的明确政治现象来进行讨论。

"民本"思想与起义权

乍看起来，中国似乎不太适合世界上"最具反叛性国家"

这一称号。传统中国通常被认为是一个家长式社会（paternalistic society），在这种社会，平民是君主和精英施恩的对象，而非政治参与者——一个有着严格等级制度和君权主义政治文化的社会本应排除来自下层的政治活动。虽然我无意对这种观察结果提出异议，但还是想指出，中国的政治文化足够灵活，可以容纳那些在一定程度上合法化底层民众集体行动的理念。尤其是"民本"思想和"起义"观念，这两个在传统政治思想中根深蒂固的概念，在两千多年的历史中极大地促进了人民起义的合法化。

让我们从"民本"开始。即使仅是粗略阅读早期中国的政治思想文献，也会发现诸子众口一词地主张"民"应该是政治制度的主要获利者，其福祉应该是君主的首要关注点和政治活动的最终目标。而更令人惊讶的是，尽管中国政治文化具有明显的家长式特征，仍有许多论述将人民自身视为合法且重要的政治参与者。尤其是，人们对君主的满意程度被认为是决定君主合法性及其帝位存续的关键因素。虽然这些观点不应被解读为接近西方的"人民主权"或"民主"概念（详见下文），但它们有时确实为民众参与政治行动提供了理论依据，并最终在一定程度上赋予民众起义合法性。至少，这些观点可以作为对流行的以家长式态度看待下层的观念的重要纠正。[1]

---

[1] 本节的讨论主要基于 Pines（尤锐），*Envisioning Eternal Empire*，187—218；另见张分田，《民本思想与中国古代政治思想》；Sanft（陈立强），"Communication and Cooperation"。

所谓"民本"思想的某些观念，如君主有责任为人民提供体面生活和个人安全，可被视为全球政治思想的共同特征，但在本章这些不是我所要讨论的重点。我想探讨的是"民"作为"造王者"（kingmakers）这一概念，即民作为君权的最终来源及重要的政治行动者，其态度可能直接影响到君主或王朝的存亡。这种观点在最早的中国政治文献之一，即《尚书》中的一些西周篇章里体现得很明显。在合法化以周代商的篇章中，"民"对统治者的态度被认为是极其重要的，与"天命"观密切相关。例如《泰誓》原文中的千古名句"天视自我民视，天听自我民听""民之所欲，天必从之"等，[1]简明扼要地概括了许多其他早期西周文献的类似观点。

正如政治话语中的许多概念一样，"民"并不是一个定义非常明确的术语，其含义有时候包括所有人，即统治者和被统治者；有时候则指君主的所有臣民，包括贵族和平民；但通常又可以仅指代平民阶层。我曾在他处论述，早期对于"民"重要性的说法可能反映了周代开国君主的宗族观念，即"民"一词专指周氏族人，[2]但这对于本文讨论而言并不重要。从战国时代开始，"民"一般被解释为下层的平民（庶人）。历代中国政治家吸收了早期那些政治文献中最重要的原则，即"民"居于

---

[1] 这两段引文都出自《孟子·万章上第九》第五章以及《左传·襄公三十一年》第三条。值得提醒的是，现存的《尚书·泰誓》篇是后人伪造的，跟原文关系不大。
[2] 见Pines（尤锐），*Envisioning Eternal Empire*，190—191页。

政治活动的中心，并且与至高神——天——有着直接的联系。

我们对平民在推翻商朝及周初政治生活中的实际作用知之甚少，但在随后的春秋时期，则已经有大量关于下层社会政治活动的证据。所谓"国人"，即国都中的较广泛的阶层（包括士人和平民，但不包括奴隶）在当时大部分列国的政治生活中都变得异常活跃。由于其居住位置紧邻君主，国人在国内争斗中成为重要的权力掮客，他们的参与往往可以决定任何国内冲突的结果。君主和卿大夫充分认识到武装平民的政治重要性，在紧急情况下，他们甚至会"朝国人"并与他们举行盟誓，这应该是中国人最接近古希腊城邦人民集会的活动了。[1]

在春秋时期，可能是在国人频繁政治活动的影响下，"民本"思想成为政治话语的核心成分，这一趋势在之后的战国时期仍然持续。虽然在战国时代的新型国家中"国人"已经丧失了之前的重要性，但下层民众在政治生活和政治思想中的重要性却只增不减。两个强大趋势使统治者不得不持续关注民意。首先，以大规模征兵为基础的新式军队的出现使得应征者的士气和战斗意愿变得异常重要。许多思想家认为，如果政府无法妥善解决人民的经济问题，就无法维持军队的高昂斗志。其次是人口流动问题，在公元前五至前四世纪"铁器革命"之后，将大量荒地开垦成农田的需求导致许多国家的劳动力严重短缺，这些国家的君主不得不吸引外来移民并防止本地人口外

---

[1] 参见 Lewis（陆威仪），*The Construction of Space*，136—150页；Pines（尤锐），"Bodies"，174—181页。

流。这也促使许多思想家提出各种旨在改善人口状况和吸引远方移民的"民本"政策。虽然现实中的政策差异很大，但所有的思想家，从主张"民为贵"的孟子，[1]到主张"有道之国，务在弱民"的商鞅[2]都一致认为人民的顺服是国家生存的关键。[3]

观点如此对立的思想家在平民政治重要性方面具有的共识令人瞩目，但他们在如何对待下层民众方面提出的建议却大相径庭。有些人，如孟子，主张"仁政"；有些人，如商鞅，则主张"弱民"；一些人呼吁"教之"（即教导老百姓）；[4]另一些人则主张"愚之"。[5]然而，所有思想家都同意，满足人民的需求并考虑他们的情感，对于政治成功是至关重要的。本章题词中所引用的荀子的格言就集中体现了这种共识——除非人民的需求得到适当解决，否则他们将倾覆君主的舟。[6]

这种对人民在政治中发挥作用的认可，以及对君主"得民心"的反复呼吁，可能会让人误以为中国先秦政治思想中包含着民主的种子，但其实并没有。这看上去似乎是一个悖论，在那些主张"听民"的思想家中，没有一个提出任何制度性安排

---

[1]《孟子·尽心下第十四》第十四章。
[2]《商君书·弱民第二十》第一章。
[3] 详见 Pines（尤锐），*Envisioning Eternal Empire*，198—203页；关于庞大军队的影响，见陆威仪（Lewis），《早期中国的制裁暴力》（*Sanctioned Violence*），128—133页；关于"钢铁技术革命"，见华道安（Wagner），《中国古代的钢铁技术》（*Iron and Steel*）。
[4]《论语·子路第十三》第九章。
[5]《老子》第六十五章。
[6] Pines（尤锐），*Envisioning Eternal Empire*，201—210页。

以便人民对朝政发表意见。就连春秋时期"朝国人""盟国人"的传统也几乎被遗忘,从未成为成熟的参政机制。君主被敦促要重视民意,但未被提供任何学习民意的制度性手段。[1]

当然,战国时期思想家的这种明显疏忽并非偶然,而是根深蒂固的知识精英理念的体现。"君子"是不屑于让缺乏道德和知识的"小人"直接表达自己的政治观点的。孔子曰:"天下有道,则庶人不议。"孟子也对这一观点进行了解释:"或劳心,或劳力,劳心者治人,劳力者治于人;治于人者食人,治人者食于人,天下之通义也。"[2]也就是说,思想家们好像更愿意替人民说话并代表他们。因此,在帝制时代,尽管君主一再被提醒倾听民意是多么重要,但所有能体现出"民意"的实际机制(从汉代乐府采集民间歌谣到后代的诉冤制度)无一例外地都强化了以知识精英作为民意代表的地位。[3]文人这种对杜维明(Tu Wei-ming)所恰当地称呼为"最容易概括的社会意

---

[1] 其中唯一值得注意的例外是《墨子·尚同篇》,且主要是《尚同下》。该篇不但主张统治者必须"明于民之善非",而且提出朴素的制度手段,让被统治者对君主"必以告"自己的意见(见《墨子校注》,137—140页)。
[2]《论语·季氏第十六》第二章;《孟子·滕文公上第五》第四章。
[3] 关于汉代乐府的建立及其礼仪背景,见Kern(柯马丁),"The Poetry of Han Historiography",33—35页。关于诉冤制度的演变,见Fang Qiang(方强),"Hot Potatoes";方强没有注意到他所讨论的制度无一例外地有利于文人。关于"舆论"对帝国后期决策者的重要性,见Rowe(罗威廉), *Saving the World*,373—377页;亦参见罗威廉在295—300页对文人精英作为"愚民"的天然意见领袖的讨论。

义（民情）"[1]的巧妙借用，可能是一种过于重要的资源，因而不能让渡给没有受过教育的群氓。这些自命不凡的"人民拥护者"将普通民众排除在政治过程之外，因为这样是最符合他们利益的。

对"民情"的公开尊重与实际上将下层民众排除在政治过程之外的做法在矛盾中长期共存，这种特殊性无意中促成了中国所谓的"反抗文化"的蔓延，包括其最有力的表现形式——造反。各种反抗活动，从逃离家乡到逃服兵役，从袭击征税者到公然反抗执政者，成为平民向当权者表达情感的唯一有效途径。诚然，这些活动都是非法的，其参与者将面临极为严重的后果。然而，只要"民"仍然被视为国之"本"，"民意"仍然被视为政权合法性的主要决定因素，那么在精英及平民眼中，广泛的民众反抗活动就成了上天对地方掌权者的不满，甚至是对统治王朝的不满的体现。因此，反抗，甚至造反，虽然是非法的，但从政治上讲，其本身就被赋予了合法性。

造反合法性的另一个更直接的来源是"起义"的概念，这是中国政治思想中的另一个悖论。在中国严格的君主制政治文化中，暴力抗命本不应是臣民的选择。然而，正如在第二章中所讨论的，推翻暴君的权利被深刻纳入了君主制理论。从周代商以来，起义的观念成为中国政治传统中不可分割的一部分。它为潜在造反者的行动提供了最有力的思想依据。

---

[1] 见 Tu（杜维明），"The Structure and Function of the Confucian Intellectual"，20页。

作为一个极为敏感的话题，起义的概念从来没有像中国传统政治思想中大多数其他问题那样被详细地分析过。因此，虽然有诸多先例明确显示皇位上的暴君应被德行高尚的竞争者取代，但究竟在什么条件下这一行为才能被合法化却从未被完全明确。[1]在关于该问题的少数理论探讨中，有三个特别有趣。第一个，是孟子为推翻某位暴君提供了最全面的论证。他认为"贼仁者，谓之贼；贼义者，谓之残。残贼之人，谓之一夫。闻诛一夫纣矣，未闻弑君也"。[2]这是对造反权最广义的解释，几乎可以赋予任何一个自认为正义的竞争者合法性去挑战现有的王朝，因为几乎任何国君都可以被视为"贼仁、贼义"者。与此相反的观点来自韩非，他认为应该抑制所有关于造反先例的讨论，因为这种讨论在本质上就是具有颠覆性的——"汤、武以义放弑其君，此皆以贤而危主者也，而天下贤之……故人臣……毋誉汤、武之伐……尽力守法，专心于事主者为忠臣。"[3]第三种观点，由韩非子的前辈荀子提出，其观点更加温和且精妙。荀子否认造反本身的合法性，但认为当君主无法确保基本的社会政治秩序时，其权威就不再合法，取而代之就是正当的。[4]正如我们将在下文看到的，荀子的意见预示了未来的造反理由，即造反转变为合法行动的条件并非王朝的倒行逆

---

[1] 参见Pines（尤锐），"To Rebel Is Justified?"中的详细讨论。
[2]《孟子·梁惠王下第二》第八章。
[3]《韩非子·忠孝第五十一》第三和第五章。
[4] 见《荀子·正论》，322—325页；Pines（尤锐），"To Rebel Is Justified?"，16—20页。

施，而是王朝权威的丧失。

孟子和荀子关于合法造反的观点显然并非在为未来的造反者提供意识形态的辩护，而是旨在警告君主。然而，"起义"的概念最终在整个社会蔓延开来，成为起义者手中的有力武器。意识形态背景各不相同的造反运动，通常都声称获得了上天的支持，而与"天"有关的形容词也成为造反领袖自我称呼中最常见的元素。这些起义首领显然都借用了中国政治文化中的这一观念，即反抗不义政权是合法的。总结而言，密迪乐的观察显然是相当准确的——造反的权利确实牢固根植于中国政治传统中，这是被压迫者和被剥夺者在与统治精英周旋时唯一可以依恃的"权利"。

平等问题

中国历代民众起义的共同特征之一是造反者常采用强烈的平均主义口号。[1]诸如"等贵贱，均贫富"之类的呼声屡屡出现，表现出起义者对政治秩序的两大支柱——社会等级和经济等级——的双重挑战。这些口号有明确的实际意义，即通过攻击现有的精英阶层以及提升自己及追随者的地位，造反者试图实现"等贵贱"；而通过暴力重新分配财富，以及偶尔改革税制和土地所有权模式，他们试图"均贫富"。这些口号和实际

---

[1] 我在这里采用了中国学者使用的"平均主义"，他们通常以这种方式定义造反的思想。参见董楚平，《农民战争与平均主义》。

做法引起了那些从事分析所谓农民起义者之阶级意识的现代中国和苏联学者的特别兴趣，他们就这种平均主义观点是否颠覆了当时的（"封建"）社会政治秩序展开了热烈的辩论。[1]另有一些评论者则认为这些对社会和经济等级的攻击表现了造反者的所谓"异端"。[2]与这种观点相反，我将尝试展示，正如造反理念本身一样，造反者的平均主义也根植于主流政治传统，这使得造反者的这些激进口号和做法合法化。

平等主义倾向，似乎与中国政治文化的既定形象相悖，毕竟，众所周知，中国的主流政治思想是高度精英主义的，围绕着"君子"与"小人"之分（见第三章）而建立，而维护严格的社会政治和经济等级秩序（"礼"）被认为是社会存在的必要条件（见第四章对"三纲"的讨论）。在先秦思想家们的著作中出现的平均主义趋势通常被称为"异端"，并被与孔子的对手，如墨子和老子联系在一起。[3]但是，这一视角忽略了某些即使是在所谓儒家学派中也存在的思维方式，这些思维方式在一定程度上对坚定精英主义有所缓和。其中最重要的一个广泛信念，就是人类在潜质方面基本上是平等的。根据这种认知，地位差

---

[1] 相关辩论在岑大利、刘悦斌的《中国农民战争史论辩》（221—239页）中有很好的总结；关于苏联学者的研究，参见 Smolin, "Проблема"。需要注意的是，中国和苏联的主流马克思主义历史学将中华帝国定义为"封建"国家，笔者认为这种定义非常值得商榷。

[2] 见 Liu（刘广京）和 Shek（石汉椿），"Introduction"。

[3] 见 Liu（刘广京）和 Shek（石汉椿），"Early Daoism"。然而，见 Munro（孟旦），他试图分析主流儒家思想中的平等概念（*A Chinese Ethics*，3—20页）。

异反映的是一个人在修身方面的差异，但这既不是天生的，也不是一成不变的。社会等级制度的最坚定支持者之一荀子就非常明确地提出了这一点：

> 故小人可以为君子而不肯为君子，君子可以为小人而不肯为小人。[1]

荀子的意思很明确——如果立志成为君子，小人也可以超越其原有的身份。这种提升没有绝对的社会障碍。实际上，社会流动对于社会运作的重要性并不亚于严格遵守等级制度。荀子称：

> 虽王公士大夫之子孙也，不能属于礼义，则归之庶人。虽庶人之子孙也，积文学，正身行，能属于礼义，则归之卿相士大夫。[2]

我特意引用荀子以说明先秦思想家对身份地位是可变化的这一认知的普遍性。荀子以极其严格地坚持遵守社会等级秩序的必要性而闻名。然而，即使是这位严格的精英主义者也毫不含糊地坚持社会流动理念，这足以说明人的地位区别是相对的和可

---

[1]《荀子·性恶第二十三》，443页。
[2]《荀子·王制第九》，148—49页。

变的，而不是绝对的。"官无常贵，而民无终贱"[1]，反映了战国时代的基本共识，在当时的社会实践中也得到体现。在那个生机勃勃的时代，一个有远大抱负的平民确实有多种向上层社会流动的途径，最显著的是凭借军功或经济成就。而知识分子则强调以学习作为攀升社会阶梯的最佳途径。如第三章中所述，他们中的许多人为自己出身草莽而自豪，并称自己完全是白手起家。毫不夸张地说，从战国时代开始，社会流动性就成为中国政治文化"基因代码"的组成部分了。

正是基于这种认识，我们现在来讨论造反者的口号"等贵贱"。随着帝国的统一及之后的社会稳定，下层平民获得社会进步的机会开始逐渐消失。此后，造反似乎为那些社会底层的人提供了满足其个人愿望的另一种途径。在历史上第一次已知的民众起义中，颠覆社会金字塔、抬举"贱民"的愿望就已经非常明显了。据称，发起反秦起义的陈涉（即陈胜，卒于公元前208年）试图通过调动士卒的野心来怂恿他们造反："且壮士不死即已，死即举大名耳，王侯将相宁有种乎！"[2] 陈涉的意思是，众多王侯都是自封的。很明显，他起义及煽动跟随者的主要动力是希望提升社会地位，而并非单纯出于对秦的仇恨或经济原因。

造反者企图彻底改变当时的社会政治等级制度，主要体现在两方面的行动上：一方面是针对官员和精英成员的极端暴

---

[1]《墨子·尚贤上第八》，67页。
[2]《史记·陈涉世家第四十八》，1952页。

力，另一方面则是向其追随者大方地分配高级官位和贵族头衔。有时，造反者会尝试通过制度建设来增强社会流动性，如太平天国的领袖们就采用了一种新型的科举考试，让考生成功的比例远高于帝国的正常科举。[1]然而，值得注意的是，从未有造反政权尝试过全面废除社会分层。造反者试图通过开辟新的向上和向下流动的途径来重塑社会政治金字塔，但他们并不打算完全废除等级分层，做到字面上的"等贵贱"。[2]因此，他们的目标（尽管不是手段）仍然是在传统游戏规则的框架之内。大规模提高下层成员的社会地位，在中国传统意识形态上是合法的，因而，对精英成员来说，与来自社会最底层的反叛首领合作也算合理。在更严格的基于血统的社会中（如中世纪欧洲贵族社会），这种合作是不可想象的。但在中国，基于"民无终贱"的普遍信念，这是完全可以接受的。

关于精英对平均主义思想的第二个层面，即经济平等的接受程度，我们并不确定。显然，中国主流思想倾向于维护严格的经济等级制度，在理想情况下应与社会政治等级相匹配。在先秦的大部分时期，规范精英生活的礼制成为儒家思想的基石。其主要作用是节制奢靡之风，让个人的经济特权以及其生前和死后的费用都与其社会地位相匹配；在这样的框架下，

---

[1] 关于太平天国的科举，参见周腊生，《大西、太平天国科举述略》。
[2] 此处应该提到的是，在某些造反领袖中，江湖义气比严格的社会区分更受重视；因此他们不喜欢将造反阵营制度化。详见董楚平，《农民战争与平均主义》，39页。

"平等"被视为僭越礼制。话虽如此，许多思想家对悬殊的贫富差距也表现出强烈的愤慨。在战国时期的文献中，我们可以发现一些令人惊讶的论述——支持财富平均分配，至少在下层平民的财富分配上是如此。这类论述甚至出现在主流文献中，如《论语》中的"不患寡而患不均"和《孟子》所主张的井田制；[1]而在墨子等思想家的著作中则得到更明确的体现，如《墨子》暗示人们要"相劳"或"并分"余财。[2]平均主义的愿景在儒家经典《礼记·礼运》篇中阐发得最为生动：

> 大道之行也，天下为公，选贤与能，讲信修睦。故人不独亲其亲，不独子其子，使老有所终，壮有所用，幼有所长，矜、寡、孤、独、废疾者皆有所养，男有分，女有归。货恶其弃于地也，不必藏于己；力恶其不出于身也，不必为己。是故谋闭而不兴，盗窃乱贼而不作，故外户而不闭，是谓"大同"。[3]

上述这段话成为各种乌托邦思想家的主要灵感来源。"大同"理念不仅吸引了造反者，也感召了当权者——从契丹皇帝耶律德光（926—947年在位）到太平天国起义军，从清末的改革家康有为（1858—1927年）到二十世纪的革命家如孙中山（1866—

---

[1] 见《论语·季氏第十六》第一章；《孟子·滕文公上第五》第三章。
[2]《墨子·尚同上》，109页。
[3]《礼记·礼运》，582页。

1925年）和毛泽东（1893—1976年）。尽管他们的政治立场迥异，却都在不同程度上受到"大同"理想的影响。[1]这一思想能够在儒家经典中保存并传承，本身就表明主流思想家对平均主义理想的包容度远超我们通常的认知。

尽管经济平等的思想从未成为主流意识形态，但其对统治者和被统治者都产生了深刻而持久的影响。如第二章和第四章中所述，早在汉朝（尤其是王莽篡政期间），就曾尝试通过限制私有土地的规模来缓解贫富差距，而后在五世纪末的"均田制"中也体现了对经济公平的渴望。对过度不平等的反对，是许多主流思想家的共识。他们对"富者田连阡陌，贫者亡立锥之地"[2]的经济两极分化现象屡屡表示愤慨。这种态度在第四章中提到王安石对"兼并者"的仇恨中也可见一斑。有产阶级对贫富差距过大明显不满，解释了为什么某些造反团体的激进平均主义并未被视为完全的异端，也没有因此断绝精英成员与造反者合作的可能性。也就是说，主张均财富的口号虽然激进，但仍处于合法政治话语的框架之内。

在本节与上一节中讨论的造反者和统治者思想之间存在的部分重叠，对造反的事业产生了复杂的影响。首先，它为造反者提供了一定程度上的意识形态辩护，这有利于他们的事业，让他们能够大规模动员民众加入他们的队伍。其次，借用密迪

---

[1] 见 Deliusin（Делюсин，德柳辛）和 Borokh（Борох）所编 *Китайские социальные утопии* 中的文章。
[2] 《汉书·食货志上第二十四上》，1137 页。

乐的观察，这种重叠又使造反变得缺乏"革命性"——也就是说，尽管造反者的口号是激进的，但这并没有将他们置于可接受的政治游戏规则之外。这让我们能够做出更进一步的结论：造反的半合法性，是其最终被纳入现有社会政治秩序的必要前提。接下来，我将通过一些具体案例，分析揭示这些思想因素是如何影响造反的实际政治进程的。

乱的始作俑者

在阅读中国历史和文学作品时，读者往往会对大规模造反造成的"末世景观"感到震惊。这些造反具有异常的破坏性，其原因将在后文讨论，在此我重点关注的是造反的煽动者和领导者所付出的高昂代价。虽然有少数造反领袖成功地建立了新王朝，或通过及时投降赢得了显赫的地位，但更多的人最终都走向毁灭——幸运者直接战死沙场，不幸者则被擒获、受尽酷刑，最后以难以言表的惨烈方式伏法，往往连其亲族、追随者乃至邻里也难逃株连。面对如此严峻的后果，我们不禁要问：是什么促使这些各具魅力的领袖们不顾一切地对抗朝廷呢？谁是那些在各个主要王朝统治下屡屡引发动荡的"始作俑者"（agents of disorder）？在分析潜在造反者的社会背景和思想渊源时，我将超越简单的"朝廷与造反者"二元对立的解释框架。

我们可以比较容易地甄别出两个群体通常属于"乱的始作俑者"，其中最明显的是所谓的匪（bandits）。"匪"（盗匪、强盗等）是一个贬义词，在帝国正史中被广泛地用来指称王朝的各种敌人，如来犯的外来部落、造反者以及普通的盗匪。然而在现实中，要在盗匪和地方社会受人尊敬的成员之间划出明确界限并非易事。只有部分盗匪是职业不法分子，通常是纯粹的犯罪团伙成员，从十数人到几百人不等，从事敲诈勒索、走私、抢劫等非法活动。还有许多只是"兼职盗匪"（part-time bandits），如有些农民会在农闲时打劫，过后又回归平静的生活；有些则是官方认可的团练或宗族武装成员，其活动从纯粹的防御扩展到掠夺、恐吓邻近的村庄等；甚至还有些是将盗匪作为额外收入来源的捕快和官兵。更复杂的是，当重大危急时刻（出现造反者、外敌入侵，或特别强大的黑帮崛起）来临时，地方官甚至可以雇用职业盗匪充当军事辅助力量。因此，盗匪和镇压他们的人之间的界限并不总是那么清晰。[1]

"匪"，不仅是一种社会现象，也是一种文化现象。一些盗匪遵守罗宾汉式的骑士精神，享有声望，并与当地百姓保持密切的联系。从当权者角度来看，受欢迎的盗匪尤其具有破坏性，因为这使得一种有替代性的社会政治"职业阶梯"（career ladder）被合法化，而这种阶梯显然有别于帝国当局维护的等级制度。在经济和社会层面，匪帮吸引了无地农民和其他处于农村经济边缘的人，他们的军事实力使他们成为现存秩序的潜

---

[1] 我对盗贼行为的讨论主要借鉴了 Perry（裴宜理），"Social Banditry"，Antony（安乐博），"Peasants, Heroes, and Brigands"，以及 Robinson（鲁大维），"Banditry"等研究。

在挑战者。尽管通常来说"盗匪"会尽量避免公开的造反活动，但在野心勃勃的首领的领导下，他们可以从盗匪转变为具有政治诉求的反抗力量。一个庞大且组织严密的团伙总是有演变为政治威胁的可能，而不仅仅局限于造成社会和经济层面的破坏。如果官员不能及时处理这种潜在威胁，他们可能会因懈怠而付出高昂的代价。

现有秩序的第二个主要威胁来自宗教组织，通常被称为"邪教"（heterodox sects）、"民间宗教运动"（popular religious movements）、"末世造反者"（millenarian rebels）等。官方文献通常以非常负面的语言描述这些教派。长期以来，学者们也习惯性地接受官方的这种论调，认定这些教派必然会危害政治秩序、破坏社会道德。然而，如今这种一度盛行的观点已让位于一种更平衡的视角，因为给各种不同群体打上"邪教"标签有时是不公正的。在大多数情况下，这些群体的组织是松散且多变的，而且往往很难将它们与那些存在于佛教和道教等公认宗教边缘的民间组织相区分。就其社会构成而言，这些教派呈现出多元化的特征，甚至常常能吸引不少精英成员加入。从这些教派的"宝卷"来看，其思想内容基本上并不违背国家和主流社会价值观。他们也经常从事与那些由地方精英发起的各种善举非常相似的慈善活动。上述这些特点都表明，对于大多数教派而言，不能采取简单化的"正统与异端"二元对立的判定。然而，不可否认的是，部分教派确实对国家安全构成了潜在威胁，而这与这些教派的某些社会特征和思想倾向有着内在的联系。[1]

可以通过几个因素来区分反叛性的教派与其他同当权者和平相处的宗教或民间信众团体（lay congregations）。其中，教派的末世倾向格外重要。在汉朝末期，末世信仰在道教中迅速滋长，后来又被佛教和可能来自摩尼教的信仰所强化。末世信仰的传统从其在中国诞生之日起，就与潜在的造反活动密切相关。教派信仰者认为，预期中的天灾将与现存政治秩序的剧烈崩溃一同发生，这一信条有助于其造反活动。尤为重要的是，这些末世信仰往往与对救世主降临的期望紧密相连，如佛教的弥勒佛、道教的李弘等都被视为救世主。救世主会让信徒在即将到来的世界末日中幸存下来，并作为被选中的"种民"建立未来的新世界。[2]因此，救世主被视为未来的君主，而这一观点使其支持者不可避免地与朝廷发生冲突。

末世信仰并不必然导致立刻造反，因为对劫末（end of the kalpa，即本世的终结）的预期可以指向遥远的未来。然而在危急时期，具有感召力的教派领袖可能会宣称末日临近，号召

---

[1] 关于中国教派的文献很多，且在迅速增加。对宗教运动的既定观点提出挑战的重要研究参见Ter-Haar（田海），*White Lotus*；另参阅Liu（刘广京）和Shek（石汉椿）所编*Heterodoxy*中的文章。关于教派的思想，见Overmyer（欧大年），"Attitudes toward the Ruler and State"。关于教派造反的深入研究，参见Naquin（韩书瑞），*Millenarian Rebellion*，和*Shantung Rebellion*。

[2] 关于中国末世信仰的介绍，见Zürcher（许理和），"Prince Moonlight"；另见Naquin（韩书瑞），*Millenarian Rebellion*。

虔诚信徒为即将到来的冲突做好准备。这类号召往往能激发追随者的热忱，促使他们立即采取行动对抗朝廷。随后，精力充沛的领袖会将一个教派转变为具有凝聚力的信众团体，而信众的社会伦理和道德准则都以该团体为导向，并积极从事传教活动。由此，会众人数与影响力会快速增长，而这将更容易引起官府的警觉，进而使其采取各种打压迫害措施。而对遭受镇压和迫害的恐惧，又进一步加快了该教派采取反抗王朝行动的步伐。[1]

末世教派在政治上具有颠覆性的潜力已为帝国当局所熟知，这使得他们对任何类型的教派活动都极不容忍。教派思想的确切内容以及他们所谓的"无道"行为（例如，赋予女性更强的公众角色，这在儒家化的社会中是不可接受的）并不重要，有时"邪教"标签也可以贴在那些在思想上看似"正统"的团体身上。[2] 引发朝廷镇压的更重要因素是该教派的传教活动，尤其是那些规模宏大的教派。警惕的官员会注意到教派人数的增加，然后就会迅速而无情地采取各种镇压和迫害措施。这种几乎必然出现的打压，反过来又推动了教徒走向造反。教派领袖们担心被定性为"妖贼"而遭到处决，因此往往选择先发制人，以造反作为自保手段。因此，相互恐惧是教派和当权者水

---

[1] 见 Naquin（韩书瑞），*Millenarian Rebellion* 及 *Shantung Rebellion*；Liu（刘广京），"Religion and Politics"；Shek（石汉椿）和 Noguchi（野口铁郎），"Eternal Mother Religion"。

[2] 见 Perry（裴宜理），"Heterodox Rebellion?"。

火不容、走向不可避免的冲突的原动力，进而造成了许多教派首领的极端反抗。在某种程度上，官员们对教派叛乱的恐惧变成了一种自我实现的预言。

总的来说，盗匪和邪教是破坏帝国安宁的两大威胁，但还有另一个"乱的始作俑者"，即那些本应保护国家而不是攻击它的亚精英群体（sub-elites），或称次级精英（minor elites），如秀才、文吏、低级军事官员、商人和僧侣等。这些人通常都与政治机构有些联系，并在现有秩序中占有一席之地。虽然其中一些人可能从事非法活动（包括盗匪和邪教），但他们通常不会跨越从犯罪或破坏行为到反政府暴动的鸿沟。然而，一旦做出决定——或被迫——跨越了这一界限，精英或亚精英中的造反者将成为朝廷最强大的敌人。

将精英成员从王朝的保护者阵营推向敌对阵营的原因有很多。有些是出于个人野心，有些人因卷入冤狱或刑事案件而在现有政治框架内失去立足之地；另有一些人则是被不利的政治环境所裹挟，例如在政治动荡时期，轻率的地方官将自卫的民兵误认为是潜伏的造反分子，并决定对其所谓的头目进行迫害，等等。这些精英和亚精英成员一旦加入造反阵营，往往会对王朝构成严重威胁，因为他们比普通盗匪或教派分子更能洞察并利用朝廷的弱点。[1]此外，相当一部分本应保卫王朝的人开始加入叛军阵营，这一事实本身就是王朝衰微的最明显迹象。因此，精英成员成为最危险的叛乱的始作俑者。然而，正

---

[1]《水浒传》中有很多例子。

如我们稍后将讨论的，这些对旧王朝的崩溃起到决定性作用的人，也往往促进了造反完成后常态政治秩序的重建。

"乱的始作俑者"的存在，即在某些情况下愿意挑战统治王朝的个人和团体，是爆发造反最重要的前提。然而需要注意的是，这些"始作俑者"中的大多数通常不会主动反抗，除非政府（或其代表者）的某些行为迫使他们做出那个决定。事实上，造反者自己和不少历史学家经常抱怨"官逼民反"。[1] 接下来我们将探讨造反是如何开始的，以及其发展是如何与帝国的运作（或失误）相关联的。

造反有理

公元前209年，秦始皇去世后不久，一队应征入伍的兵士被派往戍驻地。由于大雨，道路无法通行，他们没有按时到达，并将因延误而面临处决。屯长之一陈涉转头对他的同伴说："今亡亦死，举大计亦死，等死，死国可乎？"[2] 此后，陈涉发起了推翻秦朝统治的起义。

这个记载在司马迁《史记》中的故事在中国历史上广为流传，并为历代王朝提供了重要的警示。对大多数文人而言，该

---

[1] 参见Liu（刘广京），"Religion and Politics"，307页。库车的回部起义在1864年也采用了这一口号，可能是他们预想这样做能增加造反的正当性。参见Kim（金浩东），Holy War，53页。
[2] 《史记·陈涉世家第四十八》，1950页。

故事提供的信息很明确——一个残酷且极具压迫性的政权（秦就是一个典型例子）必然激起民愤，最终走向覆灭。这种观点可能会在许多憎恨暴政的现代读者心中引起共鸣，且得到其他"暴君"事迹的印证，如隋炀帝（604—618年在位）同样因过度残暴而导致亡国。[1]然而，尽管这一结论看似顺理成章，但当我们试图据此判定中国历史上多次民众起义的模式时，就显得有些勉强了。政治因素确实在促进或防止起义方面发挥了重要作用，但政权的严酷程度与起义发生之间的关系远非陈涉故事所呈现的那般直接明了。

在促成起义的众多因素中，经济因素显得尤为重要。由于中国大多数农民的生活仅能勉强维持生计，任何重大的天灾或人祸都可能威胁到他们的生存。持续的危机迫使许多农户长期负债累累，最终失去土地，导致他们加入无地流浪者的行列，成为未来动乱的燃料。这些陷入绝境的民众通常最早加入匪帮，成为城乡暴动的参与者，以及后来的叛军成员。大多数动乱和屡次造反背后的经济因素，对于大多数统治者来说都是显而易见的，因此，他们投入了大量努力来防止农民经济状况的恶化，并试图减少农民无地无产的现象。[2]

然而，对中国历代君主而言，要从根本上解决无地农民群体日益扩大的问题却十分困难。最基本的困境在于，在相对和

---

[1] 详见Xiong（熊存瑞），*Emperor Yang*。
[2] 关于经济困难与社会动荡之间相关性的统计分析，见Tong（汤维强），*Disorder under Heaven*，76—95页。

平有序的统治时期，人口增长将导致人均耕地面积降至维持基本生计水平以下。而其他因素，如日益增长的人口所带来的土壤和水资源被过度开发造成的生态恶化、地方精英的土地掠夺、税收负担的加重等，都会加速自耕农向佃农的转变，或者更糟地，向流民和盗匪的转变。[1] 尽管这一过程的速度和规模在不同朝代之间存在着相当大的差异，但其从汉朝到清朝的持续存在是不可否认的，它们对王朝存续的负面影响同样显而易见。

农户经济状况的恶化在煽动动乱中具有重要意义，但并不一定会立刻导致大规模起义的爆发。即使在艰难的条件下，帝国政权只要审慎行事，仍能维持相对稳定。只要朝廷能够妥善应对经济危机（如通过各种赈灾措施），只要官僚机构和军队对潜在动乱保持足够警惕，只要朝廷赢得绝大多数地方精英的效忠，就可以防止大规模的造反。在这种情况下，经济困难可能会引发地方骚乱，如粮食暴动、抗租抗税，或针对地方官员、胥吏、富商和地方恶霸的零星袭击，但不会引发大规模造反。[2] 裴宜理指出，传统（和现代）中国的大多数抗议者都

---

[1] 关于人口增长对中国经济的影响，见Chao（赵康），*Man and Land*；关于中国几个世纪以来的生态变化，见Elvin（伊懋可），*The Retreat of the Elephants*；关于帝国后期湖南省案例的一个深刻研究，见Perdue（濮德培），*Exhausting the Earth*。

[2] 见Wong（王国斌），"Food Riots"；Perry（裴宜理），"Protective Rebellion"；参阅Tong（汤维强），*Disorder under Heaven*。

倾向于"遵守规则"(play by the rules)，[1]限制抗议范围并避免大规模造反。这使得朝廷能够通过镇压和缓和并用的方式来控制局势，包括在适当的时候惩罚有罪的官员及改变滥用职权的行为。只要这些"游戏规则"(rules of the game)得以维持，即使在最不利的经济条件下，危机在政治层面仍然是可控的。

抗议者愿意"遵守规则"主要源于对王朝威权的敬畏。对于大多数政治人物（从流民到心怀不满的文人）来说，直接挑战皇权无异于自取灭亡。王朝拥有（至少在名义上）几乎无限的军事和行政资源来对付对其生存造成威胁的任何势力。尽管常备军队往往分散驻扎在各地，但地方官仍然可以依靠当地驻军、衙役和乡勇团练来应对各类突发事件。在紧急情况下，他还可以动员一些临时的乡勇，请求邻近地方官的支持，或者在最坏的情况下，请求调动其他地区的常规军队。这些力量联合起来通常足以威慑潜在的造反分子。只要王朝的威严没有被国内外的危机所动摇，它就能将抗议和集体暴力限制在局部范围内。

话虽如此，在某些情况下，潜在的造反者确实能找到可乘之机。帝国官僚机构往往行动迟缓，效率也很低下，地方军队协调不力、人手不足、待遇偏低、士气低下。潜在的造反者或其同情者可以渗透到行政和军事机构的下层，获得宝贵的情报，并对官府要塞发动突然袭击。最重要的是，潜在的造反者

---

[1] Perry（裴宜理），"Permanent Rebellion?"

知道，一旦获得一些成功，他们就可以成为新的政治势力，无数贫困者将随即加入他们的行列，使他们在数量上比官军更具优势。造反往往是当某个"乱的始作俑者"被逼到绝境，挑战地方官府时偶然开始的。但如果其初步挑战获得成功，造反就会急剧蔓延。[1]

值得注意的是，从已知的大多数造反的发展轨迹，如韩书瑞所深入研究的，可以明确看出官府的压迫在造反起因方面并非最关键的因素。与传统的"官逼民反"的抱怨不同，官府的主要问题不是过于强硬，而是软弱和无能。可以肯定的是，朱元璋和清初几位皇帝比他们的继任者更加严酷和残忍，但事实上，正是在王朝后期几位软弱的统治者治下，巨大的造反运动才席卷了明清两朝。软弱，而非残暴，是王朝君主最不可原谅的错误。如果王朝无力镇压盗匪，如果它允许邪教获得一些胜利，如果它让暴徒逃脱惩罚……所有这些怠慢都会被解释为其衰落的不祥征兆，并改变权力天平的平衡。在这种情况下，即使官府获得胜利，除非是决定性的，否则难以挽回颓势；然而，如果盗匪、暴徒或"邪教"分子对官军造成了重大挫败，那大规模造反的道路就会随之开启。通常在这样的初步成功之后，一群普通的不法分子便会宣告他们取代旧王朝的政治意图，而这标志着造反已超出局部骚乱的范围，演变为威胁王朝存续的灾难。

---

[1] 关于朝廷和叛军之间权力平衡的分析，见 Naquin（韩书瑞），*Millenarian Rebellion* 和 *Shantung Rebellion*。

许多造反最显著的特征之一，是它们在取得初步成功后便以惊人的速度蔓延。史料中屡见"成千上万"甚至"数十万"造反者拥戴新首领，"云集响应"，"赢粮而景从"等。那么，为什么这些起义会如此迅速地蔓延开来？显而易见的答案还是经济因素。对于失去所有财产并面临饥馑的绝望民众来说，加入造反军给他们提供了享受有产者的优渥生活的机会，即便只是短暂的。劫掠粮仓、当铺、豪门宅邸是造反者惯常的行径，这又必定引来更多无产民众加入。其次，在末世主义造反的情况下，有些人可能会被教派的救赎承诺所吸引。最后，也有不少普通人是被抓丁胁迫加入叛军的。[1]

然而，撇开经济和宗教因素不谈，我认为政治动机在引发造反的过程中是至关重要的。造反只有在官军最初失败后才会蔓延开来，这绝非巧合。叛军的胜利，尤其是成功地占领了县城，在更有利的情况下甚至占领了州府，这种胜利向许多摇摆不定的骑墙者发出了旧王朝即将终结的信号。政府的威严一旦衰落，就无法再威慑对手，也不能再赢得昔日支持者的效忠。最绝望的无产者将首先加入造反者的队伍，随之而来的还有许多其他人，对这些人来说，旧秩序的崩溃不仅意味着物质财富的重新分配，还意味着权力和声望的重新分配。早在《国际歌》传入中国之前，无数人就热切地接受了它的承诺——"不

---

[1] 这些因素在 Naquin（韩书瑞），*Millenarian Rebellion* 及 *Shantung Rebellion* 中有所讨论。

要说我们一无所有，我们要做天下的主人！"[1]在王朝即将灭亡的那一刻，加入其敌对阵营就显得十分明智，被视为善于审时度势。许多加入叛军的人并非出于意识形态的认同，而是出于现实考量，他们的行为预示并呼应了这样一个口号——"造反有理"。

"矫枉"与"过正"

当骚乱、劫掠和小型抗争转变为全面起义，往往伴随着社会政治秩序的剧烈崩解。这种崩解的直接表现和原因之一是社会的全面军事化。由于无法遏止造反，朝廷不得不依靠各种各样的临时性的半军事组织，从乡勇团练到犯罪黑帮，以及被招募为朝廷武装的部落番兵等。这些在很大程度上不可控且纪律松弛的军事力量往往会对当地社会造成严重的破坏。更为棘手的是，在长期的兵祸之后，即使是官军也可能变得不可靠，因为将领们对升官发财更感兴趣，而不是镇压造反。类似的瓦解在叛军阵营中也很普遍。一个常见的模式是地区性的造反首领的自治程度越来越高，其中一些人通过从名义上的上级那里获封而成为新的地区掌权者，而另一些人则寻求完全独立，迈出进一步争霸天下的步伐。因此，一场造反往往会引发一场天下大混战，相互竞争的军队、帮派、自卫武装和各种乡勇可能会令整个省份的人口锐减。因而，在造

---

[1] 译者按：这里根据中国读者最熟悉的1939年萧三译版。

反之后，户籍统计的结果显示人口减少数百万甚至数千万也就不足为奇了。

造反最突出的特征之一是其极端的暴力程度。诚然，在任何战争和王朝更替时期，暴力都是普遍的，但不得不说，民众起义期间的暴力异常残酷。叛军与官军展开生死较量，他们既不怜悯敌人，也不会怜悯自己的亲属。在末世性质的造反中这种现象尤为突出。例如，据称受道教（五斗米道）影响的孙恩造反（399—402年）经常消灭那些拒绝加入的人，包括儿童和婴儿，他们的残酷无情甚至波及了自己的后代。相传当叛军行军无法带走婴儿时，他们便将婴儿投入水中，说："贺汝先登仙堂，我寻后就汝。"[1] 类似的狂热也是许多其他教派造反的特征，并在受基督教启发的太平天国运动所造成的末日屠杀（apocalyptic carnage）中达到顶峰。

人们常常将极端残暴归咎于"宗教狂热分子"，但这恐怕过于简单化了。那些宗教因素不那么重要的造反也向我们展示了类似的令人毛骨悚然的屠戮场景。让我们简略地回顾一下黄巢起义（875—884年），该起义对辉煌的唐朝造成了几乎致命的打击。历代史料和诸多私人（包括外国人）笔记都将自称为"均平大将军"的黄巢描述为对唐朝政权抱有近乎病态的仇恨，并极欲"铲除"其支持者。881年初，在攻占唐都长安之后，他的军队开始对当地士族家庭进行有组织的恐怖活动，掠夺其

---

[1] 转引自黎志添（Lai Chi-tim），《东晋时期的道教与政治造反》（Daoism and Political Rebellion），90页。原文见《晋书·孙恩传第一百》，2633页。

财产，凌辱其女眷，占据其宅邸，斩首官员，并屠杀所有皇族成员。其后当叛军再次夺回长安时，据说黄巢下令屠杀八万居民，用其鲜血"洗城"。一些中国学者将这些事件解释为"阶级斗争"的例子，可能确实如此，[1]但黄巢所杀的受害者并不完全是富人和有权势的人。《旧唐书·黄巢传》中的记述极为简略：

> 时京畿百姓皆砦于山谷，累年废耕耘，贼坐空城，赋输无入，谷食腾踊，米斗三十千。官军皆执山砦百姓，鬻于贼为食，人获数十万。

随后另有记述：

> 人饿倚墙壁间，贼俘人而食，日杀数千。贼有舂磨砦，为巨碓数百，生纳人于臼碎之，合骨而食。[2]

当然，其中一些令人毛骨悚然的场景有可能是仇视黄巢的文人史家们杜撰的，但很难将它们全部视为凭空捏造的内容。关于造反的极端暴力，中国史书中一直有许多描述，这不可能仅仅是出于宣传的需要。虽然夸张可能是难免的，但造反者异常残暴的证据是无可辩驳的。精英阶层固然是造反的主要受害

---

[1] 参见滕新才，《论黄巢的性格特征及其影响》，137—138页。
[2] Levy（李豪伟）译注，*Biography of Huang Ch'ao*，34、42页；《旧唐书·黄巢传第二百下》，5394、5397页。

者、官员、皇亲国戚、宦官、普通文人、富商、富裕地主等，都因为对统治王朝的政治认同或财富而成为攻击目标。然而在黄巢起义的例子中，许多平民也被杀戮，特别是在那些拒绝归降叛军的城市中。[1]而这种明显的暴力倾向又是什么原因造成的呢？

造反时的极端暴力有多种成因。就最直接的层面而言，它反映了中国战争中一种普遍的残酷模式，该模式允许屠杀平民，尽管对此并不会加以称道。出自官军方面的暴力也反映了这一点，官军一再屠杀实际或想象中的造反支持者，并以极其残忍的方式处决造反头目，如实施剐刑等。对造反者而言，激进残暴有助于巩固叛军的团结，并阻止叛军尤其是新兵的潜逃，因为一旦他们参与了杀戮，就无法再指望朝廷的宽恕。[2]然而，除这种直观的解释之外，我认为叛军的暴力行为与所谓"造反文化"（culture of rebellion）有关。说到"造反文化"，我无意重复讨论诸如暴力的文化层面，或中国文化中"武"与"文"价值观的关系等问题，[3]而是要聚焦于特定造反中某些常见的文化现象，尤其是暴力对于造反合法性的重要意义。中国

---

[1] 详情见Rowe（罗威廉），*Crimson Rain*；Naquin（韩书瑞），*Millenarian Rebellion*。关于官军有组织地啖食"贼寇"人肉的做法，见Tong（汤维强），*Disorder under Heaven*，3页。

[2] 在这方面，中国叛军的暴力可与海明威的不朽之作《丧钟为谁而鸣》中所描述的西班牙内战里的农民的暴力相提并论。

[3] 关于这个问题，见Ter Haar（田海），"Rethinking 'Violence'"；参见Lewis（陆威仪），*Sanctioned Violence*。

历史上最敏锐的革命家，毛泽东曾对这一问题进行过透彻的分析。1927年，在《湖南农民运动考察报告》中，毛泽东赞许地描述了农民对阶级敌人的残酷对待，总结道：

> 农民若不用极大的力量，决不能推翻几千年根深蒂固的地主权力。农村中须有一个大的革命热潮，才能鼓动成千成万的群众，形成一个大的力量。上面所述那些所谓"过分"的举动，都是农民……的力量所造成的。这些举动，……是非常之需要的。……必须把一切绅权都打倒，把绅士打在地下，甚至用脚踏上。……质言之，每个农村都必须造成一个短时期的恐怖现象，非如此决不能……打倒绅权。矫枉必须过正，不过正不能矫枉。[1]

毛泽东在国民革命阵营内部复杂的政治论战中写成的这篇报告，可以说是他最伟大的文学杰作之一。他的目标并非要对整个"农民起义"现象进行历史性分析。[2] 尽管如此，我认为毛泽东充分掌握了造反者如此凶残的一个重要原因，即极端暴力与"矫枉"的内在联系。在中国文化中，我们可以清晰地识别出一种强大的倾向，即赞美那些为正义或为自己和朋友报仇而坚决战斗的人。这些无畏的壮士，如刺客、家臣或游侠，毫不

---

[1] 毛泽东，《毛泽东选集》第一卷，28—29页。
[2] 关于该报告的背景，见 Van de Ven（方德万），*War and Nationalism in China*，109—118页。

犹豫地拔剑出鞘来向权贵讨还公道。这些人物一直受到各个社会阶层成员的喜爱。[1] 这种人物形象的普及，证明在中国文化中存在着一股强烈的反等级制度的暗流，也证明了在中国一直存在着一种传统，即将极端暴力及对现存社会政治秩序的挑战视为伸张正义的最高体现。这种世界观在伟大的文学杰作《水浒传》（十五至十六世纪）中得到了最有力的彰显。《水浒传》的主角是一群反抗宋朝朝廷、"替天行道"的造反者。

《水浒传》是一部丰富而复杂的作品，其形成经历了几个世纪，它可能融合了民间流传的关于造反英雄的故事，同时又经过了作为其作者和编订者的文人的哲学和意识形态理念的改写。它并没有对造反和暴动进行盲目的赞美，事实上它揭示了造反最终的虚妄性。[2] 作者们也不一定认可主角们过度诉诸暴力。有时他们似乎对李逵这类人的嗜血也感到厌恶，尽管将其滥杀无辜的行为认定是"天煞星"转世所致，这种说法本身也是对其暴力行为的部分粉饰和在一定程度上的"辩护"。然而，《水浒传》显然也是同情造反者的，他们的正义和义气与朝廷的腐败和阴谋形成鲜明对比；而且作者们在很大程度上容忍了主角的暴力行为，暗示其是为了"矫枉"而难以避免的"过正"手段。就李逵而言，即使叙事中充分展现了其阴暗的性格特征，读者仍然能感受到作者对其正直、直率、蔑视等级的心

---

[1] 更多内容见Liu（刘若愚），*The Chinese Knight Errant*；Pines（尤锐），"A Hero Terrorist"。
[2] 详见Plaks（蒲安迪），*The Four Masterworks*，279—358页。

态，尤其是对其造反精神的某种欣赏，而显示出明显的喜爱。读者的同情显然倾向于他"杀去东京，夺了鸟位"的呼声，[1]以及甚至在生命的最后一刻他仍勇于反抗（"反了罢"）。[2]归根结底，李逵的残暴行为似乎在一定程度上得到了谅解。

如果上述分析有一定道理，那么反叛者的残暴行为很可能在一定程度上是蓄意为之，目的是表明他们过去受到的冤屈是多么深重，其起义又是多么正当。此外，反叛者的暴力也以另一种更微妙的方式为造反服务。通过对生命和财产的大规模破坏，造反者证明了执政王朝已不能维持基本的社会政治秩序，而在思想家荀子及许多其他人眼中，这是区分合法统治与非法统治的关键分界线。流血冲突和动乱趋于恶化，表明当时的君主已经失去了天命，应该被取代。然而，要想创立一个得民心的新王朝，造反者或其对手最终必须展示出他能恢复政治秩序和结束极端暴力的能力。于是，在一片天下大乱中，新政权应运而生，并开始重建帝制统治的进程。

"由乱到治"：重建秩序

造反的破坏性似乎足以动摇整个社会政治秩序的根基。那么，它又如何能与本章开头所引用的密迪乐的论断相呼应，即造反是"国家稳定的首要因素"？如李逵这样的造反者，怎么

---

[1]《水浒传》第四十一回，606页。
[2]《水浒传》第一百回，1475页。

可能为稳定和秩序做出任何贡献呢？换言之，我们要如何理解造反对于"国家稳定"的建设性意义呢？

为了回答这些问题，我们将回归到对造反原动力的分析。造反一旦发生，确实就会变成一种极具破坏性的力量。但从最初阶段开始，造反首领就显现出要最终恢复政治稳定的倾向，而不是永远摧毁它。最重要的是，这种政治秩序的恢复总会被设想为建立一个新的皇朝取代现有的，而不是采用其他的政治模式。对帝国秩序的接受，即使是在象征层面上，也是极为明确的。从造反开始，其首领往往自称是某某将军、元帅、王侯等，这意味着他们寻求的是重新确立自己在帝国社会政治金字塔内的地位，而不是要打破这个金字塔并置身其外。对帝国秩序的这种由衷认同，表明造反者从根本上仍属于帝国政治文化框架内，即使在造反最具破坏性和最暴力的阶段，这种归属感也是显而易见的。[1]

成功的造反会进入下一阶段，即在获得稳固的领土基础后，就着手建立新秩序。在这个阶段，造反者采取了发展行政机构的举措，包括征收赋税、征兵、核查户籍等，在帝国时代的后半程，甚至举办了科举考试。虽然在实施这些举措中的每一步通常都伴随着对现存制度的某些修改（例如上文所述，太平天国就简化了考试并扩大了录取人数），但帝制的基本框架得以保留。正是在这个阶段，造反首领会弱化或完全放弃他们之前所鼓吹的有关平等的口号及承诺，转而试图吸引精英成

---

[1] 更多内容见 Aubin（鄂法兰），"The Rebirth of Chinese Rule"。

员——包括前朝的官员——加入自己的阵营。社会渐趋稳定，伴随着掠夺和暴力的减少，在被征服地区也会采取更具建设性的措施。如果这一过程不被打断，那么其将走向一个新王朝的建立，新皇帝受天命而登基。

从"矫枉过正"的暴力泛滥到回归帝国秩序的常态，是造反演变的必经过程。并非每次造反运动都能够或愿意摆脱暴力和混乱的阶段，并开始建立一个稳定的根基。例如，黄巢在占领唐朝京城之后才在建立新的帝国秩序方面迈出了重要一步，但他既未能约束其支持者，也没有在唐朝官员中吸引足够数量的追随者，这极大地削弱了他的政权。明末的造反者张献忠（1606—1646年）在四川建立了短命的大西王朝（1644—1646年），其失败证明了他缺乏将自己从"流寇"转变为国家建设者的能力。在他统治下发生的最为臭名昭著的屠杀事件是他召集四川文人参加由他主持的科举考试，结果却将他们全部杀害了。[1] 但也有其他例子，如朱元璋（及一些其他反元造反分子），就成功地建立了稳固的根据地，并拥有一个运行良好的准帝国政权。太平天国运动提出了一种更复杂的模式，他们发现为了顺利管理他们的"太平天国"而放弃一些平均主义理想是有利的，但也试图至少在都城天京（南京）维持他们的理想制度。[2]

---

[1] 见周腊生，《大西、太平天国科举述略》，32—34页；Parsons（潘瞻睦），"The Culmination"，393页。

[2] 见Kuhn（孔飞力），*Rebellion and Its Enemies*；参考Bernhardt（白凯），"Elite and Peasant"。

尽管各个造反政权之间存在诸多差异，但我们可以确信地说，大多数（如果不是全部）造反的共同轨迹是从战争和破坏转向重建帝国秩序。

那么究竟是什么促使叛军从破坏转为逐步恢复帝国常态？为什么他们中没有任何一个——无论是邪教徒还是盗匪——试图建立一种不同的政治秩序来取代他们所反抗的体制？这个问题的答案最终可以在政治文化领域找到，即帝国政治和意识形态体系具有霸权地位。造反者没有可以取代现存的帝国秩序的选项。他们可以尝试修改它，减少剥削和腐败，限制滥用权力，但他们从未尝试用任何"革命性"的措施来取代旧有秩序。中华帝国的基本制度——即大一统、皇权至上、尚贤使能、家长式"民本"模式，以及官员将部分任务委托给地方精英等，仍然是造反者的默认选择，正如它也是外来征服者的默认选择一样。每个新加入帝国政治博弈的人都想要改进这个系统，消除其重大弊端，但没人能提出任何真正的替代方案。

促使叛军迅速融入帝国秩序的另一个重要因素是精英成员与造反首领的合作。在帝国早期反叛的陈涉，是个"氓隶之人，而迁徙之徒也"[1]，曾成功地招募了几位文人精英成员，包括孔子的后裔孔鲋（陈人或称孔甲，卒于公元前208年）和秦朝博士叔孙通（活跃于公元前210—前190年）等。这种模式并非偶然，而是贯穿了整个帝国历史。一些精英成员，尤其是下层精

---

[1]《史记·秦始皇本纪第六》，281页（引用贾谊的《过秦论》）。

英（如秀才、文吏等），从一开始就加入了造反；随着造反的进展，许多其他精英成员也纷纷加入。有些人是被迫加入的，而另一些人则是主动投靠；一些人在叛军队伍中脱颖而出，而另一些人则未能与粗鄙的盗匪建立起可持续的合作模式。但总体趋势是一致的。在叛军队伍中可以发现许多文人，甚至在臭名昭著、杀人如麻的张献忠身边也有精英成员，这一点相当引人注目。[1] 我们可以进一步深入讨论造反的共同模式，即文人会进入造反领导层，这个现象与造反者从残酷军事斗争转向政治建设一样，都是造反历程会经历的常态。

精英成员为什么愿意跨越阶级界限，加入叛军行列，协助那些甚至最为声名狼藉的造反首领去建立新王朝？我们可以在上文讨论过的"民本"话语的背景下来理解这种意愿。"民意"是政权合法性的最终来源，反抗残酷暴君或臭名昭著的庸君是合理的，极端的平均主义口号也不至于破坏造反的合法性——所有这些都是文人与造反平民之间的桥梁，缓和了"阶级对立"。此外，这些文人也认识到，如果发生了造反，那就意味着在事实上现有王朝丢掉了其"天命"，而这一点反过来又切断了这些精英对现有皇族的效忠义务，使他们能够重新选择效忠对象。尽管忠于统治王朝的想法能够阻止高级官员的大规模叛逃，但它无法阻止失业或赋闲精英与造反者进行合作。

---

[1] 精英成员在叛军队伍中的存在，让我们质疑Kuhn（孔飞力）将精英认定为叛军天然敌人的假设。关于太平天国案例的更详细研究，见 Zheng（郑晓薇），"Loyalty, Anxiety, and Opportunism"。

精英阶层的参与，为造反者提供了合法性和恢复政治秩序所急需的人力和智力。然而从阶级角度来看，这也"诱捕"（entrapped）了造反者。通过加入造反阵营，文人谋臣们促进了造反者迅速融入帝国的政治结构。如前所述，造反者并不打算破坏帝国秩序，而只是想提高自己在帝国政治秩序中的地位，因此文人谋臣们巧妙地利用了这种倾向，将自己塑造成粗鄙叛军首领与帝国政体之间的桥梁。通过他们的参与，文人可能会在很大程度上确保造反能够促进如密迪乐所言，"清除并振兴政治气氛"，而不是破坏帝国的政治体系。

小结：造反与帝国的长久性

从二十世纪五十年代到八十年代初，中华人民共和国的学者们就"农民起义"在中国历史上起到的作用展开了热烈的讨论。尽管这些辩论在很大程度受到政治限制，要验证毛泽东的论断——"在中国封建社会里，只有这种农民的阶级斗争、农民的起义和农民的战争，才是历史发展的真正动力"[1]，但这些讨论还是对许多问题进行了有见地的观察，如起义的性质、起义的短期和长期社会经济影响，及其在帝国历史总体发展中的地位等。因此，尽管今天很少有人会去讨论起义是否影响了中国历史上所谓"从奴隶制到封建制转变"或"从封建制到资本

---

[1] 毛泽东，《中国革命和中国共产党》（1939年），见《毛泽东选集》第二卷，308页。

主义转变"，但中国历史学家提出其他问题，在当今学术界仍有较高的研究价值。例如，中国造反领袖史诗般的斗争是否完全徒劳无功？下层民众在起义期间是否在巨大的牺牲中也曾获得任何好处？起义的建设性（或重建性）元素是否能弥补其在政治和社会结构中造成的巨大破坏？[1]

对于这些问题，显然没有简单的答案。跨越两千多年的数百次大小规模的造反与内战，产生了截然不同的后果。其中一些，如东汉末的"太平道"（即"黄巾军"，公元184年）及十九世纪的太平天国，最终都被镇压，但留下一个被严重削弱的帝国和比以往任何时候都更强大的地方精英。其他一些造反运动，如朱元璋或之前的刘邦，成功地建立了一个充满活力的王朝，而其所建立的政权，至少在初期，都倾向于保护农民经济利益并尽量减轻农户的负担。明末的起义则展示了另一种模式，尽管这些造反被镇压，但为新王朝（清朝）的权力重组铺平了道路，使其比地方精英更强大，并能够重振帝国的经济。显然，这些造反带来的不同结果让我们无法简单地将其短期影响总结为加强或削弱了帝国政权。

从这些问题延伸开来，我相信造反在三个方面对帝国秩序做出了积极的贡献，而且至少在某种程度上，也改善了农民的处境。首先，造反的发生让统治精英深刻地意识到"水则载舟，水则覆舟"的可能性，极大地推动了他们对下层人民需求

---

[1] 相关辩论在岑大利、刘悦斌《中国农民战争史论辩》一书中得到了很好的总结；亦见Liu（刘广京），"World View and Peasant Rebellion"。

的关注，而这种关注在严格等级制度和父权家长式制度中并非理所当然。虽然在帝国统一之后，农民的军事重要性下降，对他们会迁往邻国的担忧也有所减弱，但他们作为潜在造反者的角色使统治者不得不继续采用"民本"话语和各种"民本"政策。掌权者对农业生产的持续关注，努力传播并改进农业技术，促进土地复垦和水利工程等，所有这些都可被解释为防止民众重启造反行动的预防措施。这种担忧在所有主要朝代中都非常明显，尤其是在大起义之后建立的朝代（如汉、唐、明、清）。有鉴于此，这可以被认为是农民从频繁造反中获得的主要收益。

其次，尽管结果大相径庭，但大规模造反可以被视为中国历史上王朝更迭的最重要因素。造反的爆发本身就标志着王朝的积弊已经达到了应该改朝换代的危险程度。在长期停滞不前和持续腐败的时代，即使是最崇高、最勇敢的官员也无法说服他们的同僚和上司改弦更张，当地方精英的恶行达到顶峰而农民的负担变得无法忍受时——造反在打碎旧系统和最终恢复其正常运作模式方面是异常有效的手段。造反可以被解释为一种奇特的（而且代价高昂）的调节机制，一种血腥的民众"选举"，它决定了哪个家族将建立新的王朝，并纠正一些前辈统治者的错误，同时允许新鲜血液进入政府机构，进而为改善帝国的运作做出贡献。因此，用密迪乐的话说，造反确实成了"清除并振兴政治气氛的风暴"。

在制定民本政策和促进王朝更迭方面，造反既有助于改善平民命运，也促进了帝国的整体运作。然而，造反对帝国的命运还产生了另一种更为微妙的影响——通过最激烈的反抗者也愿意加入帝国秩序这一事实,该秩序的非凡生命力得到了证明。如那些游牧征服者一样,造反民众也是帝国的劲敌,但即使他们能够成功,最终也会被融入帝国政治体系。这不仅反映出帝国制度在政治上的霸权地位,而且进一步强化了这一地位。造反者最终成为新皇帝这一事实本身就能证明,在战国之后,除皇权政治制度之外已经没有真正的替代选择。只要帝制在意识形态上保持其不可撼动的地位,来自国内外的各种挑战都可以在现存秩序中得到调适,甚至可进一步改善这种秩序。直到十九世纪末,当外来意识形态在列强军队的支持下开始破坏帝国制度这种"刀枪不入"的能力时,帝国的终结才成为必然。

参考文献

一、外文文献

A

Adamson, Walter L. *Hegemony and Revolution: A Study of Antonio Gramsci's Political and Cultural Theory*. Berkeley: University of California Press, 1980.

Andrew, Anita M., and John A. Rapp, authors and eds. *Autocracy and China's Rebel Founding Emperors: Comparing Chairman Mao and Ming Taizu*. Lanham, MD: Rowman and Littlefield, 2000.

Antony, Robert J. "Peasants, Heroes, and Brigands: The Problems of Social Banditry in Early Nineteenth-Century South China." *Modern China* 15.2 (April 1989): 123–148.

Aubin, Françoise. "The Rebirth of Chinese Rule in Times of Trouble: North China in the Early Thirteenth Century." In *Foundations and Limits of State Power in China*, edited by Stewart Schram, 113–146. Hong Kong: Chinese University Press, 1987.

B

Balazs, Etienne. "L'Histoire comme guide de la pratique bureaucratique." In *Historians of China and Japan*, edited by William G. Beasley and Edwin G. Pulleyblank, 78–94. London: Oxford University Press, 1961.

Barfield, Thomas. *The Perilous Frontier: Nomadic Empires and China*. Oxford: Basil Blackwell, 1989.

Bartlett, Beatrice S. *Monarchs and Ministers: The Grand Council in Mid-Ch'ing China, 1723–1820*. Berkeley: University of California Press, 1991.

de Bary, William Theodore. *Waiting for the Dawn. A Plan for the Prince: Huang Tsung-hsi's Ming-i-tai-fang lu*. New York: Columbia University Press, 1993.

Baum, Richard. "Ritual and Rationality: Religious Roots of the Bureaucratic State in Ancient China." *Social Evolution & History* 3.1 (March 2004) (http://www.socionauki.ru/journal/articles/130061/).

Bell, Daniel A. *The China Model: Political Meritocracy and the Limits of Democracy*. Princeton, NJ: Princeton University Press, 2015.

Benn, James A. *Burning for the Buddha: Self-immolation in Chinese Buddhism*. Kuroda Institute Studies in East Asian Buddhism 19. Honolulu: University of Hawai'i Press, 2007.

Berkowitz, Alan J. *Patterns of Disengagement: The Practice and Portrayal of Reclusion in Early Medieval China*. Stanford, CA: Stanford University Press, 2000.

Bernhardt, Kathryn. "Elite and Peasant during the Taiping Occupation of the Jiangnan, 1860–1864." *Modern China* 13.4 (1987): 379–410.

Bielenstein, Hans. "Wang Mang, the Restoration of the Han Dynasty, and LaterHan." In *The Cambridge History of China*, vol. 1, *The Ch'in and*

Han Empires, *221 B.C.–A.D. 220*, edited by Denis Twitchett and Michael Loewe, 223–290. Cambridge : Cambridge University Press, 1986.

Bilsky, Lester J. *The State Religion of Ancient China*. Taipei : Orient Cultural Service, 1975.

Biran, Michal. *Chinggis Khan*. Oxford : Oneworld, 2007.

Biran, Michal. "Introduction." In *Nomads as Agents of Cultural Change : The Mongols and their Eurasian Predecessors*, ed. Reuven Amitai and Michal Biran, 1–9. Honolulu : University of Hawai'i Press, 2014.

Blue, Gregory. "China and Western Social Thought in the Modern Period." In *China and Historical Capitalism : Genealogies of Sinological Knowledge*, edited by Timothy Brook and Gregory Blue, 57–109. Cambridge : Cambridge University Press, 1999.

Bol, Peter K. "Examination and Orthodoxies : 1070 and 1313 Compared." In *Culture and State in Chinese History*, ed. Theodore Huters, R. Bin Wong, and Pauline Yu, 29–57. Stanford, CA : Stanford University Press, 1997.

Bol, Peter K. "Government, Society and State : On the Political Visions of Ssu-ma Kuang and Wang An-shih." In *Ordering the World : Approaches to State and Society in Sung Dynasty China*, ed. Robert R. Hymes and Conrad Schirokauer, 128–192. Berkeley : University of California Press, 1993.

Bol, Peter K. *Neo-Confucianism in History*. Cambridge, MA : Harvard University Asia Center, 2008.

Bol, Peter K. *"This Culture of Ours" : Intellectual Transitions in T'ang and Sung China*. Stanford, CA : Stanford University Press, 1992.

Brook, Timothy. "At the Margin of Public Authority : The Ming State and Buddhism." In idem, *Chinese State in Ming Society*, 139–158.

London: Routledge-Curzon, 2006.

Brook, Timothy. "State Censorship and the Book Trade." In idem, *Chinese State in Ming Society*, 118–136. London: Routledge-Curzon, 2006.

Brook, Timothy. "Unification as a Political Ideal: An Effect of the Mongol Conquest of China." Paper presented at the Roundtable on the Nature of the Mongol Empire and Its Legacy with Respect to Political and Spiritual Relations among Asian Leaders and Polities, Austrian Academy of Sciences, Vienna, 6 November 2010.

Bujard, Marianne. "State and Local Cults in Han Religion." In *Early Chinese Religion. Part One: Shang through Han (1250 BC –AD 220)*, edited by John Lagerwey and Marc Kalinowski, 783–784. Leiden: Brill, 2009.

C

Chafee, John W. *The Thorny Gates of Learning in Sung China: A Social History of Examinations*. Albany: State University of New York Press, 1995.

Chan, Hok-lam. *Legitimation in Imperial China: Discussions under the Jurchen-Chin Dynasty (1115–1234)*. Seattle: University of Washington Press, 1984.

Chang, Michael G. *A Court on Horseback: Imperial Touring & the Construction of Qing Rule, 1680–1785*. Cambridge, MA: Harvard University Asia Center, 2007.

Chao, Kang. *Man and Land in Chinese History: An Economic Analysis*. Stanford, CA: Stanford University Press, 1986.

Chao, Shin-yi. "Huizong and the Divine Empyrean Palace Temple

Network." In *Emperor Huizong and Late Northern Song China*, edited by Patricia B. Ebrey and Maggie Bickford, 324–358. Cambridge, MA : Harvard University Asia Center, 2006.

Chase, Kenneth W. "The Edict of 495 Reconsidered." *Journal of the Economic and Social History of the Orient* 39.4 (November 1996) : 383–97.

Ching, Dora C. Y. "Visual Images of Zhu Yuanzhang." In *Long Live the Emperor! Uses of the Ming Founder across Six Centuries of East Asian History*, ed. Sarah Schneewind, 171–210. Minneapolis, MN : Society for Ming Studies, 2008.

Chittick, Andrew. *The Jiankang Empire in Chinese and World History : Ethnic Identity and Political Culture.* Oxford : Oxford University Press, 2020.

Chittick, Andrew. "Thinking Regionally in Early Medieval Studies : A Manifesto." *Early Medieval China* 26 (2020) : 3–18.

Chu, Hung-lam. "The Jiajing Emperor's Interaction with His Lecturers." In *Culture, Courtiers and Competition : The Ming Court (1368–1644)*, ed. David M. Robinson, 186–230. Cambridge, MA : Harvard University Asia Center ; distributed by Harvard University Press, 2008.

Chü, T'ung-tsu. *Local Government in China under the Ch'ing.* Cambridge, MA : Harvard University Press, 1962.

Clark, Hugh, R. "The Southern Kingdoms between the T'ang and the Sung, 907–979." In *The Cambridge History of China*, vol. 5, *Part One : The Sung Dynasty and Its Precursors, 907–1279*, ed. Denis Twitchett and Paul Jakov Smith, 133–205. Cambridge : Cambridge University Press, 2009.

Clark, Hugh R. "What's the Matter with 'China' ? A Critique of Teleological

History." *The Journal of Asian Studies* 77.2 (2018): 295–314.

Cook, Constance A., and John S. Major, eds. *Defining Chu: Image and Reality in Ancient China*. Honolulu: University of Hawai'i Press, 1999.

Crawford, Robert B. "Eunuch Power in the Ming Dynasty." *T'oung Pao* 49.3 (1961): 115–148.

de Crespigny, Rafe. *Generals of the South: The Foundation and Early History of the Three Kingdoms State of Wu*. Canberra: Australian National University, 1990.

Crossley, Pamela K. *A Translucent Mirror: History and Identity in Qing Imperial Ideology*. Berkeley: University of California Press, 1999.

Crowell, William G. "Northern Émigrés and the Problems of Census Registration under the Eastern Jin and Southern Dynasties." In *State and Society in Early Medieval China*, ed. Albert E. Dien, 171–209. Stanford, CA: Stanford University Press, 1990.

D

Dai Yingcong. *The Sichuan Frontier and Tibet: Imperial Strategy in the Early Qing*. Seattle: University of Washington Press, 2009.

Dalby, Michael T. "Court Politics in Late T'ang Times." In *The Cambridge History of China*, vol. 3, *Sui and T'ang China, 589–906 AD*, pt. 1, edited by Denis C. Twitchett, 561–681. Cambridge: Cambridge University Press, 1979.

Dardess, John W. *Blood and History in China: The Donglin Faction and Its Repression, 1620–1627*. Honolulu: University of Hawai'i Press, 2002.

Dardess, John W. *Confucianism and Autocracy: Professional Elites in the Founding of the Ming Dynasty*. Berkeley: University of California

Press, 1983.

Dardess, John W. "Confucianism, Local Reform, and Centralization in Late Yüan Chekiang, 1342–1359." In *Yüan Thought: Chinese Thought and Religion under the Mongols*, ed. Hok-lam Chan and William Theodore de Bary, 327–374. New York: Columbia University Press, 1982.

Dardess, John W. *Conquerors and Confucians: Aspects of Political Change in Late Yüan China*. New York: Columbia University Press, 1973.

Davis, Richard L. *Wind against the Mountain: The Crisis of Politics and Culture in Thirteenth-century China*. Cambridge, MA: Council on East Asian Studies, Harvard University; distributed by Harvard University Press, 1996.

Declercq, Dominik. *Writing against the State: Political Rhetorics in Third and Fourth Century China*. Leiden: Brill, 1998.

Deliusin (Делюсин) L. P., and L. N. Borokh (Борох), eds. *Китайские социальные утопии*. Moscow: Nauka, 1987.

Di Cosmo, Nicola. *Ancient China and Its Enemies: The Rise of Nomadic Power in East Asian History*. Cambridge: Cambridge University Press, 2002.

Di Cosmo, Nicola. "State Formation and Periodization in Inner Asian History." *Journal of World History* 10 (1999): 1–40.

Dien, Albert, ed. *State and Society in Early Medieval China*. Stanford, CA: Stanford University Press, 1990.

Dikötter, Frank. *The Discourse of Race in Modern China*. Stanford, CA: Stanford University, Press, 1992.

Dorofeeva-Lichtman, Vera. "Ritual Practices for Constructing Terrestrial Space (Warring States—early Han)." In *Early Chinese Religion. Part One: Shang through Han (1250 BC–220 AD)*, ed. John Lagerwey and

Marc Kalinowski, 1：595–644. Leiden：Brill, 2009.

A Dream of Red Mansions, by Tsao Hsueh-Chin (Cao Xueqin) and Kao Ngo (Gao E). Translated by Yang Hsien-Yi and Gladys Yang. Peking (Beijing)：Foreign Languages Press, 1978–1980.

Duara, Prasenjit. *Culture, Power, and the State：Rural North China, 1900–1942*. Stanford, CA：Stanford University Press, 1988.

E

Ebrey, Patricia B. "Portrait Sculptures in Imperial Ancestral Rites in Song China." *T'oung Pao* 83.1–3 (1997)：42–92.

Ebrey, Patricia B. "The Early Stages in Development of Descent Group Organization." In *Kinship Organization in Late Imperial China 1000–1940*, edited by Patricia B. Ebrey and James L. Watson, 16–61. Berkeley：University of California Press 1985.

Ebrey, Patricia B. "The Economic and Social History of Later Han." In *The Cambridge History of China*, vol. 1, *The Ch'in and Han Empires, 221 B.C.–A.D. 220*, edited by Denis Twitchett and Michael Loewe, 608–648. Cambridge：Cambridge University Press, 1986.

Ebrey, Patricia B. "Toward a Better Understanding of the Later Han Upper Class." In *State and Society in Early Medieval China*, edited by Albert Dien, 49–72. Stanford, CA：Stanford University Press, 1990.

Ebrey, Patricia B., and Maggie Bickford, eds. *Emperor Huizong and Late Northern Song China*. Cambridge, MA：Harvard University Asia Center, 2006.

Ebrey, Patricia B., and James L. Watson, eds. *Kinship Organization in Late Imperial China 1000–1940*. Berkeley：University of California Press 1985.

Eisenberg, Andrew. *Kingship in Early Medieval China*. Leiden: Brill, 2008.

Eisenstadt, Shmuel N. "Frederic Wakeman's Oeuvre in the Framework of World and Comparative History." In Frederic E. Wakeman, Jr., *Telling Chinese History: A Selection of Essays*, selected and edited by Lea H. Wakeman, xi–xix. Berkeley: University of California Press, 2009.

Eisenstadt, Shmuel N. "Multiple Modernities." *Daedalus* 129.1 (2000): 1–29.

Eisenstadt, Shmuel N. *The Political System of Empires*. London: Free Press of Glencoe, 1963.

Elliott, Mark C. The Manchu Way: The Eight Banners and Ethnic Identity in Late Imperial China. Stanford, CA: Stanford University Press, 2001.

Elman, Benjamin A. *A Cultural History of Civil Examinations in Late Imperial China*. Berkeley: University of California Press, 2000.

Elverskog, Johan. *Our Great Qing: The Mongols, Buddhism and the State in Late Imperial China*. Honolulu: University of Hawai'i Press, 2006.

Elvin, Mark. "Female Virtue and State in China." Reprinted in Mark Elvin, *Another History: Essays on China from a European Perspective*, 302–351. Sydney: Wild Peony, 1996.

Elvin, Mark. *The Retreat of the Elephants: An Environmental History of China*. New Haven, CT: Yale University Press, 2004.

Endicott-West, Elizabeth. "Imperial Governance in Yüan Times." *Harvard Journal of Asiatic Studies* 46.2 (1986): 523–549.

Esherick, Joseph E. "How the Qing Became China." In *Empire to Nation: Historical Perspectives on the Making of the Modern World*, edited by Joseph Esherick, Hasan Kayali and Eric Van Young, 229–259. Lanham, MD: Rowman & Littlefield, 2006.

Esherick, Joseph E., and Mary B. Rankin. "Introduction." In *Chinese Local Elites and Patterns of Dominance*, edited by Mary B. Rankin and Joseph E. Esherick, 1–24. Berkeley: University of California Press, 1990.

Ess, Hans van. "Emperor Wu of the Han and the First August Emperor of Qin in Sima Qian's *Shiji*." In *Birth of an Empire: The State of Qin Revisited*, edited by Yuri Pines, Lothar von Falkenhausen, Gideon Shelach, and Robin D. S. Yates, 239–257. Berkeley: University of California Press, 2014.

F

Fairbank, John K. "A Preliminary Framework." In *The Chinese World Order: Traditional China's Foreign Relations*, edited by John K. Fairbank, 1–20. Cambridge, MA: Harvard University Press, 1968.

Falkenhausen, Lothar von. *Chinese Society in the Age of Confucius (1050–250 BC): The Archeological Evidence*. Los Angeles: Cotsen Institute of Archaeology at UCLA, 2006.

Fang, Qiang. "Hot Potatoes: Chinese Complaint Systems from Early Times to the Late Qing (1898)." *Journal of Asian Studies* 68.4 (2009): 1105–1135.

Fang Xuanling. *The Chronicle of Fu Chien: A Case of Exemplar History*. Translated and annotated, with prolegomena, by Michael C. Rogers. Berkeley: University of California Press, 1968.

Farmer, Edward L. *Zhu Yuanzhang and Early Ming Legislation: The Reordering of Chinese Society Following the Era of Mongol Rule*.

Leiden : Brill, 1995.

Faure, David. "The Emperor in the Village : Representing the State in South China." In *State and Court Ritual in China*, edited by Joseph P. McDermott, 299–351. Cambridge : Cambridge University Press, 1999.

Femia, Joseph V. *Gramsci's Political Thought : Hegemony, Consciousness, and the Revolutionary Process*. Oxford : Clarendon Press, 1981.

Fisher, Carney T. *The Chosen One : Succession and Adoption in the Court of Ming Shizong*. Boston : Allen & Unwin, 1990.

Fletcher, Joseph. "Turco-Mongolian Monarchic Tradition in the Ottoman Empire." *Harvard Ukrainian Studies* 3–4 (1979–1980) : 236–251.

Franke, Herbert, and Denis Twitchett. "Introduction." In *The Cambridge History of China*, vol. 6, *Alien Regimes and Border States, 907–1368*, ed. Herbert Franke and Denis Twitchett, 1–42. Cambridge : Cambridge University Press, 1994.

G

Gale, Esson M., trans. *Discourses on Salt and Iron : A Debate on State Control of Commerce and Industry in Ancient China*. Leiden : Brill, 1931.

Geanakoplos, Deno J. "Church and State in the Byzantine Empire : A Reconsideration of the Problem of Caesaropapism," *Church History* 34. 4 (1965) : 381–403.

Geiss, James. "The Chia-ching Reign, 1522–1566." In *The Cambridge History of China*, vol. 7, *The Ming Dynasty, 1368–1644, Part I*, ed. Frederick W. Mote and Denis Twitchett, 440–510. Cambridge : Cambridge University Press, 1988.

Gentz, Joachim. *Das Gongyang zhuan : Auslegung und Kanoniesierung der*

Frühlings und Herbstannalen（*Chunqiu*）. Wiesbaden： Harrassowitz Verlag, 2001.

Giele, Enno. "Signatures of 'Scribes' in Early Imperial China." *Asiatische Studien / Études Asiatique* 59.1（2005）： 353–387.

Glahn, Richard von. "Community and Welfare： Chu Hsi's Community Granary in Theory and Practice." In *Ordering the World： Approaches to State and Society in Sung Dynasty China*, edited by Robert R. Hymes and Conrad Schirokauer, 221–254. Berkeley： University of California Press, 1993.

Golden, Peter B. "Imperial Ideology and the Sources of Political Unity amongst the Pre-Chinggisid Nomads of Western Eurasia." *Archivum Eurasiae Medii Aevi* 2（1982）： 37–77.

Goldin, Paul R. "Steppe Nomads as a Philosophical Problem in Classical China." In *Mapping Mongolia： Situating Mongolia in the World from Geologic Time to the Present*, edited by Paula L. W. Sabloff, 220–246. Philadelphia： University of Pennsylvania Museum of Archaeology and Anthropology, 2010.

Goldstone, Jack A., and John F. Haldon. "Ancient States, Empires and Exploitation： Problems and Perspectives." In *The Dynamics of Ancient Empires： State Power from Assyria to Byzantium*, edited by Ian Morris and Walter Scheidel, 3–29. Oxford： Oxford University Press, 2009.

Goncharov, Sergey N.（Гончаров, Сергей Н.）. *Китайская средневековая дипломатия： отношения между империями Цзинь и Сун, 1127–1142*. Moscow： Nauka, 1986.

Goodrich, Luther C. *The Literary Inquisition of Ch'ien-Lung*. 2nd ed. New York： Paragon Book Reprint Corp., 1966.

Graff, David A. "Dou Jiande's Dilemma： Logistics, Strategy, and State." In

Warfare in Chinese History, edited by Hans van de Ven, 77–105. Leiden：Brill, 2000.

Graff, David A. *Medieval Chinese Warfare, 300–900*. London：Routledge, 2002.

Graffin, Dennis. "Reinventing China：Pseudobureaucracy in the Early Southern Dynasties." In *State and Society in Early Medieval China*, ed. Albert Dien, 139–170. Stanford, CA：Stanford University Press, 1990.

Gregory, Timothy E. *A History of Byzantium*. Malden, MA：Blackwell, 2005.

Guy, R. Kent. *Qing Governors and Their Provinces：The Evolution of Territorial Administration in China, 1644–1796*. Seattle：University of Washington Press, 2010.

Guy, R. Kent. *The Emperor's Four Treasuries：Scholars and the State in the Late Ch'ien-lung Era*. Harvard East Asian Monographs 129. Cambridge, MA：Harvard University Press, 1987.

H

Hammond, Kenneth J. P*epper Mountain：The Life, Death and Posthumous Career of Yang Jisheng*. London：Kegan Paul, 2007.

Hartman, Charles. *Han Yü and the T'ang Search for Unity*. Princeton, NJ：Princeton University Press, 1986.

Hejidra, Martin. "The Socio-economic Development of Rural China during theMing." In *The Cambridge History of China*, vol. 8, *The Ming Dynasty, 1368–1644, Part 2*, ed. Frederick W. Mote and Denis Twitchett, 417–578. Cambridge：Cambridge University Press, 1998.

Herbert, Penelope A. *Examine the Honest, Appraise the Able：Contemporary*

Assessments of Civil Service Selection in Early T'ang China. Canberra : Faculty of Asian Studies, Australian National University Press, 1988.

Ho Ping-ti. "Salient Aspects of China's Heritage." In *China's Heritage and the Communist Political System*, ed. Ho Ping-ti and Tsou Tang, 1–37. Chicago : University of Chicago Press, 1968.

Ho Ping-ti and Tsou Tang, eds. *China's Heritage and the Communist Political System*. Chicago : University of Chicago Press, 1968.

Hobsbawm, Eric J. *Nations and Nationalism since 1780 : Programme, Myth Reality*. 2nd ed. Cambridge : Cambridge University Press, 1992.

Holcombe, Charles. "The Exemplar State : Ideology, Self-Cultivation, and Power in Fourth-Century China." *Harvard Journal of Asiatic Studies* 49.1 (1989) : 93–139.

Holcombe, Charles. In the Shadow of the Han : Literati Thought and Society at the Beginning of the Southern Dynasties. Honolulu : University of Hawai'i Press, 1994.

Holcombe, Charles. "The Last Lord of the South : Chen Houzhu (r. 583–589) and the Reunification of China." *Early Medieval China* 12 (2006) : 91–121.

Holmgren, Jennifer. "Politics of the Inner Court under the Hou-chu of Northern Ch'i." In *State and Society in Early Medieval China*, edited by Albert Dien, 269–330. Stanford, CA : Stanford University Press, 1990.

Holmgren, Jennifer. "Seeds of Madness : A Portrait of Kao Yang, First Emperor of Northern Ch'i, 530–560 A.D." *Papers on Far Eastern History* 24 (1981) : 83–134.

Honey, David B. "Stripping Off Felt and Fur : An Essay on Nomadic Sinification." *Papers on Inner Asia* 21 (1992) : 1–39.

Honig, Emily. *Creating Chinese Ethnicity : Subei People in Shanghai*,

1850–1980. New Haven, CT： Yale University Press, 1992.

Hsiao Kung-chuan. *Rural China： Imperial Control in the Nineteenth Century*. Seattle： University of Washington Press, 1960.

Hsu Cho-yun. *Ancient China in Transition： An Analysis of Social Mobility, 722–222 B.C.* Stanford, CA： Stanford University Press, 1965.

Huang Chün-chieh. "Imperial Rulership in Cultural History： Chu Hsi's Interpretation." In *Imperial Rulership and Cultural Change in Traditional China*, ed. Frederick P. Brandauer and Huang Chün-chieh, 188–205. Seattle： University of Washington Press, 1994.

Huang, Philip C. C. *Civil Justice in China： Representation and Practice in the Qing*. Stanford, CA： Stanford University Press, 1996.

Huang, Ray. *1587： A Year of No Significance*. New Haven, CT： Yale University Press, 1981.

Huang, Ray. "The Ming Fiscal Administration." In *The Cambridge History of China*, vol. 8, *The Ming Dynasty, 1368–1644, Part 2*, ed. Frederick W. Mote and Denis Twitchett, 106–171. Cambridge： Cambridge University Press, 1998.

Hymes, Robert P. *Statesmen and Gentlemen： The Elite of Fu-chou, Chiang-hsi, in Northern and Southern Sung*. Cambridge： Cambridge University Press, 1986.

Hymes, Robert P. and Conrad Schirokauer, eds. *Ordering the World： Approaches to State and Society in Sung Dynasty China*. Berkeley： University of California Press, 1993.

J

Jagchid, Sechin, and Van Jay Symons. Peace, *War, and Trade along the Great Wall： Nomadic-Chinese Interaction through Two Millennia*.

Bloomington： Indiana University Press, 1989.

Janousch, Andreas. "The Emperor as Bodhisattva： The Bodhisattva Ordination and Ritual Assemblies of Emperor Wu of the Liang Dynasty." In *State and Court Ritual in China*, ed. Joseph P. McDermott, 112–147. Cambridge： Cambridge University Press, 1999.

Jiang Yonglin. "Denouncing the 'Exalted Emperor'： Huang Zongxi's Uses of Zhu Yuanzhang's Legal Legacy in *Waiting for the Dawn*." In *Long Live the Emperor： Uses of the Ming Founder across Six Centuries of East Asian History*, ed. Sarah Schneewind, 245–274. Ming Studies Research Series. Minneapolis, MN： Society for Ming Studies, 2008.

Jiang Yonglin, trans. *The Great Ming Code / Da Ming lü*. Seattle： University of Washington Press, 2005.

Jiang Yonglin. "In the Name of 'Taizu'： The Construction of Zhu Yuanzhang's Legal Philosophy and Chinese Cultural Identity in the *Veritable Records of Taizu*." *T'oung Pao* 96 (2011)： 408–470.

Johnson, David G. *The Medieval Chinese Oligarchy*. Boulder, CO： Westview, 1977.

K

Kōno Osamu（河野收）,《中國古代の或る非武裝平和運動》,《軍事史學》13.4 (1978)：64–74.

Keightley, David N. "The Shang： China's First Historical Dynasty." In *The Cambridge History of Ancient China*, ed. Michael Loewe and Edward L. Shaughnessy, 232–291. Cambridge： Cambridge University Press, 1999.

Kern, Martin. "The Poetry of Han Historiography." *Early Medieval China* 10–11.1 (2004)：23–65.

Kern, Martin. *The Stele Inscriptions of Ch'in Shih-huang : Text and Ritual in Early Chinese Imperial Representation*. New Haven, CT : American Oriental Society, 2000.

Khazanov, Anatoly M. *Nomads and the Outside World*. Translated by Julia Crookenden. Cambridge : Cambridge University Press, 1984.

Kim Hodong. *Holy War in China : The Muslim Rebellion and State in Chinese Central Asia, 1864–1877*. Stanford, CA : Stanford University Press, 2004.

Knapp, Keith, N. *Selfless Offspring : Filial Children and Social Order in Medieval China*. Honolulu : University of Hawai'i Press, 2005.

Komissarova, T. G. (Комиссарова, Т. Г.) "«Монах не должен быть почтительным к императору». Из буддийской полемики в Китае в IV–V вв." In *Буддизм и Государство на Дальнем Востоке*, ed. Lev P. Deliusin (Делюсин), 47–70. Moscow : Nauka, 1987.

Kuhn, Philip A. *Rebellion and Its Enemies in Late Imperial China : Militarization and Social Structure, 1796–1864*. Cambridge, MA : Harvard University Press, 1970.

Kurz, Johannes L. "The Yangzi in the Negotiations between the Southern Tang and Its Northern Neighbors (mid-tenth century)." In *China and Her Neighbours : Borders, Visions of the Other, Foreign Policy 10th to 19th Century*, ed. Sabine Dabringhaus, Roderich Ptak, and Richard Teschke, 29–47. Wiesbaden : Harrassowitz, 1997.

Kutcher, Norman. "The Death of the Xiaoxian Empress : Bureaucratic Betrayals and the Crises of Eighteenth-Century Chinese Rule." *Journal of Asian Studies* 56.3 (1997) : 708–725.

Kutcher, Norman. *Mourning in Late Imperial China : Filial Piety and the State*. New York : Cambridge University Press, 1999.

L

Lai, Chi-tim. "Daoism and Political Rebellion during the Eastern Jin Dynasty." In *Politics and Religion in Ancient and Medieval Europe and China*, ed. Frederick Hok-ming Cheung and Ming-chiu Lai, 77–100. Hong Kong : Chinese University Press, 1999.

Lamley, Harry, J. "Lineage and Surname Feuds in Southern Fukien and Eastern Kwangtung under the Ch'ing." In *Orthodoxy in Late Imperial China*, ed. Liu Kwang-Ching, 255–280. Berkeley : University of California Press, 1990.

Langlois, John D., Jr. "The Hung-wu Reign, 1368–1398." In *The Cambridge History of China*, vol. 7, *The Ming Dynasty, 1368–1644, Part I*, ed. Frederick W. Mote and Denis Twitchett, 107–181. Cambridge : Cambridge University Press, 1988.

Lau Nap-yin and Huang K'uan-chung. "Founding and Consolidation of the Sung Dynasty under T'ai-tsu (960–976), T'ai-tsung (976–997), and Chen-tsung (997–1022) ." In *The Cambridge History of China*, vol. 5, *Part One : The Sung Dynasty and Its Precursors, 907–1279*, ed. Denis Twitchett and Paul Jakov Smith, 206–278. Cambridge : Cambridge University Press, 2009.

Leong Sow-Theng. *Migration and Ethnicity in Chinese History : Hakkas, Pengmin, and Their Neighbors*. ed. Tim Wright. Stanford, CA : Stanford University Press, 1997.

Levenson, Joseph R. *Confucian China and Its Modern Fate : The Problem of Intellectual Continuity*. 3 vols. London : Routledge and Kegan Paul, 1958–1965.

Levine, Ari Daniel. *Divided by a Common Language : Factional Conflict in*

Late Northern Song China. Honolulu： University of Hawai'i Press，2009.

Levy, Howard S., trans. *Biography of Huang Ch'ao*. Berkeley： University of California Press，1955.

Lewis, Mark E. *The Construction of Space in Early China*. Albany： State University of New York Press，2006.

Lewis, Mark E. "The Han Abolition of Universal Military Service." In *Warfare in Chinese History*，edited by Hans Van de Ven，33–76. Leiden： Brill，2000.

Lewis, Mark E. *Sanctioned Violence in Early China*. Albany： State University of New York Press，1990.

Lewis, Mark E. "Warring States： Political History." In *The Cambridge History of Ancient China*，ed. Michael Loewe and Edward L. Shaughnessy，587–650. Cambridge： Cambridge University Press，1999.

Lewis, Mark E. *Writing and Authority in Early China*. Albany： State University of New York Press，1999.

Li Feng. *Landscape and Power in Early China： The Crisis and Fall of the Western Zhou 1045–771 BC*. Cambridge： Cambridge University Press，2006.

Liu, James J. Y. *The Chinese Knight Errant*. London： Routledge and Kegan Paul，1967.

Liu, James T. C. *China Turns Inward： Intellectual-Political Changes in the Early Twelfth Century*. Cambridge，MA： Harvard University Press，1989.

Liu, James T. C. "An Early Sung Reformer： Fan Chung-yen." In *Chinese Thought and Institutions*，ed. John K. Fairbank，105–131. Chicago： University of Chicago Press，1957.

Liu Kwang-Ching. "Introduction： Orthodoxy in Chinese Society." In

Orthodoxy in Late Imperial China, ed. Liu Kwang-Ching, 1–24. Berkeley : University of California Press, 1990.

Liu Kwang-Ching, ed. *Orthodoxy in Late Imperial China*. Berkeley : University of California Press, 1990.

Liu Kwang-Ching. "Religion and Politics in the White Lotus Rebellion of 1796 in Hubei." In *Heterodoxy in Late Imperial China*, ed. Liu Kwang-Ching and Richard Shek, 281–322. Honolulu : University of Hawai'i Press, 2004.

Liu Kwang-Ching. "Socioethics as Orthodoxy." In *Orthodoxy in Late Imperial China*, ed. Liu Kwang-Ching, 53–100. Berkeley : University of California Press, 1990.

Liu Kwang-Ching. "World View and Peasant Rebellion : Reflections on Post-Mao Historiography." *Journal of Asian Studies* 40.2 (1981) : 295–326.

Liu Kwang-Ching and Richard Shek. "Early Daoism in Retrospect : Cosmology, Ethics and Eschatology." In *Heterodoxy in Late Imperial China*, ed. Liu Kwang-Ching and Richard Shek, 29–72. Honolulu : University of Hawai'i Press, 2004.

Liu Kwang-Ching and Richard Shek, eds. *Heterodoxy in Late Imperial China*. Honolulu : University of Hawai'i Press, 2004.

Liu Kwang-Ching and Richard Shek. "Introduction." In *Heterodoxy in Late Imperial China*, ed. Liu Kwang-Ching and Richard Shek, 1–28. Honolulu : University of Hawai'i Press, 2004.

Loewe, Michael. *Crisis and Conflict in Han China : 104 BC to AD 9*. London : George Allen & Unwin, 1974.

Loewe, Michael. "The Former Han Dynasty." In *The Cambridge History of China*, vol. 1, *The Ch'in and Han Empires, 221 B.C.–A.D. 220*, ed.

Denis Twitchett and Michael Loewe, 103–222. Cambridge: Cambridge University Press, 1986.

M

Mackerras, Colin. *The Uighur Empire according to the T'ang Dynastic Histories: A Study in Sino-Uighur Relations, 744–840.* 2nd ed. Columbia: University of South Carolina Press, 1973.

Mair, Victor H. "Language and Ideology in the Written Popularisations of the *Sacred Edict.*" In *Popular Culture in Late Imperial China*, ed. David Johnson, Andrew J. Nathan, and Evelyn S. Rawski, 325–359. Berkeley: University of California Press, 1985.

Mao Han-kuang. "The Evolution in the Nature of the Medieval Genteel Families." In *State and Society in Early Medieval China*, ed. Albert Dien, 73–109. Stanford, CA: Stanford University Press, 1990.

Mao Zedong. *Selected Works of Mao Tse-Tung.* 4 vols. Peking [Beijing]: Foreign Languages Press, 1975.

Martynov, Aleksander S. (Мартынов, Александр С.). "Государство и религии на Дальнем Востоке (вместо предисловия)." In *Буддизм и Государство на Дальнем Востоке*, ed. Lev P. Deliusin (Делюсин), 3–46. Moscow: Nauka, 1987.

Mather, Richard B., trans. *Biography of Lü Kuang.* Berkeley: University of California Press, 1959.

McDermott, Joseph P. "Emperor, Élites and Commoners: The Community Pact Ritual of the Late Ming." In *State and Court Ritual in China*, ed. Joseph P. McDermott, 299–351. Cambridge: Cambridge University Press, 1999.

McDermott, Joseph P, ed. *State and Court Ritual in China.* Cambridge:

Cambridge University Press, 1999.

McNeill, John R. "China's Environmental History in World Perspective". In *Sediments of Time : Environment and Society in Chinese History*, ed. Mark Elvin and Liu Ts'ui-jung, 31–49. Cambridge : Cambridge University Press, 1998.

Meadows, Thomas T. *The Chinese and their Rebellions : Viewed in Connection with their National Philosophy, Ethics, Legislation, and Administration, to which is added, an Essay on Civilization and its Present State in the East and West*. Stanford, CA : Academics Reprints, 1959.

Meskill, John. *Academies in Ming China : A Historical Essay*. Tucson : University of Arizona Press, 1982.

Metzger, Thomas A. *Escape from Predicament : Neo-Confucianism and China's Evolving Political Culture*. New York : Columbia University Press, 1977.

Millward, James, A. *Beyond the Pass : Economy, Ethnicity, and Empire in Qing Central Asia, 1759–1864*. Stanford, CA : Stanford University Press, 1998.

Mote, Frederick W. "Confucian Eremitism in the Yuan Period." In *Confucianism and Chinese Civilization*, ed. Arthur F. Wright, 252–290. Stanford, CA : Stanford University Press, 1964.

Mote, Frederick W. "The Growth of Chinese Despotism : A Critique of Wittfogel's Theory of Oriental Despotism as Applied to China." *Oriens Extremus* 8 (1961) : 1–41.

Mote, Frederick W. *Imperial China, 900–1800*. Cambridge, MA : Harvard University Press, 1999.

Munro, Donald J. *A Chinese Ethics for the New Century : The Ch'ien

Mu Lectures in History and Culture, and Other Essays on Science and Confucian Ethics. Hong Kong : Chinese University Press, 2005.

N

Naquin, Susan. *Millenarian Rebellion in China : The Eight Trigrams Uprising of 1813*. New Haven, CT : Yale University Press, 1976.

Naquin, Susan. *Shantung Rebellion : The Wang Lun Uprising of 1774*. New Haven, CT : Yale University Press, 1976.

Nathan, Andrew J., and Bruce Gilley. *China's New Rulers : The Secret Files*. 2nd rev. ed. New York : New York Review Books, 2003.

Nylan, Michael. "A Problematic Model : The Han 'Orthodox Synthesis,' Then and Now." In *Imagining Boundaries : Changing Confucian Doctrines, Texts, and Hermeneutics*, ed. Chow Kai-wing, On-cho Ng, and John B. Henderson, 17–56. Albany : State University of New York Press, 1999.

O

Ouyang Xiu (1007–1072). *Historical Records of the Five Dynasties*. Translated with an introduction by Richard L. Davis. New York : Columbia University Press, 2004.

Overmyer, Daniel L. "Attitudes toward the Ruler and State in Chinese Popular Religious Literature : Sixteenth and Seventeenth Century *Pao-chüan*." *Harvard Journal of Asiatic Studies* 44.2 (1984) : 347–379.

P

Parsons, James B. "The Culmination of a Chinese Peasant Rebellion : Chang Hsien-chung in Szechwan, 1644–46." *Journal of Asian Studies*

16.3 (1957): 387–400.

Perdue, Peter C. *China Marches West: The Qing Conquest of Central Eurasia*. Cambridge, MA: Belknap Press of Harvard University Press, 2005.

Perdue, Peter C. *Exhausting the Earth: State and Peasant in Hunan, 1500–1850*. Cambridge, MA: Harvard University Press, 1987.

Perelomov, Leonard S. (Переломов, Леонард С.) *Империя Цинь — первое централизованное государство в Китае (221—202 до н. э.)*. Moscow: Nauka, 1961.

Perry, Elizabeth J. "Heterodox Rebellion? The Mystery of Yellow Cliff." In idem, *Challenging the Mandate of Heaven: Social Protest and State Power in China*, 76–107. New York: M. E. Sharpe, 2001.

Perry, Elizabeth J. "Introduction: Chinese Political Culture Revisited." In *Popular Protest and Political Culture in Modern China*, 2nd ed., ed. Jeffrey N. Wassertrom and Elizabeth J. Perry, 1–14. Boulder, CO: Westview, 1994.

Perry, Elizabeth J. "Permanent Rebellion? Continuities and Discontinuities in Chinese Protest." In *Popular Protest in China*, ed. Kevin J. O'Brien, 205–216. Cambridge MA: Harvard University Press, 2008.

Perry, Elizabeth J. "Protective Rebellion: Tax Protest in Late Qing China." In idem, *Challenging the Mandate of Heaven: Social Protest and State Power in China*, 47–75. New York: M. E. Sharpe, 2001.

Perry, Elizabeth J. *Rebels and Revolutionaries in North China, 1845–1945*. Stanford, CA: Stanford University Press, 1980.

Perry, Elizabeth J. "Social Banditry Revisited: The Case of Bai Lang, a Chinese Brigand." *Modern China* 9.3 (July 1983): 355–382.

Petersen, Jens Østergård. "Which Books Did the First Emperor of Ch'in Burn? On the Meaning of *Pai Chia* in Early Chinese Sources." *Monumenta Serica* 43 (1995): 1–52.

Peterson, Charles A. "Court and Province in Mid- and Late T'ang." In *The Cambridge History of China*, vol. 3, *Sui and T'ang China, 589–906 AD, Part I*, ed. Denis C. Twitchett, 464–560. Cambridge: Cambridge University Press, 1979.

Pines, Yuri. "A Hero Terrorist: Adoration of Jing Ke Revisited." *Asia Major*, 3rd ser., 21.2 (2008): 1–34.

Pines, Yuri. "Beasts or Humans: Pre-Imperial Origins of Sino-Barbarian Dichotomy." In *Mongols, Turks and Others*, ed. Reuven Amitai and Michal Biran, 59–102. Leiden: Brill, 2005.

Pines, Yuri. "Biases and Their Sources: Qin History in the *Shiji*." *Oriens Extremus* 45 (2005–2006): 10–34.

Pines, Yuri. "Bodies, Lineages, Citizens, and Regions: A Review of Mark Edward Lewis' *The Construction of Space in Early China*." *Early China* 30 (2005): 155–188.

Pines, Yuri, trans. and ed. *The Book of Lord Shang: Apologetics of State Power in Early China*. New York: Columbia University Press, 2017.

Pines, Yuri. *China in the Aristocratic Age: Politics and Power in the Springs-and-Autumns Period*. Princeton: Princeton University Press (forthcoming).

Pines, Yuri. "Chinese History-Writing between the Sacred and the Secular." In *Early Chinese Religion. Part One: Shang through Han (1250 BC–220 AD)*, ed. John Lagerwey and Marc Kalinowski, vol. 1, 315–340. Leiden: Brill, 2009.

Pines, Yuri. "Chu Identity as Seen from Its Manuscripts: A Reevaluation." *Journal of Chinese History* 2.1 (2018): 1–26.

Pines, Yuri. "Confucius's Elitism: The Concepts of *junzi* and *xiaoren* Revisited." In *A Concise Companion to Confucius*, ed. Paul R. Goldin, 164–184. Chichester: Wiley-Blackwell, 2017.

Pines, Yuri. *Envisioning Eternal Empire: Chinese Political Thought of the Warring States Era*. Honolulu: University of Hawai'i Press, 2009.

Pines, Yuri. *Foundations of Confucian Thought: Intellectual Life in the Chunqiu Period, 722–453 B.C.E.* Honolulu: University of Hawai'i Press, 2002.

Pines, Yuri. "Friends or Foes: Changing Concepts of Ruler-Minister Relations and the Notion of Loyalty in Pre-Imperial China." *Monumenta Serica* 50 (2002): 35–74.

Pines, Yuri. "From Teachers to Subjects: Ministers Speaking to the Rulers from Yan Ying to Li Si." In *Addressing the Autocrat: The Drama of Early Chinese Court Discourse*, ed. Garret Olderding, 69–99. Cambridge MA: Harvard University Press, 2013.

Pines, Yuri. "Imagining the Empire? Concepts of 'Primeval Unity' in Pre-imperial Historiographic Tradition." In *Concepts of Empire in Ancient China and Rome—An Intercultural Comparison*, ed. Achim Mittag and Fritz-Heiner Muetschler, 67–90. Oxford: Oxford University Press, 2008.

Pines, Yuri. "The First Emperor and His Image." In *Birth of an Empire: The State of Qin revisited*, edited by Yuri Pines, Lothar von Falkenhausen, Gideon Shelach, and Robin D. S. Yates, 227–238. Berkeley: University of California Press, 2014.

Pines, Yuri. "Name or Substance? Between *zhengtong* and *yitong*." *History: Theory and Criticism* 2 (2001): 105–138.

Pines, Yuri. "Political Mythology and Dynastic Legitimacy in the *Rong*

Cheng shi Manuscript." *Bulletin of the School of Oriental and Asian Studies* 73.3 (2010): 503–529.

Pines, Yuri. "Serving All-under-Heaven: Cosmopolitan Intellectuals of the Warring States Period." *Modern Asian Studies* (2025).

Pines, Yuri. "Submerged by Absolute Power: The Ruler's Predicament in the *Han Feizi*." In *Dao Companion to the Philosophy of Han Fei*, ed. Paul Goldin, 67–86. Dordrecht: Springer, 2013.

Pines, Yuri. "The Messianic Emperor: A New Look at Qin's Place in China's History." In *Birth of an Empire: The State of Qin Revisited*, edited by Yuri Pines, Lothar von Falkenhausen, Gideon Shelach, and Robin D. S. Yates, 258–279. Berkeley: University of California Press, 2014.

Pines, Yuri. "'The One That Pervades All' in Ancient Chinese Political Thought: Origins of the 'Great Unity' Paradigm." *T'oung Pao* 86.4–5 (2000): 280–324.

Pines, Yuri. "The Question of Interpretation: Qin History in Light of New Epigraphic Sources." *Early China* 29 (2004): 1–44.

Pines, Yuri. "To Rebel Is Justified? The Image of Zhouxin and Legitimacy of Rebellion in Chinese Political Tradition." *Oriens Extremus* 47 (2008): 1–24.

Pines, Yuri, Michal Biran, Jörg Rüpke, eds., *The Limits of Universal Rule: Eurasian Empires Compared*. Cambridge: Cambridge University Press 2021.

Pines, Yuri, with Lothar von Falkenhausen, Gideon Shelach, and Robin D. S. Yates. "General Introduction: Qin History Revisited." In *Birth of an Empire: The State of Qin Revisited*, edited by Yuri Pines, Lothar von Falkenhausen, Gideon Shelach, and Robin D. S. Yates, 1–36.

Berkeley： University of California Press, 2013.

Pines, Yuri, Lothar von Falkenhausen, Gideon Shelach, and Robin D. S. Yates, eds. *Birth of an Empire： The State of Qin Revisited*. Berkeley： University of California Press, 2013.

Pines, Yuri, with Michal Biran, and Jörg Rüpke, "Introduction： Empires and their Space." In *The Limits of Universal Rule： Eurasian Empires Compared*, ed. Yuri Pines, Michal Biran, Jörg Rüpke, 1–48. Cambridge： Cambridge University Press 2021.

Plaks, Andrew. *The Four Masterworks of the Ming Novel*. Princeton, NJ： Princeton University Press, 1987.

Polnarov, Anatoly. "Looking Beyond Dichotomies： Hidden Diversity of Voices in the *Yantielun*." *T'oung Pao* 104 (2018)： 465–95.

Puett, Michael J. "Combining the Ghosts and Spirits, Centering the Realm： Mortuary Ritual and Political Organization in the Ritual Compendia of Early China." In *Early Chinese Religion. Part One： Shang through Han (1250 BC–AD 220)*, ed. John Lagerwey and Marc Kalinowski, 2： 695–720. Leiden： Brill, 2009.

Puett, Michael J. *To Become a God： Cosmology, Sacrifice, and Self-Divinization in Early China*. Cambridge： Cambridge University Press, 2002.

Pye, Lucian W. *The Spirit of Chinese Politics*. New ed. Cambridge, MA： Harvard University Press, 1992.

R

Rankin, Mary B., and Joseph E. Esherick, eds. *Chinese Local Elites and Patterns of Dominance*. Berkeley： University of California Press, 1990.

Rankin, Mary B., and Joseph E. Esherick. "Concluding Remarks." In *Chinese Local Elites and Patterns of Dominance*, ed. Mary B. Rankin and Joseph E. Esherick, 305–346. Berkeley: University of California Press, 1990.

Rawski, Evelyn S. *The Last Emperors: A Social History of Qing Imperial Institutions*. Berkeley: University of California Press, 1998.

Reed, Bradly W. *Talons and Teeth: County Clerks and Runners in the Qing Dynasty*. Stanford, CA: Stanford University Press, 2000.

Richter, Melvin. *The Political Theory of Montesquieu*. Cambridge: Cambridge University Press, 1977.

Robinson, David M. "Banditry and the Subversion of State Authority in China: The Capital Region during the Middle Ming Period (1450–1525)." *Journal of Social History* 33.3 (2000): 527–563.

Robinson, David M. *Empire's Twilight: Northeast Asia under the Mongols*. Cambridge MA: Harvard University Asia Center; distributed by Harvard University Press, 2009.

Robinson, David M. "The Ming Court and the Legacy of the Yuan Mongols." In *Culture, Courtiers and Competition: The Ming Court (1368–1644)*, ed. David M. Robinson, 365–422. Cambridge MA: Harvard University Asia Center; distributed by Harvard University Press, 2008.

Rossabi, Morris. "Introduction." In *China among Equals: The Middle Kingdom and Its Neighbors, 10th–14th Centuries*, ed. Morris Rossabi, 1–13. Berkeley: University of California Press, 1983.

Rossabi, Morris. *Khubilai Khan: His Life and Times*. Berkeley: University of California Press, 1988.

Rowe, William T. *Crimson Rain: Seven Centuries of Violence in a*

Chinese County. Stanford, CA: Stanford University Press, 2007.

Rowe, William T. *Saving the World: Chen Hongmou and Elite Consciousness in Eighteenth-Century China*. Stanford, CA: Stanford University Press, 2001.

Rüpke, Jörg, Michal Biran, Yuri Pines, eds., *Empires and Gods—Religions' Role in Imperial Histories*. Berlin: De Gruyter 2024.

S

Sanft, Charles. "Communication and Cooperation in Early Imperial China: The Qin Dynasty and Publicity." Submitted as *Habilitationsschrift* at Westfälische Wilhelms-Universität Münster, 2010.

Schafer, Edward. "The Yeh chung chi." *T'oung Pao*, 76.4–5 (1990): 147–207.

Schirokauer, Conrad. "Neo-Confucians under Attack: The Condemnation of *Wei-hsueh*." In *Crisis and Prosperity in Sung China*, ed. John W. Haeger, 163–198. Tucson: University of Arizona Press, 1975.

Schirokauer, Conrad, and Robert R. Hymes. "Introduction." In *Ordering the World: Approaches to State and Society in Sung Dynasty China*, ed. Robert R. Hymes and Conrad Schirokauer, 1–58. Berkeley: University of California Press, 1993.

Schneewind, Sarah, ed. *Long Live the Emperor: Uses of the Ming Founder across Six Centuries of East Asian History*. Ming Studies Research Series. Minneapolis, MN: Society for Ming Studies, 2008.

Schneewind, Sarah. "Visions and Revisions: Village Policies of the Ming Founder in Seven Phases." *T'oung Pao* 87.4–5 (2001): 317–359.

Schram, Stuart R. *The Thought of Mao Tse-Tung*. Cambridge: Cambridge University Press, 1989.

Shapiro, Sydney, trans. *Outlaws of the Marsh*. Beijing : Foreign Languages Press, 1993.

Shek, Richard, and Tetsurō Noguchi. "Eternal Mother Religion : Its History and Ethics." In *Heterodoxy in Late Imperial China*, edited by Liu Kwang-Ching and Richard Shek, 241–280. Honolulu : University of Hawai'i Press, 2004.

Shelach-Lavi, Gideon. 2015. *The Archeology of Early China : From Prehistory to the Han Dynasty*. Cambridge : Cambridge University Press.

Shelach, Gideon. "Collapse or Transformation? Anthropological and Archaeological Perspectives on the Fall of Qin." In *Birth of an Empire : The State of Qin Revisited*, ed. Yuri Pines, Lothar von Falkenhausen, Gideon Shelach, and Robin D. S. Yates, 113-140. Berkeley : University of California Press, 2014.

Smith, Paul J. "Irredentism as Political Capital : The New Policies and the Annexation of Tibetan Domains in Hehuang (the Qinghai-Gansu Highlands) under Shenzong and His Sons, 1068–1126." In *Emperor Huizong and Late Northern Song China*, ed. Patricia Ebrey and Maggie Bickford, 78–130. Cambridge, MA : Harvard University Asia Center, 2006.

Smith, Paul J. "Shen-Tsung's Reign and the New Policies of Wang An-Shih, 1067–1085." In *The Cambridge History of China*, vol. 5, *Part One : The Sung Dynasty and Its Precursors, 907–1279*, ed. Denis Twitchett and Paul Jakov Smith, 347–483. Cambridge : Cambridge University Press, 2009.

Smith, Paul J. "State Power and Economic Activism during the New Policies, 1068–1085 : The Tea and Horse Trade and the 'Green

Sprouts' Loan Policy." In *Ordering the World : Approaches to State and Society in Sung Dynasty China*, ed. Robert R. Hymes and Conrad Schirokauer, 76–127. Berkeley : University of California Press, 1993.

Smolin, Georgij Ia. (Смолин Георгий Я.). "Проблема общего и особенного в истории крестьянских войн в феодальном Китае (К разработке понятия "крестьянская война")". In *Историография и источниковедение истории стран Азии и Африки*, ed. L.A. Berezny (Л. А. Березный) 6 (1982) : 104–140.

Solomon, Richard H. *Mao's Revolution and the Chinese Political Culture*. Berkeley : University of California Press, 1971.

Somers, Robert M. "The End of the T'ang." In *The Cambridge History of China*, vol. 3, *Sui and T'ang China, 589–906 AD, Part I*, ed. Denis C. Twitchett, 682–789. Cambridge : Cambridge University Press, 1979.

Spence, Jonathan D. *Emperor of China : Self-Portrait of K'ang-Hsi*. New York : Knopf, 1974.

Spence, Jonathan D. "The Kang-hsi Reign." In *The Cambridge History of China*, vol. 9, *Part One : The Ch'ing Empire to 1800*, ed. Denis Twitchett and John K. Fairbank, 120–182. Cambridge : Cambridge University Press, 2002.

Spence, Jonathan D. *Treason by the Book : Traitors, Conspirators and Guardians of an Emperor*. New York : Viking, 2001.

Standen, Naomi. "The Five Dynasties." In *The Cambridge History of China*, vol. 5, *Part One : The Sung Dynasty and Its Precursors, 907–1279*, ed. Denis Twitchett and Paul Jakov Smith, 38–132. Cambridge : Cambridge University Press, 2009.

Standen, Naomi. *Unbounded Loyalty : Frontier Crossings in Liao China*.

Honolulu：University of Hawai'i Press, 2007.

Standen, Naomi. "What Nomads Want：Raids, Invasions and the Liao Conquest of 947." In *Mongols, Turks and Others：Eurasian Nomads and the Sedentary World*, ed. Reuven Amitai and Michal Biran, 129–174. Leiden：Brill, 2005.

T

Tackett, Nicolas. "Great Clansmen, Bureaucrats, and Local Magnates：The Structure and Circulation of the Elite in Late-Tang China." *Asia Major*, 3rd ser., 21.2（2008）：101–152.

Tackett, Nicolas. *The Origins of the Chinese Nation：Song China and the Forging of an East Asian World Order*. Cambridge：Cambridge University Press 2017.

Tackett, Nicolas. "The Transformation of Medieval Chinese Elites（850–1000 C.E.）." PhD diss., Columbia University, 2006.

Tao, Jing-shen. "Barbarians or Northerners：Northern Sung Images of the Khitans." In *China among Equals：The Middle Kingdom and Its Neighbors, 10th–14th Centuries*, edited by Morris Rossabi, 66–86. Berkeley：University of California Press, 1983.

Tao, Jing-shen. *Two Sons of Heaven：Studies in Sung-Liao Relations*. Tucson：University of Arizona Press, 1988.

Taylor, Romeyn. "Official and Popular Religion and Organization of Chinese Society in the Ming." In *Orthodoxy in Late Imperial China*, edited by Liu Kwang-Ching, 126–157. Berkeley：University of California Press, 1990.

Teiwes, Frederick C. "The Establishment and Consolidation of the New Regime, 1949–1957." In *The Politics of China, 1949–1989*, ed.

Roderick Mac-Farquhar, 5–86. Cambridge：Cambridge University Press, 1993.

Ter Haar, Barend J. "Rethinking 'Violence' in Chinese Culture." In *Meanings of Violence*：*A Cross Cultural Perspective*, edited by Göran Aijmer and Jos Abbink, 123–140. Oxford：Berg, 2000.

Ter Haar, Barend J. *The White Lotus Teachings in Chinese Religious History*. Leiden：Brill, 1992.

Tong, James W. *Disorder under Heaven*：*Collective Violence in the Ming Dynasty*. Stanford, CA：Stanford University Press, 1991.

Tong Chun Fung. *State Power and Governance in Early Imperial China*：*The Collapse of the Qin Empire, 221–207 BCE*. Albany：State University of New York Press, 2024.

Townsend, James. "Chinese Nationalism." *Australian Journal of Chinese Affairs* 27 (1992)：97–130.

Tu Wei-ming. "The Creative Tension between *Jen* and *Li*." *Philosophy East and West* 18.1–2 (1968)：29–39.

Tu Wei-ming. "The Structure and Function of the Confucian Intellectual in Ancient China." In idem, *Way, Learning and Politics*：*Essays on the Confucian Intellectual*, 13–28. Albany：State University of New York Press, 1993.

Twitchett, Denis C. *Financial Administration under the T'ang Dynasty*. 2nd ed. Cambridge：Cambridge University Press, 1970.

Twitchett, Denis C. "Hsüan-tsung (reign 712–756)." In *The Cambridge History of China*, vol. 3, *Sui and T'ang China, 589–906 AD, Part I*, ed. Denis C. Twitchett, 333–463. Cambridge：Cambridge University Press, 1979.

Twitchett, Denis C. "The T'ang Imperial Family." *Asia Major*, Third

Series, 7.2 (1994): 1–61.

Twitchett, Denis, and Klaus-Peter Tietze. "The Liao." In *The Cambridge History of China*, vol. 6, *Alien Regimes and Border States*, *907–1368*, ed. Herbert Franke and Denis Twitchett, 43–153. Cambridge: Cambridge University Press, 1994.

V

Van de Ven, Hans J. *War and Nationalism in China 1925–1945*. New York: Routledge, 2003.

Vankeerberghen, Griet. *The Huainanzi and Liu An's Claim to Moral Authority*. Albany: State University of New York Press, 2001.

Vervoorn, Aat. *Men of the Cliffs and Caves: The Development of the Chinese Eremitic Tradition to the End of the Han Dynasty*. Hong Kong: Chinese University Press, 1990.

W

Wagner, Donald B. *Iron and Steel in Ancient China*. Leiden: Brill, 1993.

Wagner, Rudolf G. "'In Guise of a Congratulation': Political Symbolism in Zhou Xinfang's Play *Hai Rui Submits His Memorial*." In *Using the Past to Serve the Present: Historiography and Politics in Contemporary China*, edited by Jonathan Unger, 46–103. Armonk, NY: Sharpe, 1997.

Wakeman, Frederic, Jr. *The Great Enterprise: The Manchu Reconstruction of Imperial Order in Seventeenth-Century China*. Berkeley: University of California Press, 1985.

Wakeman, Frederic, Jr. "The Price of Autonomy: Intellectuals in Ming and Qing Politics." In idem, *Telling Chinese History: A Selection of Essays*, selected and ed. Lea H. Wakeman, 135–173. Berkeley：University of California Press, 2009.

Walton, Linda. *Academies and Society in Southern Sung China*. Honolulu：University of Hawai'i Press, 1999.

Wang Gungwu. *Divided China：Preparing for Reunification, 883–947*. Hackensack, NJ：World Scientific Pub., 2007. (*The Structure of Power in North China during the Five Dynasties* 的修订版, 1957.)

Wang Gungwu. "The Rhetoric of a Lesser Empire：Early Sung Relations with Its Neighbors." In *China among Equals：The Middle Kingdom and Its Neighbors, 10th–14th Centuries*, ed. Morris Rossabi, 47–65. Berkeley：University of California Press, 1983.

Wassertrom, Jeffrey N., and Elizabeth J. Perry, eds. *Popular Protest and Political Culture in Modern China*. 2nd ed. Boulder, CO：Westview, 1994.

Watson, Burton, trans. *Records of the Grand Historian*, vol. 3, *Qin Dynasty*. Hong Kong：Chinese University of Hong Kong Press, 1993.

Wechsler, Howard J. *Offerings of Jade and Silk：Ritual and Symbol in the Legitimation of the T'ang Dynasty*. New Haven, CT：Yale University Press, 1985.

Wechsler, Howard J. "T'ai-tsung (Reign 626–49)：The Consolidator." In *The Cambridge History of China*, vol. 3, *Sui and T'ang China, 589–906 AD, Part I*, ed. Denis C. Twitchett, 188–241. Cambridge：Cambridge University Press, 1979.

Weinstein, Stanley. *Buddhism under the Tang*. Cambridge：Cambridge University Press, 1987.

Will, Pierre-Étienne. *Bureaucracy and Famine in Eighteenth-Century China*. Translated by Elborg Forster. Stanford, CA：Stanford University

Press, 1990.

Will, Pierre-Étienne, and R. Bin Wong. *Nourish the People : The State Civilian Granary System in China, 1650–1850*. Ann Arbor : University of Michigan Press, 1991.

Wittfogel, Karl A. *Oriental Despotism : A Comparative Study of Total Power*. New Haven, CT : Yale University Press, 1957.

Wong, R. Bin. "Food Riots in the Qing Dynasty." *Journal of Asian Studies* 41.4 (1982) : 767–788.

Wong Kwok-Yiu. " 'Hide-and-Seek' —On the Reclusion and Political Activism of the Mid-Tang *Yinshi* ('Hermit') Fu Zai." *Oriens Extremus* 46 (2007) : 147–183.

Worthy, Edmund H., Jr. "Diplomacy for Survival : Domestic and Foreign Relations of Wu-Yüeh, 907–978." In *China among Equals : The Middle Kingdom and Its Neighbors, 10th–14th Centuries*, ed. Morris Rossabi, 17–46.Berkeley : University of California Press, 1983.

Wu Fusheng. *Written at Imperial Command : Panegyric Poetry in Early Medieval China*. Albany : State University of New York Press, 2008.

X

Xiong, Victor Cunrui. *Emperor Yang of the Sui Dynasty : His Life, Times, and Legacy*. Albany : State University of New York Press, 2006.

Y

Yao Xinzhong. *The Introduction to Confucianism*. Cambridge : Cambridge University Press, 2000.

Yü Ying-shih. "Han Foreign Relations." In *The Cambridge History of China*, vol. 1, *The Ch'in and Han Empires 221 B.C.–A.D. 220*, ed.

Denis Twitchett and Michael Loewe, 377–462. Cambridge: Cambridge University Press, 1986.

Z

Zelin, Madeleine. *The Magistrate's Tael: Rationalizing Fiscal Reform in Eighteenth-Century Ch'ing China*. Berkeley: University of California Press, 1984.

Zelin, Madeleine. "The Yung-cheng Reign." In *The Cambridge History of China*, vol. 9, *Part One: The Ch'ing Empire to 1800*, ed. Denis Twitchett and John K. Fairbank, 183–229. Cambridge: Cambridge University Press, 2002.

Zhang Xiangming. "A Preliminary Study of the Punishment of Political Speech in the Ming Period." *Ming Studies* 62 (2010): 56–91.

Zheng Xiaowei. "Loyalty, Anxiety, and Opportunism: Local Elite Activism during the Taiping Rebellion in Eastern Zhejiang, 1851–1864." *Late Imperial China* 30.2 (2009): 39–83.

Zürcher, Erik. *The Buddhist Conquest of China: The Spread and Adaptation of Buddhism in Early Medieval China*. Leiden: Brill, 1972.

Zürcher, Erik. "Prince Moonlight: Messianism and Eschatology in Early Medieval Chinese Buddhism." *T'oung Pao* 68.1–3 (1982): 1–75.

二、中文文献

B

班固等著，颜师古注，《汉书》，北京：中华书局，1997年。

卜宪群著，《从简牍看秦代乡里的吏员设置与行政功能》，收入中国社会科学院考古研究所编《里耶古城：秦简与秦文化研究》，北京：科学出版社，2009年。

C

岑大利、李悦斌著，《中国农民战争史论辩》，李文海、龚书铎主编，南昌：百花洲文艺出版社，2004年。
陈其猷校释，《吕氏春秋校释》，上海：学林出版社，1990年。
陈苏镇著，《汉代政治与〈春秋〉学》，北京：广播电视出版社，2001年。
陈伟编，《里耶秦简牍校释》（第一卷），武汉：武汉大学出版社，2012年。
崔向东著，《汉代豪族研究》，武汉：崇文书局，2003年。

D

董楚平著，《农民战争与平均主义》，北京：方志出版社，2003年。
杜家骥著，《中国古代君臣之礼演变考论》，张国刚主编《中国社会历史评论》（第一卷），天津：天津古籍出版社，1999年。

F

范晔等编，李贤注，《后汉书》，北京：中华书局，1997年。
范仲淹，《范仲淹全集》，范能濬编，薛正兴校订，南京：凤凰出版社，2004年。
方震华，《正统的代价：后梁、后唐的合法性问题》，《台大历史学报》，35（2005）：55—84。

G

高明校注，《帛书老子校注》，北京：中华书局，1996年。
葛荃著，《权力宰制理性：士人、传统政治文化与中国社会》，天津：南开大学出版社，2003年。
顾炎武著，《人主呼人臣字》，见黄汝成编《日知录集释》，长沙：岳麓书社，1994年。

H

韩愈著，马其昶校注，马茂元整理，《韩昌黎文集校注》，上海：上海古籍出版社，1986年。

何建章注，《战国策注释》，北京：中华书局，1991年。

何休注、徐彦注疏，《春秋公羊传注疏》，阮元主编《十三经注疏》第二卷，北京：中华书局，1991年。

J

金太军、王庆五著，《中国传统政治文化新论》，北京：社会科学文献出版社，2006年。

L

黎翔凤编，《管子校注》，北京：中华书局，2004年。

梁启超著，《中国专制政治进化史论》，见吴松等编《饮冰室文集点校》（第三卷），昆明：云南教育出版社，2003年。

刘泽华编，《中国政治思想史》，杭州：浙江人民出版社，1996年。

刘泽华著，《先秦士人与社会》（修订版），天津：天津人民出版社，2004年。

刘泽华著，《中国的王权主义》，上海人民出版社，2000年。

罗贯中（原著），毛宗岗（评改），《三国演义》，上海：上海古籍出版社，1996年。

R

饶宗颐著，《中国史学上之正统》，上海：远东出版社，1996年。

任爽著，《南唐史》，长春：东北师范大学出版社，1995年。

沈约著，《宋书》，北京：中华书局，1997年。

施耐庵、罗贯中著，凌赓、恒鹤、刁宁点校，《水浒传》（容与堂本），上海古籍出版社，1993年。

司马光等著，胡三省注，《资治通鉴》，北京：中华书局，1992年。

司马迁等著，张守节正义、司马贞索隐、裴骃集解，《史记》，北京：中华书局，1997年。

孙希旦编，《礼记集解》，北京：中华书局，1995年。

T

滕新才，《论黄巢的性格特征及其影响》，收入孟祥才编，《中国古代民本思想与农民问题》，济南：山东大学出版社。

W

王夫之著，《读通鉴论》，北京：中华书局，1998年。

王辉、程学华著，《秦文字集证》，台北：艺文印书馆，1999年。

王利器校注，《盐铁论校注》，北京：中华书局，1996年。

王先谦编，《荀子集解》，北京：中华书局，1992年。

王先慎编，《韩非子集解》，北京：中华书局，1998年。

王毅著，《中国皇权制度研究——以16世纪前后中国制度形态及其法理为焦点》，北京：北京大学出版社，2007年。

王仲荦著，《魏晋南北朝史》，上海：上海人民出版社，1998年。

吴毓江校注，《墨子校注》，北京：中华书局，1994年。

Y

阎步克著，《士大夫政治演生史稿》（第三版），北京：北京大学出版社，2003年。

杨伯峻译注，《论语译注》，北京：中华书局，1992年。

杨伯峻译注,《孟子译注》,北京:中华书局,1992年。

杨伯峻注,《春秋左传注》,北京:中华书局,1981年。

余英时著,《士与中国文化》,上海:上海人民出版社,1987年。

余英时著,《朱熹的历史世界:宋代士大夫政治文化的研究》,北京:生活·读书·新知三联书店,2004年。

Z

张分田著,《民本思想与中国古代政治思想》,天津:南开大学出版社,2009年。

张分田著,《中国帝王观念——社会普遍意识中的"尊君－罪君"文化范式》,北京:中国人民大学出版社,2004年。

张觉撰,《商君书校疏》,北京:知识产权出版社,2012年。

张荣明著,《殷周政治与宗教》,台北:五楠图书公司,1997年。

郑玄注,孔颖达疏,《毛诗正义》,阮元编,《十三经注疏》(第一卷),北京:中华书局,1991年。

周腊生,《大西、太平天国科举述略》,《孝感职业技术学院学报》,4(2001):32—36。

周良霄著,《皇帝与皇权》(修订版),上海:上海古籍出版社,2006年。

图书在版编目(CIP)数据

天下一统：中国传统政治文化的再诠释 / (以)尤锐著；陈家宁，王宇，谈颖娴译. — 贵阳：贵州人民出版社，2023.10
ISBN 978-7-221-17890-9

Ⅰ.①永… Ⅱ.①尤… ②陈… ③王… ④谈… Ⅲ.①中国历史-古代史-研究 Ⅳ.① K220.7

中国国家版本馆 CIP 数据核字（2023）第 172401 号

Copyright © 2012 by Princeton University Press
All rights reserved. No part of this book may be reproduced or transmitted in any form or by any means, electronic or mechanical, including photocopying, recording or by any information storage and retrieval system, without permission in writing from the Publisher.

Tian Xia Yi Tong: Zhong Guo Chuan Tong Zheng Zhi Wen Hua De Zai Quan Shi

天下一统：中国传统政治文化的再诠释

(以) 尤锐 (Yuri Pines) 著　陈家宁　王宇　谈颖娴 译

出 版 人	朱文迅
策划编辑	汉唐阳光
责任编辑	陈　章
装帧设计	陆红强
责任印制	李　带
出版发行	贵州出版集团　贵州人民出版社
地　　址	贵阳市观山湖区中天会展城会展东路SOHO公寓A座
印　　刷	北京汇林印务有限公司
版　　次	2025 年 7 月第 1 版
印　　次	2025 年 7 月第 1 次印刷
开　　本	870mm × 1168mm　1/32
印　　张	9.75
字　　数	208 千字
书　　号	ISBN 978-7-221-17890-9
定　　价	78.00 元

如发现图书印装质量问题，请与印刷厂联系调换；版权所有，翻版必究；未经许可，不得转载。